dtv
premium

Claudia Seifert

Aus Kindern werden Leute, aus Mädchen werden Bräute

Die 50er und 60er Jahre

Deutscher Taschenbuch Verlag

Von Claudia Seifert
ist im Deutschen Taschenbuch Verlag erschienen:

Wenn du lächelst, bist du schöner!
Kindheit in den 50er und 60er Jahren (dtv 24411)

FSC
Mix
Produktgruppe aus vorbildlich bewirtschafteten Wäldern und anderen kontrollierten Herkünften

Zert.-Nr. GFA-COC-1298
www.fsc.org

Der Inhalt dieses Buches wurde auf einem nach den Richtlinien des Forest Stewardship Council zertifizierten Papier der Papierfabrik Munkedal gedruckt.

Originalausgabe
April 2006

www.dtv.de
Dieses Werk wurde vermittelt durch die Literarische Agentur Thomas Schlück GmbH, D-30827 Garbsen

Umschlagkonzept: Balk & Brumshagen
Umschlagfoto: © akg-images/ Gert Schütz
Satz: Greiner & Reichel, Köln
Gesetzt aus der Candida und der Futura (allgemeiner Teil), der Monotype Typewriter und der Signal (Zeitzeugentexte)
Druck und Bindung: Kösel, Krugzell
Gedruckt auf säurefreiem, chlorfrei gebleichtem Papier
Printed in Germany
ISBN-13: 978-3-423-24525-8
ISBN-10: 3-423-24525-5

Inhalt

Aus Kindern werden Leute, aus Mädchen werden Bräute

Blandine, eine Freundin aus Studententagen, wuchs ohne Vater auf. Ihr Großvater nannte sie Blondi, wegen ihrer blonden Haare war das nahe liegend. Sehr viel später erst stellte sie fest, dass ihr Großvater sie genannt hatte wie Hitler seinen Hund. Ihre Mutter behauptete zwar, der Großvater habe sie bestimmt nicht wegen dem Hund so gerufen, aber Zweifel blieben. Zu Hause hatten sie nicht viel nach dem Krieg. Und wenn Blandine bei irgendetwas beharrte, das sei ihres, einem Kompott, das sie so gern mochte, oder einem Spielzeug, packte ihr Großvater sie an den Ohren, hob sie hoch und sagte: »Das, was du jetzt siehst, das ist deins!« Der Großvater trug lange noch ein Hitlerbärtchen, die dunklen Haare am Hinterkopf geschoren und die oben spärlicher werdenden kurz und exakt gescheitelt. Als sie älter war, forschte sie nach, was ihr Großvater im Krieg gemacht hatte. Ein kleines Licht bei irgendeiner Nachschubeinheit in Russland war er gewesen, am Esstisch hatte das immer viel imposanter geklungen. Der Großvater liebte seine Enkel, sagte er, besonders ihren älteren Bruder. Den kniff er gern in den Hintern, bis der »aua« schrie, der »Stammhalter«, wie er ihn nannte. Als Blandine aufs Gymnasium wollte, hatte der Großvater etwas dagegen, denn »aus Kindern werden Leute, aus Mädchen werden Bräute«. Sie ging dann doch, ihre Mutter hatte sich gegen ihren Vater durchgesetzt.

Die 50er und 60er Jahre werden gern idealisiert als die flotten Fiftys, leicht, beschwingt und munter. Oft ist noch etwas anderes mit dieser Idealisierung verbunden: die Sehnsucht nach einer Zeit, in der die Welt – gerade wieder – in Ordnung war. Und nach diesem Gefühl, alle gemeinsam an einem Strang zu ziehen, ein alle einendes Ziel zu haben. Und natürlich müsste so etwas wie das Wirtschaftswunder wieder her, insbesondere Arbeitsplätze, das müsste doch zu schaffen sein, wenn wir die Tugenden von damals wieder auspackten: Ordnung und Disziplin. Nicht zu vergessen Anstand und Sitte. Unsere Gesellschaft wird immer rüder,

Liebe in Ruinen, Frankfurt 1945

aber die neuen Knigges von Gloria & Co. finden reißenden Absatz. Eine Untersuchung des Allensbach-Instituts belegt: Eltern legen bei der Erziehung ihrer Kinder wieder mehr Wert auf Höflichkeit und gutes Benehmen. Dies scheint mit 88 Prozent wichtiger als akkurate Arbeit und Toleranz (je 79 Prozent). Die Bevölkerung setzt die Maßstäbe wieder so, wie sie es vor dem Wertewandel ab Mitte der 60er Jahre getan hat.

Auch die Fantasie von der Idylle im Kleinen, dem Rückzug in die Familie erlebt wieder einmal eine Renaissance. Meinungsforscher stellen aktuell einen Trend fest, der junge Paare auf der Suche nach dem Schönen und ewig Guten vermehrt zu den Porzellanregalen in den Haushaltsgeschäften führt. Viele junge Frauen mit abgeschlossenem Hochschulstudium sehen es als völlig normal an, erstmal bei den Kindern zu Hause zu bleiben und dem Mann bei seinem schwierigen Weg auf der Karriereleiter den Rücken freizuhalten. Und sie empfinden sich dabei nicht als vom Leben abgehängte Putzen ohne Bezahlung und Urlaubsanspruch. Emanzipation war gestern, freie Auswahl des Lebensstils ist heute.

Man wollte damals nach dem Krieg nicht viel – etwas zu essen und ein Dach über dem Kopf. Da konnte man auch den besiegten Deutschen nicht sagen, dass sie zu viel verlangten. Was häufig fehlte für das neue Leben, war eine Vision, ein neues Lebenskonzept. Aber für die großen Utopien hatten die Nachkriegsmenschen zuerst zu viel Hunger und dann zu wenig. Stattdessen griffen sie in diverse Kisten und holten heraus, was erreichbar war: Von da die Sozialdemokratie aus den 20er und 30er Jahren, auch ein wenig Kommunismus – aber der gehörte dann bald nur noch in den Osten – und von dort ein bisschen Konservatismus, am besten gleich aus dem 19. Jahrhundert, bevor sich die Welt so verwirrend gewandelt hatte.

Kennen Sie Rothenburg ob der Tauber? Das ist eine beschauliche mittelalterliche Stadt, sieht man von den Massen von Touristen ab, die sich ganzjährig durch die Straßen und Restaurants schieben. Häuschen reiht sich an Haus, Gasse an Gässchen, die deutsche Vergangenheit springt einen förmlich an. So muss das Mittelalter ausgesehen haben. Naja, ungefähr so. Rothenburg aber zeigt heute nicht sein wahres Gesicht. Die Stadt wurde im Zweiten Weltkrieg zu gut einem Drittel zerstört und in den 50er Jahren wieder aufgebaut. Zum Teil mit restaurierten Attrappen nach vorne und modernen Grundrissen nach hinten. Die Architekten und Denkmalpfleger wählten einen Mittelweg zwischen Rekonstruktion und Modernisierung. Und genau das war das Dilemma der Nachkriegsdeutschen. Um sie herum und in ihnen drin war soviel kaputt gegangen, dass sie hängen blieben zwischen Restauration mit all ihren Versatzstücken wie Obrigkeitsgläubigkeit, Intoleranz, Patriarchat etcetera und der Moderne auf der anderen Seite – das hieß in der Architektur glatte Fassaden, kühle Treppenhäuser, autogerechte Straßen und im Leben unterkühlter Kapitalismus nach fremdem, nach amerikanischem Muster.

Ich hab mich so sehr an dich gewöhnt,
wenn du lachst, dann lach ich mit.
Was kann ich weiter tun?

Wenn du weinst,
dann ist die Welt für mich vorbei.
Wenn du müde bist,
dann fühl auch ich, ich muß mal ruh'n.
Wenn ich denk, dann denk ich immer
für uns zwei.

›Ich hab mich so an dich gewöhnt‹
Heino Gaze, 1951

Die Tagespolitik forderte diplomatische Kontertänze und elastische Höflichkeit zwischen den Fronten der Sieger. Im Westen erblühte ein gefühlsarmer Pragmatismus zur Alltagsreligion und im Osten wurde alles der einen Vision vom neuen, besseren, sozialistischen Deutschland unterworfen. Der Erfolg schien den Westdeutschen Recht zu geben. Sie hatten in den USA & Co. starke internationale Partner gefunden und die Entscheidung für die Marktwirtschaft und das Prinzip Arbeit ließen blühende Landschaften entstehen. Bei dem Begriff »Fresswelle« denken wir noch immer stolz an die gewachsene Wampe und mit der »Reisewelle« entließen sich die Menschen aus dem Deutschland, das sie sich selbst in den 50ern so eng gezimmert hatten, in die ewige Sehnsucht nach der Freiheit im Jahresurlaub.

Könnten wir uns heute zurück»beamen« in die Jahre nach der Währungsreform, in die von so manchem idealisierte Zeit des deutschen Wirtschaftswunders, würden wir uns doch ziemlich wundern. In den ersten Jahren nach dem Krieg ging es für die meisten Deutschen ums Überleben. Viele Männer waren entweder aus dem Krieg nicht wiedergekommen oder noch in Gefangenschaft. Ihre Frauen brachten ihre Kinder und, sofern sie noch am Leben waren, die Eltern in den schlechten Jahren alleine durch, nahmen immense Anstrengungen auf sich, um Lebensmittel und Kohlen zu beschaffen, und malochten, wie sie es schon während des Krieges getan hatten, in Männerberufen. Die Männer kamen zurück, zogen ihre abgerissenen Uniformen aus und tauschten sie ein gegen einen Anzug oder Blaumann. Dann verschwanden sie in Büros und Fabriken und schufteten durchschnittlich 50 Stunden und mehr pro Woche für Wiederaufbau und Wirtschaftswunder, Samstage inklusive. Betriebsrat, Frauenbeauftragte oder Anti-Mobbing-Ausschüsse, die sie im Notfall anrufen könnten – Fehlanzeige. In der Beziehung sind wir von den 50ern nicht weit entfernt. Damals wurden die Mitarbeiterrechte erkämpft und heute werden sie zunehmend der Renditemaximierung geopfert. Individuelle Lebensführung, unverheiratet zusammenzuleben, Kinder zu bekommen ohne Trauschein, Patchwork-Familien – ebenfalls Fehlanzeige. Man lebte in den 50ern am besten nach einem einzigen Muster – verliebt verlobt verheiratet –, und wer das nicht erfüllte, hatte ein Problem. Es schien in vielem eine schier aussichtslose Eingrenzung auf immer nur eine Lösung zu geben. Alternativen in der Lebensplanung, der Lebensführung, in der Erziehung wie im Umgang mit Konflikten gab es kaum. Man machte dieses so, jenes so. Punktum. Individualität wurde nach der nationalsozialistischen Gleichschaltung auch noch in der Gesellschaft der 50er und bis Ende der 60er Jahre vom sozialen Umfeld argwöhnisch beobachtet und nicht selten offen angefeindet. Erst ab Mitte der 60er Jahre wurden bis dahin unerschütterlich scheinende Hierarchien und Lebensmodelle, die Verhältnisse zwischen den Generationen wie zwischen den Geschlechtern in Frage gestellt. Bis dahin aber galt die alte Ordnung.

So wie die Männer nach Krieg und Gefangenschaft ihre Arbeitsplätze wieder einnahmen, setzten sie sich in Verwaltungen an die Tische, versammelten sich in Räten und bald wieder in Plenarsälen. Und für die Frauen war ebenso schnell der Rückzug zu Schnittchen und Kochtopf, zu Kindern und dreckiger Wäsche vorgesehen. Auch wenn aus Waschbottich und Rubbelbrett nach wenigen Jahren eine Waschmaschine wurde, *so* hatten sich viele Frauen den Neuanfang nicht vorgestellt.

Zwischen Restauration und Moderne

Zum Synonym für die 50er Jahre, zum Inbegriff des wirtschaftlichen Wachstums und der erfolgreichen Deutschen wurde Ludwig Erhard mit der dicken Zigarre. Ein Anblick mit dem unmissverständlichen Signal: Wir haben das Schlimmste hinter uns, schaut her, wir sind wieder wer! Bis es so weit war, hatte sich Deutschland bereits ganz entschieden verändert: Aus den geschlagenen Helden, die aus dem verlorenen Krieg heimgekehrt waren und sich am liebsten verkrochen hätten, die in den Nachkriegsjahren Überlebens- und Anpassungsschwierigkeiten hatten, waren gut genährte Zeitgenossen geworden. Diese »deutschen Michel«, von denen Erhard nur einer der beliebtesten Repräsentanten war, hatten es geschafft, hatten wieder Arbeit und ein Bankkonto, ein gutes Gewissen und nachts einen relativ ruhigen Schlaf.

Ludwig Erhard präsentiert sein Buch ›Wohlstand für alle‹, 1957

Doch nach Kriegsende 1945 standen nicht die Männer ihren Mann, sondern in erster Linie die Frauen. Die Trümmerfrauen wurden zum Leitbild der ersten Nachkriegsjahre, sie packten an, wo Not am Mann war – Männer waren ja keine da –, wagten sich an das Unmögliche und stemmten Deutschland mit nasskalten Füßen, wunden Händen und leerem Magen in seine neue Zukunft. Sie stehen bis heute für Neuanfang und Hoffnung. Aber nicht die Frauen symbolisieren den wirtschaftlichen Aufstieg Deutschlands, es ist noch nicht einmal eine Frau an Ludwig Erhards Seite. Von der staubigen Trümmerfrau, die den Wiederaufbau so tapfer angeschoben hatte, keine Spur mehr.

Die Trümmerfrau war zum Synonym für die aufopferungsvolle, uneigennützige Frau geworden, die auch in widrigsten Situationen nicht den Mut oder gar den Kopf verliert, die Steine klopft und Loren schiebt, für ihre Angehörigen kämpft wie eine Löwin und an sich selbst zuletzt denkt. Wie sagte Helmut Kohl: »Meine Hochachtung gehört unseren Müttern, die ein Leben lang ihre Pflicht getan haben, ohne zu protestieren.« Vielleicht hätten sie das mal tun sollen.

Rohe Kartoffeln reiben
in Wasser kurz kochen.
Das gibt ganz dicke Suppe – heiß essen,
wenn sie abkühlt, wird sie dünn wie Wasser.

»Rotzfädelsuppe« nach Rose-Marie Wahl

Eine wirkliche Entscheidungsfreiheit hatten die Frauen damals nicht. Es ging ums Ganze, ums tägliche Überleben. Ihre Rolle hätte gar nichts anderes zugelassen – sie hatten nichts anderes gelernt. Seit Kaisers Zeiten, durch die 20er Jahre und die Weimarer Republik, hatte es sowohl sehr zaghafte als auch energische Versuche zu einer Neudefinition der Frauenrolle gegeben. Aber mit den Herrenmenschen verschwanden die Frauen ab 1933 wieder am Herd in ihren Küchen. Ihre Rolle war klar definiert, sie sollten dem Führer Kinder gebären und die männlichen Helden pflegen. Ihre Pflicht zu Hause zu tun, lernten die Frauen bei den Nazis perfekt. Mitsprache, Entscheidungsgewalt in städtischen oder staatlichen Gremien, Parteiämter, Regierungsämter waren Frauen verschlossen. Im Gegenteil, wer vor 1933 an verantwortlicher Position in der Verwaltung, Justiz oder Politik saß, wurde, wenn weiblich, schnell aller Ämter enthoben.

Die Trümmerfrauen standen dann auf den Ruinen dieses 1000-jährigen Reiches und mussten nun wieder zulangen. Was hätten sie auch tun sollen, heulen, zähneklappern, alles hinschmeißen? Zu Hause in den zerbombten Häusern warteten Kinder, alte Mütter, invalide Väter. Also packten sie an, natürlich – aber taten sie das freiwillig? Man hört immer wieder, dass die Trümmerfrauen gleich, nachdem sich der Staub der letzten Kämpfe verzogen hatte, die Ärmel aufkrempelten, sich ans Aufräumen machten und da anfassten, wo es notwendig war. Stets ist ein Aspekt der Selbstorganisation dabei und in dem Zusammenhang wird auch immer mal wieder von einer Frauengesellschaft gesprochen, einem Land der Frauen damals. Aber war das wirklich so? Packten die Trümmerfrauen tatsächlich freiwillig an und gab es irgendwann nach dem Krieg eine Frauengesellschaft? Und hatte es die gegeben, warum hat das dann nicht weiter funktioniert?

Überlebensarbeit

Zu Kriegsende lebten in Deutschland etwa 7,3 Millionen mehr Frauen als Männer, fast 4 Millionen Frauen wirtschafteten alleine ohne Mann, 2,5 Millionen Frauen waren Kriegerwitwen mit Kindern. Jede fünfte Wohnung war zerstört, die noch intakten waren häufig hoffnungslos überbelegt. Die Straßen, Verkehrswege und Eisenbahnlinien waren zu 40 Prozent unbrauchbar. Der Nachschub an Kohle, die Strom-, Gas- und Wasserversorgung waren zusammengebrochen. Am stärksten war die Stadtbevölkerung betroffen. Mancher Stadtteil in den großen Städten war bis zu 70 Prozent zerstört. Jeder dritte Großstadtbewohner – 1944 waren das immerhin noch 22,5 Millionen Menschen gewesen – war entweder evakuiert, aufs Land geflüchtet oder in den Bombardements umgekommen. Doch selbst für die restliche Bevölkerung reichte der verbliebene Wohnraum nicht aus.

Die Versorgung mit Lebensmitteln war schwieriger als in den bereits als katastrophal empfundenen letzten Kriegsjahren. Die zugeteilten Nahrungsmittel deckten bei weitem nicht den täglichen Normalbedarf einer Person von 2400 bis 3000 Kalorien. Häufig lagen sie weit darunter. Im Winter 1946 mussten im Ruhrgebiet beispielsweise auch mal 800 bis 1000 Kalorien pro Tag ausreichen. Die hygienischen Verhältnisse waren miserabel, die medizinische Versorgung ungenügend. Die völlig unzureichende Ernährungssituation führte zu einer erhöhten Anfälligkeit für Krankheiten, Tuberkulose, Rachitis und Diphtherie breiteten sich aus.

Hunderttausende lebten in Ruinen, die sie notdürftig zu Wohnraum umgestaltet hatten, in Kellern und Gartenhäusern, in Notunterkünften und Nissenhütten. Nur wer körperlich anstrengende Fußmärsche zu den Bauern in die Dörfer in Kauf nahm, konnte die notwendigen und raren Lebensmittel auftreiben und, wieder zu Hause, dann aus kaum mehr als nichts Mahlzeiten herstellen, um sich und die nächsten Angehörigen durchzubringen. Frauen in Großstädten, die für Kinder oder Angehörige zu sorgen hatten und nicht über genügend Tauschmittel verfügten, mussten sich ziemlich ausschließlich auf die Beschaffung von Lebensmitteln und Heizmaterial konzentrieren.

Diese Überlebensarbeit überstieg bisweilen die physischen und psychischen Kräfte. Sie war nicht konzentriert auf extreme Momente, sondern die körperliche und seelische An- und Überforderung erstreckte sich über jeden Tag, für viele Menschen über Jahre. Das war kein vorübergehendes Ermüdungsgefühl, sondern ein anhaltender Kräfteverfall, der Männer und Frauen an die Grenze ihrer Leistungsfähigkeit brachte. 1947 sah sich laut einer Umfrage mehr als jede dritte Frau in Berlin am Rand eines körperlichen oder nervlichen Zusammenbruchs, das Übermaß an Arbeit ließ sich nur leisten, weil sie sich angetrieben fühlten von ausgeprägtem Pflichtgefühl.

Vielen Männern und Frauen blieb kaum anderes übrig, als einst unumstößliche moralische Grundsätze über den Haufen zu werfen. Denn zuerst kam das Fressen und dann die Moral. Selbst Menschen, die unter glücklicheren Umständen nicht im Traum daran gedacht hätten, verkauften Waren illegal auf dem Schwarzmarkt, beschafften sich Gegenstände aus ausgebombten Wohnungen zum Tauschen, klauten Lebensmittel in offenen Läden oder »fringsten« Kohlen von Zügen. Die Messlatte bildete das eigene Überleben und das der Familienmitglieder. Als der Kölner Erzbischof Josef Frings in seiner Silvesterpredigt im Dezember 1946 den Diebstahl von zum Überleben notwendigen Gütern in einer existenziellen Notlage rechtfertigte, ging er damit in die Ge-

»133 Männer und 176 Frauen wurden nach ihrem Zustand befragt. Jeder dritte Mann und mehr als jede zweite Frau sah sich in ihrer Fähigkeit zu arbeiten erschöpft. Als normal leistungsfähig beurteilten sich nur 8 Prozent der Männer, jedoch 10 Prozent der Frauen. Eingeschränkt leistungsfähig waren 61 Prozent der Männer und 32 Prozent der Frauen«. Bei den Männern waren ausschließlich Familienväter aus sogenannten ›Vollfamilien‹, bei den Frauen auch alleinstehende Mütter befragt worden.

Berliner Studie von 1947

schichte ein. Allein auf den Kölner Güterbahnhöfen verschwanden im eiskalten Winter 1946/47 auf diesem Weg täglich 900 Tonnen Kohle. Und im gleichen Jahr trieb die Not die Menschen zu Hungerdemonstrationen auf die Straßen.

Übliche Fron am Waschbottich

Manche Frauen suchten sich Beschützer, nicht selten alliierte Soldaten, die sie vor Vergewaltigungen bewahren und mit überlebensnotwendigen Lebensmitteln oder Waren zum Tauschen versorgen konnten. Die Grenze zur Prostitution verschwamm – pragmatische Überlegungen standen im Vordergrund. Um die Moral konnte man sich wieder kümmern, wenn genügend zu essen auf dem Tisch stand. Und genauso, wie fremdes Eigentum nicht mehr zwangsläufig tabu war, verschoben sich moralische Werte und gesellschaftliche Normen auch im Bereich der Sexualität – die Kriminalitätsrate und die Zahl der Prostituierten stiegen. Aus zahllosen gewollten und ungewollten Verbindungen, losen oder engeren Verhältnissen gingen Kinder hervor. Die Zahl der unehelichen Kinder stieg nach 1945 stark an, auch die der Abtreibungen. Innerhalb eines Jahres, von 1946 auf 1947, erhöhte sie sich beispielsweise in Frankfurt am Main um 75 Prozent. Im Vergleich zu den Jahren 1937, 1938 hatte sich die Zahl vervierfacht.

Stalin-Butter:
grob gemahlenes Getreide
Gewürze
Kräuter aus dem Garten

Bis heute rührt an ein Tabu, wer die sexuelle Seite der Nachkriegsgeschichte in Deutschland beleuchtet. In den schlechten Jahren verschloss man vor vielem die Augen, da hatte man anderes zu tun. Und später, als sich die Verhältnisse zu normalisieren begannen, verschlossen die Deutschen kollektiv die Münder. Schweigen deckte die vielen Schattierungen von abgründiger Vergangenheit sowohl bei Männern als auch bei Frauen zu. Die Devise lautete: Blick nicht zurück, schau nach vorn, du hast überlebt, also sei froh. Und bald schieden sich die wohlanständigen Bürger von denen mit eher »zweifelhafter Moral«, standen die alten Werte wie Ordnung, Sauberkeit und Anstand

»Eine solche Entscheidungsstunde ruft nach der Stimme der Frauen. Werden sie den Mut haben, sie zu erheben? Denn jetzt geht es um die Menschheitsfrage nach dem Krieg als solchem. Hat er sich nicht überlebt durch seine Vernichtungsmittel, die, als solche, technisch, das Übergewicht über die Mächte des Aufbaus errungen haben? Lohnt es überhaupt noch, etwas anderes als Behelfsheime zu erstellen, wenn die Menschheit auf dem beschrittenen Wege weiter ›Fortschritte‹ macht? Das ist die Frage, die heute von den Frauen gestellt werden muß, von ihnen vor allem. Es hat einmal einen ›Katechismus der Vernunft für edle Frauen‹ des Philosophen und Theologen Schleiermacher gegeben; darin heißt das achte Gebot: ›Du sollst nicht falsch Zeugnis reden für die Männer. Du sollst ihre Barbarei nicht beschönigen mit Worten und Werken.‹ An den Domen haben fromme Geschlechter Jahrhunderte gebaut, so wurden sie Zeugnis des Bundes zwischen Gott und Mensch. Ein Bruchteil einer Nacht genügte, um diesen Bund zu zerreißen. Warum sollte man noch Dome bauen?«

Gertrud Bäumer, ›Der neue Weg der deutschen Frau‹, 1946

wieder ganz hoch im Kurs. Die Republik teilte sich in die anständigen Bürger und diejenigen, von denen sich die anständigen distanzieren konnten.

Das Schicksal Deutschlands liegt in der Hand seiner Frauen

In den ersten Wochen nach Kriegsende trat eine weit verbreitete Lähmung ein, eine Phase der Agonie. Die Menschen brauchten eine Pause, waren erschöpft, hatten kaum mehr Reserven. Und niemand wusste, wie es weitergehen würde. Das Land stand unter Schock, die Überlebenden sortierten sich und ihre Habe, mussten in Staub, Chaos und Trümmern zuerst einmal den Himmel wiederfinden. Kaum jemand war in der Lage zu arbeiten. Nicht nur außen war alles verwüstet, auch im Innern waren die Pfeiler und Säulen, die das gehalten hatten, an was die Menschen all die Jahre geglaubt hatten, eingestürzt. Vereinzelt begannen sie aufzuräumen, baten Nachbarn um Mithilfe, organisierten sich selbst und räumten Trümmer weg, um eine Wohnung zugänglich zu machen, oder halfen mit, den einzigen Bäckerladen im Viertel wieder in Betrieb zu nehmen, damit es schnell wieder Brot und Brötchen geben konnte. Aber vieles funktionierte noch nicht. In der Industrie waren durch Stilllegung massenhaft Arbeitsplätze vor allem in der Rüstungsproduktion verloren gegangen, Handel und Gastgewerbe lagen brach, die Verwaltungen begannen sich erst wieder zu organisieren. Die Arbeitssituation war in weiten Teilen des Landes schlicht katastrophal.

Die Innenstädte von Berlin, Hamburg, Kassel, Dresden und vielen anderen Städten waren riesige Schuttberge. Diese Schuttmassen mussten raus aus den Städten. Die alliierten Besatzungsmächte hatten ein vitales Interesse daran, die Städte trümmerfrei zu bekommen, denn die immensen Trümmerberge, letztendlich 400 Millionen Kubikmeter Schutt, behinderten sie in ihrer Bewegungsfreiheit auf den Straßen. Sie blockierten Verkehrswege, Ruinen waren einsturzgefährdet, in den Kellern konnten noch Leichen liegen, und schließlich wurden Holz und Balken zum Heizen und Kochen und die Träger und Steine als Baumaterial für den Wiederaufbau dringend benötigt.

Also riefen die alliierten Militärverwaltungen die arbeitsfähige Bevölkerung zur freiwilligen »Beräumung« der Innenstädte auf. Und sie erließen Dienstverpflichtungen für ehemalige Angehörige der NSDAP, Trümmerberäumung als Sühnearbeit. In Berlin, wo sich die Frauen gegen eine Rekrutierung durch die sowjetischen Besatzungssoldaten nicht leicht zur Wehr setzen konnten und schärfer gegen NSDAP-Mitglieder vorgegangen wurde, stellten schließlich ehemalige Partei-Mitglieder einen großen Teil der »Trümmerfrauen«.

Kartoffelpuffer mit wenig Fett: Kartoffelpuffer sind ein beliebtes Gericht, das man sich nur selten leisten kann, weil es so viel Fett schluckt. Ich reibe deshalb die geschälten Kartoffeln fein, vermische sie aber bis zu einem Drittel mit heiß durchgepreßten, gekochten Kartoffeln. Dann füge ich gehackte Küchenkräuter bei und 1 Ei und paniere sie. Diese Puffer werden aufs eingefettete Backblech gelegt und im heißen Ofen knusprig und braun gebacken.

Lesertip 1947

Doch darüber hinaus mobilisierte der Aufruf nur wenige. Die Bezahlung war miserabel und die Ausrüstung schlecht. Viele Menschen besaßen nur noch einen Mantel, ein Paar Schuhe, und das wenige, das sie noch hatten, verschliss bei der Arbeit in den Ruinen rasend schnell. Sie arbeiteten mit den Händen oder einfachstem, oft improvisiertem Werkzeug, schweres Gerät stand selten zur Verfügung. Denn die Alliierten requirierten Lastwagen, Gleise, Lokomotiven und Loren, die dringend benötigt wurden, um den Schutt aus den Städten hinaus auf geeignete Plätze zu befördern, für eigene Zwecke.

Da es nicht zu einer Massenmobilisierung kam, wurde in den Sommermonaten 1945 die Erfassung der arbeitsfähigen Bevölkerung beschlossen. In der amerikanischen und britischen Zone mussten sich demnach Männer zwischen dem 14. und dem 65. Lebensjahr und Frauen ab dem 17. bis zum vollendeten 45. Lebensjahr bei den zuständigen Arbeitsämtern melden. Wer nicht anderweitig beschäftigt war, sollte in der Trümmerbeseitigung eingesetzt werden.

Aber die Frauen, die der Aufforderung nachkamen, waren dort nicht unbedingt gern gesehen – zumindest nicht, wenn es nach den männlichen deutschen Verwaltungsbeamten in den Arbeits- und Sozialämtern ging. Die verfügten nämlich gar nicht selten, Frauen nur in Ausnahmefällen einzustellen, weil Trümmerbeseitigung Männerarbeit sei. Sie untersagten den Frauen erst einmal die Beschäftigung im Baunebengewerbe, wie das für die Schuttbeseitigung hieß. In einem Land, in dem nach einer ersten Volkszählung 1946 die Bevölkerung in den besetzten Zonen zu 44 Prozent aus Frauen und zu 23 Prozent aus Kindern bestand, mutet das wie eine reine Ressourcenverschwendung an – ganz abgesehen davon, dass viele Frauen auch auf den Verdienst angewiesen waren. Aber die Anordnung sollte Frauen vor zu schwerer körperlicher Arbeit schützen. Den Briten wollte diese Haltung allerdings nicht einleuchten, hatten sie doch nach den Angriffen der Deutschen auf britische Städte die besten Erfahrungen mit dem Einsatz von Frauen gemacht. Also änderten sie, orientiert am britischen Beispiel, Sozial- und Arbeitsschutzverordnungen ab. Die anderen Besatzungsmächte dachten ebenfalls pragmatischer und kassierten einen Teil der Arbeitsschutzbestimmungen.

Mit einem Kontrollratsgesetz wurde dann im Juli 1946 in allen Besatzungszonen der Einsatz von Frauen für Wiederaufbauarbeiten genehmigt. Diese »Arbeitsverpflichtung« – ein Begriff, der in den Ohren der deutschen Verwaltungsbeamten besser klang als die an die Sprache der Nazis erinnernde »Dienstverpflichtung« – galt für jeden und jede, die arbeitsfähig und im entsprechenden Alter waren. Ausgenommen von dieser Regelung waren lediglich Frauen, die Kinder unter 14 Jahren oder hilfsbedürftige Verwandte zu versorgen hatten. Wer dieser Aufforderung nicht nachkam, lief Gefahr, die Lebensmittelzuteilung zu verlieren.

Aus der Massenmobilisierung wurde aber wieder nichts – außer in Berlin unter dem Druck der Roten Armee. In den westlichen Besatzungszonen wie der britischen und amerikanischen versuchten sich viele der Verpflichtung zu entziehen, denn es mußte nur antreten, wer keine sonstige Arbeit in Industrie, Verwaltung oder Handel hatte. Wer auf dem Schwarzmarkt lukrative Geschäfte tätigte, und das waren keineswegs nur Männer, der versuchte der Registrierung zu entgehen, auch wenn darauf wiederum der Entzug der Lebensmittelscheine stand.

Auf dem Bau zu arbeiten war nicht die rosigste Aussicht, vor allem für Frauen. Die Arbeit im Baugewerbe galt damals wie heute als hart, schmutzig und gesundheitsschädlich, die Umgangsformen als abschreckend derb und roh. Auch die Bezahlung durch die Behörden war äußerst gering, die Kommunen hatten kein

Geld. Unternehmer in Handel und Industrie verfügten über angesammelte Barmittel und konnten Arbeitskräfte viel besser entlohnen. Auch dort musste Schutt beseitigt, sollten Werkshallen und Maschinen instand gesetzt werden. So entzog die Privatwirt-

Frauen an der Trümmerlore in Leipzig 1949

schaft den Verwaltungen vor allem die arbeitsfähigen Männer. In den Ruinenbergen arbeiteten letztlich Männer, die sich wegen des Krieges nicht für einen Beruf qualifizieren konnten und nun keine andere Beschäftigung fanden, viele Hausfrauen, die sich freiwillig zu der Arbeit meldeten, um anstelle der Lebensmittelkarte 5, auch »Hunger«- oder »Friedhofskarte« genannt, die bessere Karte 2 zu bekommen. Und wer sonst auf dem Arbeitsmarkt übrig blieb.

Die Frauen waren zahlenmäßig gar nicht so stark vertreten. In den Ruhrgebietstädten in der britischen Zone zum Beispiel waren sie fester Bestandteil im öffentlichen Bild, aber statistisch gesehen war in Nordrhein-Westfalen noch nicht einmal jede hundertste berufstätige Frau zwischen den Trümmerbergen oder am Bau beschäftigt.

Kuchen:
gekochte, geriebene Kartoffeln im Tiegel erwärmen, Zucker drüber

Rezept nach Rose-Marie Wahl

Die Trümmerfrau – also eine Legende? Sieht man von Berlin und den zahlreichen dort das Bild dominierenden Frauen ab, spricht rein nach der Statistik und der freiwilligen Arbeitsleistung nichts für dieses Leitbild der Nachkriegszeit. Dennoch wurden die Trümmerfrauen zu Hoffnungsträgerinnen. Es ist ein Leitbild, das gleichsam stellvertretend entstanden ist: Den Sockel, die Basis bildeten die realen Trümmerfrauen mit ihren Kopftüchern, ihrer ungenügenden Kleidung als Schutz gegen den Staub. Darüber hinaus wurde dieses Bild zu gleichen Teilen gespeist aus dem schlechten Gewissen der Männer, verloren und versagt zu haben, und der trotzigen Selbstbehauptung der Frauen in einer Rolle, die sie in der Realität gern auf andere Bereiche ausgeweitet hätten. Nicht annähernd wird dadurch vermittelt, was die Frauen damals tatsächlich erlitten und durchgemacht, geleistet und fabelhaft durchgestanden haben.

Es ist gleichsam das erste und letzte Denkmal, das die Männer bereit waren, den Frauen nach dem Krieg zu errichten, ein schmaler Pfad der Bewunderung, den sie bereit waren freizugeben. Schadete ja auch nicht. Dieses Bild der Frau fügt sich ohne Weiteres in das eher traditionelle, in das konservative Frauenbild ein. Selbstlos, opferbereit, pflichtbewusst – das sind die weiblichen Tugenden, die Herr Kohl so an seiner Mutter schätzte. Und danach ging man anstandslos zur Tagesordnung über.

»Wir Frauen in Schleswig-Holstein stehen auf dem Standpunkt, daß die deutsche Frau durch beide Kriege in alle Arbeitsgebiete, auch die der Männer, eingedrungen ist und allen übermenschlichen Anforderungen, die an sie gestellt wurden, in jeder Weise gerecht geworden ist. Wir sind daher der Meinung, daß die völlige Gleichberechtigung der Frau eine Selbstverständlichkeit ist.«

Gerda Grehm, Schleswig-Holsteinische Frauenreferentin der CDU, 1948

Der Mann ist der Herr im Haus

Die Männer kamen aus dem Krieg und aus der Gefangenschaft zurück und suchten im befriedeten Deutschland der späten 40er

Kriegsinvalide in Dresden 1959

und der 50er Jahre ihren Platz. Sie zogen die zerschlissenen Uniformen der geschlagenen Armee aus, um die zu dünnen Hälse schlangen sie sich schmale Krawatten, wurden von ihren Müttern oder Ehefrauen mit frisch gestärkten Hemden versehen oder setzten sich für die schmalen Gesichter zu groß wirkende Bauhelme auf. An die Stelle von Uniform und Befehl traten Prinzipien wie Disziplin und Ordnung und mit ungeheurer Anstrengung und aller Kraft wollten sie die Normalität zurückerobern. Den Krieg hatten die Männer verloren.

Die nationalsozialistische Politik und deren schrecklichster Auswuchs, der Krieg, galten als Ausdruck des rein männlichen

Prinzips – und damit waren die Männer die Verlierer. Aber sie sahen nicht zurück, drückten die Knie durch, bissen wieder einmal die Zähne zusammen und schufteten. Allmählich wurden ihre Bäuche wieder dicker und ihr Blick auf die Gegenwart weniger verschreckt und pragmatischer.

Vom männlichen Part der Gesellschaft der 50er Jahre haben sich vor allem zwei Sachverhalte im Gedächtnis eingeschrieben: Die Männer haben sich schnell und ziemlich ausschließlich, dafür aber um so energischer ans Geldverdienen gemacht. Sie wurden zur grauen Eminenz im Hintergrund der Familien, die für deren Versorgung morgens das Haus verließ und erst abends zurückkehrte; was sie zu abwesenden Vätern und Ehemännern machte. Und sie sind der notwendigen Auseinandersetzung mit ihrer jüngsten Vergangenheit aus dem Weg gegangen – das allerdings betraf Männer und Frauen gleichermaßen.

Wer den Krieg überlebt hatte, zählte zu den Glücklichen und war doch geschlagen. Eine vernichtete Armee in feldgrauer Uniform, graue, schmale Gesichter, das war der Rest.

3,6 Millionen deutsche Soldaten waren auf den Schlachtfeldern getötet worden, vermisst, unter erbärmlichen Umständen gestorben. Wer heute als Nachgeborener durch Europa reist, kann kaum ein Land betreten, in dem die Wehrmacht und ihre unheilige Schwester, die SS, nicht gewesen waren. Nordafrika, Südamerika, die Ozeane – rund um den Globus hatten sie ihre Einflusssphäre über Leben und Tod ausgedehnt. 1945 gingen 11,6 Millionen entwaffnete Landser in die Kriegsgefangenschaft der alliierten Sieger. Ein Jahr später waren bis auf zwei Millionen, die weiterhin festgehalten blieben, die Überlebenden der Lager wieder zu Hause. Die letzten kamen erst 1955 nach Adenauers Moskau-Reise nach Deutschland zurück.

Nun waren sie wieder da, abgehärmte Gestalten mit einem anderen, einem früheren, vielleicht auch einem dunklen Leben irgendwo in unbekannten Ländern. Zu dünn für ihre alten Hemden und Jacken aus ihrem vorsoldatischen Leben, die Körper zu schmal für die Hosen. Sofern sie überhaupt ihnen gehört hatten und nicht von einem Onkel oder Großvater stammten. Und die Erinnerungen an die letzten Jahre waren zu mächtig, um zu sprechen, also verfielen sie in Schweigen. Ihr ziviles Leben lag für die Männer fünf, acht, für die letzten Heimkehrer schließlich oft bereits 16 Jahre zurück. Sie waren im Krieg kaputt geschossen, von der Gefangenschaft gezeichnet worden, sie hatten alles verloren, hatten sich täuschen lassen und waren enttäuscht worden; auch wenn sie nicht an den gloriosen Endsieg geglaubt hatten, war bei vielen zumindest das Selbstbewusstsein in die Binsen gegangen. Tausende hatten Monate und Jahre in sowjetischer Gefangenschaft gelitten und brachten nun einen ausgeprägten Antikommunismus mit zurück.

Heimkehrer vor dem Leipziger Bahnhof 1950

Je später die Männer heimkehrten, desto stärker fanden sie ihr Land verändert vor. Das letzte Mal hatten die meisten Deutschland während des Krieges gesehen, abends verdunkelte man die Fenster, bei Luftangriffen rannten alle in die Bunker und im Volksempfänger verfolgte die Familie die Meldungen der obersten Heeresleitung zum aktuellen Frontverlauf. Nun kamen sie, vielleicht mit dem letzten Schub 1955/56, zurück in ein Land, in dem sich alles ums Geldverdienen drehte, in dem in den Städten bereits wieder Leuchtreklamen glühten, die Illustrierten Busenwunder auf die Titelseiten druckten und die ›Bild-Zeitung‹ montags die Lotto-Zahlen für die Millionärskandidaten brachte.

Die Heimkehrer mussten sich erst wieder auf das Zivilleben einstellen und vieles regelrecht neu lernen: Sie sollten einkaufen und an der Kasse mit Geld bezahlen, nicht alles, was sie brauchten, einfach mitnehmen, requirieren wie in der Armee und nicht heimlich stehlen wie im Kriegsgefangenenlager, wo das nötig war, um durchzuhalten. Sie waren verroht in den Lagern und waren seit langem nur an Befehle und Gehorsam gewohnt – nun sollten sie selbst entscheiden. Sie mussten vertrauen lernen, denn bisher hatte Misstrauen sie überleben lassen, und selbst die Freundlichkeit des Wohnungsnachbarn nicht für Heimtücke zu halten, mussten sie sich erst wieder angewöhnen.

Und die Leute zu Hause haben von ihnen erwartet, dass sie ihre Vergangenheit abstreiften wie ihre alten Uniformen und sich da nützlich machten, wo sie gebraucht wurden. Dabei waren die meisten über kürzere oder längere Zeit erst einmal mit sich selbst beschäftigt. Trotz, unreflektierte Schuldzuweisungen für das deutsche wie das persönliche Schicksal, kaum aufzuweichende Niedergeschlagenheit bis hin zu einem untergründigen Hass auf die Sieger und alles, was mit ihnen in Verbindung gebracht wurde – die Palette der Empfindungen war vielfältig und förderte später einige der Grundhaltungen der 50er Jahre: die sture Ablehnung der Kommunisten und »Sozis« sowie von allem, was amerikanisch, was also modern und neu war.

Du kleines Schwalbenpaar, so schnell verging das Jahr,
nun musst du weiterziehn, nach Süden hin.
Und fliegst du fort von hier, nimmst du das Glück mit dir,
das ich im fremden Land noch einmal fand.
Mein Herz vergaß das Leid nur einen Sommer lang,
doch vor der Winterzeit ist mir so bang.
Und seh ich Schwalben zieh'n, möchte ich mit ihnen fliehn,
Kann hier nicht glücklich sein, bin so allein.

Du kleines Schwalbenpaar
Kristian Ekkehard, 1951

»Es scheint so, daß man sich fast an allen Stellen des öffentlichen Lebens noch nicht recht klar darüber ist, daß der nazistische Geist des reinen Machtgedankens nur mit dem demokratischen Geist des reinen Rechtsgedankens, die nazistische Praxis der einseitigen willkürlichen männlichen Vorherrschaft nur durch die demokratische Praxis kameradschaftlichen Zusammenwirkens beider Geschlechter überwunden wird. Sonst könnte man vielleicht eines Tages vor der Überraschung stehen, daß hinter einer demokratischen Fassade sich ein Neonazismus aufgebaut hat.«

Else Reventlow, ›Demokratie?‹, 1946

Zurück in die Familien

Zuerst galt es, die eigene Familie im Durcheinander Nachkriegsdeutschlands ausfindig zu machen – und dann fanden die zurück-

Mittagstisch 1950

gekehrten Väter ihre Familien, die Ehemänner ihre Ehefrauen verändert vor. Die Frauen hatten die Kriegs- und Nachkriegsjahre alleine durchstehen müssen. Sie hatten für ihre Kinder, für Angehörige oder Eltern gesorgt. Sie hatten all den Mangel bewältigt, Organisationstalent und Ausdauer für den mühsamen Kriegs- und Nachkriegsalltag aufgebracht. Und wenn die Anstrengungen sie an den Rand dessen geführt hatten, was sie zu leisten in der Lage waren, hatten sie ihren Mann vermisst, jemanden an ihrer Seite zum Anlehnen und Atemholen. Aber es war keiner da. Sie waren selbst zum Familienoberhaupt geworden und hatten daraus ein neues Selbstbewusstsein bezogen.

Viele Frauen hatten mit Mutter und Schwestern, Freundinnen oder Nachbarinnen Notgemeinschaften gebildet, praktische Solidargemeinschaften, die allen das Überleben in chaotischen Zeiten erleichtert hatten. Diese Nachbarschafts-, Wohn- und Lebensgemeinschaften hatten sich häufig als sehr belastbar erwiesen. Die Frauen konnten sich aufeinander verlassen und waren nun, als ihre Männer wieder da waren, nicht ohne Weiteres gewillt, diese Vertrautheit aufzugeben. Die Männer fanden sich mit einem Mal integriert in einen größeren Zusammenschluss von Menschen als sie erwartet hatten, sie standen in Konkurrenz zu den anderen, mit denen ihre Frauen ihre Vergangenheit geteilt hatten.

Nicht wenige Männer wollten als pater familias zurückkehren in altvertraute, lange ersehnte Zustände und ihren alten Platz wieder einnehmen. Sie fanden ein verwandeltes Deutschland vor und nicht selten sich selbst zuerst einmal abhängig von ihren Frauen. Denn diese hatten unter Umständen Arbeit, die Männer noch nicht. Die Frauen wussten, wo und wie es etwas zu »organisieren« gab, hatten umzugehen gelernt mit Lebensmittelkarten und Versorgungsengpässen. Die Männer mussten sich erst wieder orientieren in den Schluchten der zwischenmenschlichen Beziehungen genauso wie zwischen Wohnungsamt, das eine neue Wohnung zuweisen sollte, und der Spruchkammer zur Entnazifizierung, den Klassifizierungen zwischen Belasteten, Minderbelasteten, Mitläufern oder Entlasteten. Von der Einstufung hing die Arbeitserlaubnis und damit die Verdienstmöglichkeit ab. Das Leben stellte neue, unbekannte Anforderungen, und das starke Geschlecht kannte sich oftmals nicht mehr aus im eigenen Land.

Viele Väter hatten ihre zehnjährigen Söhne oder Töchter noch nie gesehen oder in anderen Fällen hatten Väter und Kinder einander kaum wiedererkannt. Es lagen oft nicht nur Jahre zwischen der letzten Trennung und dem Wiedersehen, sondern die Kapitulation, der Frieden und ein persönliches Arrangement mit den Siegermächten. Und jetzt sollten diese abgehärmten Gestalten, ihre Väter, diejenigen sein, die den Ton angeben wollten, sie, die so müde waren, die zu nichts in der Lage schienen und sich nicht zurechtfanden? Die Diskrepanz zwischen erinnertem Bild und der aktuellen Person führte nicht selten zu heftigen Konflikten in den Familien. Eindrücklicher, als dies Helma Sander-Brahms in ihrem Spielfilm ›Deutschland, bleiche Mutter‹ getan hat, lässt sich das Abarbeiten an der Zentnerlast von Hoffnung und Enttäuschung kaum erzählen.

Die Frauen hatten, nachdem ihre Männer zur tödlichen Front abgerückt waren, zu Hause weitergemacht und weitergelebt. Manche hatten sich nach Jahren vergeblicher Hoffnung, dass der eigene Mann zurückkehren möge, mit einem anderen Mann zusammengetan, waren vielleicht aus materieller Not eine so genannte »Onkel-Ehe« eingegangen, was oft nichts anderes bezeichnete als eine vernünftige Entscheidung: Für einen allein reichte es oft nicht, zu zweit vielleicht für beide, man half sich gegenseitig und einen warmen Hintern zum Ankuscheln gab es noch gratis dazu. Oder sie waren eine Beziehung zu einem Besatzungssoldaten eingegangen, aus Liebe oder weil die Schwarzmarktwährung aus Zigaretten bestand, über die der alliierte Waffenträger verfügte. Und dann stand der eigene Mann in der Tür, längst tot geglaubt oder aus vergeblicher Sehnsucht irgendwann aufgegeben, einem Gespenst gleich, das aus weit entfernter Vergangenheit auftauchte.

Und selbst wenn die Frauen keine neue Beziehung eingegangen waren, hatte sich manches verändert. Aus ehemaligen Hausfrauen waren eigenständige, selbstbewusste Frauen geworden, die ihren »Mann« standen. Sie arbeiteten in Männerberufen und hatten gelernt, sich in vielem zurechtzufinden, was ihnen früher die Männer in der Familie selbstverständlich abgenommen und schon gar nicht zugetraut hätten. Aber die meisten Frauen waren, zumindest in den großen Städten, wo die Versorgung viel schlechter war als auf dem Land, genauso kaputt und abgekämpft wie die Männer, die nun zurückkehrten.

Das Wiederzusammenwachsen zu einer Familie fiel so manchen schwer, zahlreichen anderen gelang es überhaupt nicht wieder. Alle, die Väter, die Mütter und die Kinder hatten viel erlebt, manches, worüber man kaum sprechen konnte und was man jetzt in sich verschloss. Zu verstummen gab es tausend individuelle Gründe, schreckliche Erlebnisse, von denen man niemandem berichten konnte, oder auch die Scham, am Leben geblieben zu sein, wo andere nebenan hatten sterben müssen. Und selbst, wenn jemand hätte sprechen wollen, es war kaum jemand da, der zuhören wollte. Die Deutschen fielen in kollektives Schweigen und retteten sich in Aktionismus – zu tun hatten alle genug, die Rückkehr zur Normalität forderte alle Kraft.

Verliebt verlobt verheiratet geschieden

Anfangs, nachdem die Männer zurückgekommen waren, stiegen die Scheidungsziffern rapide an. Viele Ehepartner hatten sich über Jahre kaum gesehen und entfremdet. Und nach Kriegsende war eine große Zahl der Männer wieder für lange Zeit von ihren Frauen und Familien getrennt, auf Wanderschaft um einen Arbeitsplatz in anderen Städten. Arbeit war rar und wer konnte, war möglichst mobil.

»Können Sie gerecht sein? Auch gegen eine Frau? Dann möchte ich Ihnen mal eine Frage vorlegen: Nach fast fünf Jahren ist mein Mann aus der Gefangenschaft zurückgekommen. Die ersten drei, vier Wochen waren wir sehr glücklich. Aber nun gibt es einen Streit nach dem anderen. Grund: Er kommandiert herum und ist mit allem unzufrieden. Ich hätte mich so verändert, sagt er, und ich wäre gar keine richtige Frau mehr. Als wir heirateten, war ich 23. Jetzt bin ich 31. Von den acht Jahren war ich sechs Jahre allein und mußte zusehen, wie ich durchkam. Jetzt müßte er mir doch eigentlich eine Hilfe sein. Aber er verlangt, daß ich den ganzen Haushalt (wir haben zwei niedliche Kinder) besorgen soll, und er sitzt in der Ecke, liest Zeitung, schimpft und kommandiert. Haben die Männer denn noch nicht genug vom Kommandieren? Er meint, er hat ein gemütliches Heim zu fordern, ich finde, er hat gar nichts zu fordern. Wie soll das wieder in Ordnung kommen? Wer ist schuld?«

Leserbrief in der ›Constanze‹, 1948

Zahlreiche Ehepaare hatten sich zum Zeitpunkt ihrer Eheschließung im Krieg erst kurz gekannt. Sie hatten geheiratet, um einander Sicherheit zu geben. Der Partner weit weg hatte auf diese Weise einen emotionalen Anker, konnte sich darauf freuen, dass daheim auf ihn jemand wartete. Oder sie hatten sich das Ja-Wort gegeben, damit die Verlobte zu Hause abgesichert war in unsicheren Zeiten. Denn als Ehefrau hatte sie Anspruch auf den »Familienunterhalt«, eine Zuwendung, die den Frauen und Familien während der Abwesenheit der Männer finanzielle Unabhängigkeit sichern sollte. Das sollte – anders als im Ersten Weltkrieg – die Soldaten ruhig stellen, so dass sie sich voll und ganz ihren Aufgaben an der Front widmen konnten, ohne sich um das Auskommen der Familie sorgen zu müssen.

Als sie nun wieder zusammen waren, Vater, Mutter und die Kinder, vollständige Familien sein wollten, hatte sie der Krieg nicht selten all ihrer Habe beraubt, saßen sie häufig in behelfsmäßigen, viel zu kleinen Wohnungen eng aufeinander. Vier bis fünf Personen teilten sich ein Zimmer, oft lebten die Großeltern mit in der Gemeinschaft, mehrere zufällig zusammengewürfelte Parteien teilten sich Küche und Bad, sofern eines vorhanden war, und gingen sich gegenseitig auf die Nerven. Die Intimsphäre zu wahren war oft nur mit Mühe und viel gegenseitiger Rücksichtnahme möglich. Eine andere, eigene Wohnung war so gut wie nicht zu bekommen, zu viel Wohnraum war durch den Krieg zerstört und das Wohnungsamt konnte auch bei bestem Willen oft keine Alternative zuweisen.

Ich erinnere mich noch an die ersten Himbeerbonbons, die ersten Bonbons überhaupt, die gab es Ende der 40er Jahre. Ich hatte das Gefühl, ganz langsam gibt es Dinge, die sind wie ein Wunder.

Heinke Stahl, geboren 1940 in Pforzheim

Manche Frauen nahmen es ihren Männern übel, wenn sie ihren Platz in der neuen Zeit nicht recht wiederfanden. Für andere Familien war es schwer, dass die Männer durch den Verlust einstmals wohl bestallter Ämter in Partei oder Militär plötzlich einen enormen sozialen Abstieg erlitten, und der männliche Autoritätsanspruch durch die Einbuße an Vermögen und gesellschaftlichem Ansehen unter Umständen schwer erschüttert war.

Oftmals kamen die Männer mit dem veränderten Selbstwertgefühl ihrer Frauen nicht zurecht, beharrten auf alten, angestammten Rechten und Regeln und scheiterten. Die Frauen wollten sich nicht unbedingt wieder an die alten Strukturen anpassen und auf die traditionelle Frauenrolle zurückziehen. Warum sollte mit einem Mal wieder »er« allein das letzte Wort bei Familien-Entscheidungen haben?

Rückkehr zur Normalität hieß Rückkehr zum Patriarchat

Die Zahl der Scheidungen stieg in den Nachkriegsjahren stark an. Aber entgegen landläufiger Annahme verlangten nicht mehr Frauen, sondern mehr Männer als vor dem Krieg die Scheidung. Offensichtlich kamen sie mit der neuen Situation oft schlechter zurecht als ihre Ehefrauen. Der Druck, der auf ihnen lastete, wog doppelt schwer: Entsprechend ihrer alten Rolle als Ernährer waren sie zuständig für die Versorgung ihrer Familie – und fanden sie keinen Weg aus dem Tal, hatten sie versagt. Die hohen Scheidungsziffern gingen erst ab 1955 wieder zurück. Dann schweißten die Lust an der Normalität und gewachsener Besitzstand die Paare wieder stärker zusammen.

Angesichts der Schwierigkeiten, mit denen Männer, Frauen und Kinder zu kämpfen hatten, ist es eher verwunderlich, dass so viele Ehen standgehalten haben. Für manche kam eine Scheidung auch schlicht nicht in Frage. Man blieb zusammen, weil man sich nun einmal das Ja-Wort gegeben hatte – bis dass der Tod euch scheidet. In der Folge wurde oft eine eigenartige Mischform gelebt. Der Vater galt offiziell, nach außen und innerhalb der Familie, als das Oberhaupt, saß an der kurzen Seite am Tisch und bekam bei den Mahlzeiten die größte Portion. Bei wichtigen Entscheidungen aber wurde er erst gefragt, wenn alles zwischen der Frau und ihren Freundinnen, Schwestern oder der Mutter bereits beredet war.

Damals wurde viel spekuliert über die Krise von Ehe und Familie. Manche hofften auf einen Neubeginn in der Geschlechterbeziehung, auf partnerschaftliche Gleichwertigkeit, auf Gleichberechtigung gar – rechtlich und in der Familie. Die meisten jedoch konnten an dem durcheinander geratenen Beziehungsgefüge nichts Positives entdecken. Die Mehrheit der Frauen und Männer hatte sich im Chaos der Kriegs- und Nachkriegsjahre nach geordneten Verhältnissen gesehnt und wünschte jetzt nichts stärker als die Wiederherstellung ihrer Familien. Die Frauen konnten ihre Selbstständigkeit nicht unbedingt als emanzipatorischen Aufbruch in neue Zeiten empfinden, sondern lediglich als tragische Begleiterscheinung einer unseligen Phase, die es zu überdauern galt. Dementsprechend wurden Trennung und Scheidung mehrheitlich als fatale Kriegsfolge erlebt und bewertet.

Das entsprach den konservativen Strömungen im Land, die – ob letztlich von der Mehrheit getragen, lässt sich nicht feststellen, die Befürworter waren zumindest lauter und am Ende erfolgreicher – vehement für die Stärkung von Familie und Ehe eintraten, nicht nur gleich nach der Überwindung des Faschismus und dem Überleben des Krieges, sondern dauerhaft für die Zukunft Deutschlands.

Mutter: No, was wir der Annelies mitgeben können, is ja auch nur nachkriegsmäßig. Bei dem Frauenüberschuß von em ernsthaften Bewerber auch noch Vermögen verlangen! Daß er überhaupt ein Mann is und heiraten will, is ja heutzutag schon ein Vermögen. Heut können miese alte Glatzköpf schon glänzende Partien machen.

Wolf Schmidt, ›Die Verlobung‹ aus der TV-Serie ›Die Familie Hesselbach‹

Alle waren entschlossen, unter das Vergangene einen Schlussstrich zu ziehen und mit dem unbeirrten Blick nach vorn möglichst schnell wieder auf die Füße zu kommen. Und obwohl offensichtlich an Körper und Seele beschädigt und Verlierer auf der ganzen Linie, wurden den Männern in vielen Bereichen die angestammten Plätze wieder eingeräumt, im Arbeitsleben, in der Politik und auch privat.

Zuerst einmal füllten die Männer eine Lücke. Tausende, Hunderttausende waren schmerzlich vermisst worden von ihren Frauen, Eltern, Kindern – Männer waren selten geworden nicht nur im Straßenbild. Auch zahlenmäßig fiel ihre Abwesenheit schwer ins Gewicht: Es herrschte »Männermangel«. Sieben Millionen Ehemänner hatte der Krieg gekostet. Sieben Millionen Witwen, die meisten noch im heiratsfähigen Alter, suchten potenziell einen neuen Mann – ganz zu schweigen von den Millionen, die bisher keinen Ehemann gefunden hatten, weil die Männer entweder bereits vergeben oder im Krieg gewesen waren oder tot. In Berlin zum Beispiel kam nach Kriegsende 1945 auf zwei Frauen gerade ein Mann, noch 1950 standen 1000 Männern 1353 Frauen gegenüber. Nicht jede suchte oder wollte einen neuen Mann, aber für manche heiratswillige Frau war die Situation derart aussichtslos, dass Spätheimkehrern – ausgemergelten Gestalten und Lichtjahre vom Heldentum entfernt – schon bei der Ankunft auf dem Bahnhof Zettel mit Adressen zugesteckt wurden. Nicht selten umwarben mehrere Frauen einen Mann mit allen Tricks der hausfraulichen Verführung, denn auch die Nachbarin war Witwe und genauso scharf darauf, wieder einen Mann zu bebacken, zu bekochen. Es schien keine Vorstellung von gesellschaftlichem Leben so der Sehnsucht nach geordneten Verhältnissen, der Gier nach Normalität zu entsprechen wie die von der heilen Familie.

Notfalls mit Zwangsmitteln

Die Wirtschaft arbeitete noch nicht wieder voll, bis in die 50er Jahre herrschte eine hohe Arbeitslosigkeit. Fast acht Millionen Flüchtlinge und Vertriebene drängten bis 1950 in die drei westlichen Besatzungszonen – anfangs nur in die britische und amerikanische, da die französische Militärregierung sich lange recht erfolgreich dagegen wehrte, mittellose Zuwanderer in ihrer Zone aufzunehmen. In die kleinere sowjetische Besatzungszone strömten schließlich allein vier Millionen. Dazu kamen ab 1946 die Millionen Kriegsheimkehrer.

Wo die Männer gefehlt hatten und noch fehlten, waren selbstverständlich Frauen eingestellt worden. Die Männer, vor allem im arbeitsfähigen Alter zwischen 25 und 40 Jahren, waren als Soldaten der Wirtschaft vorübergehend oder auf Dauer entzogen. Während des Krieges hatte großer materieller Bedarf zur Versorgung der Truppen geherrscht. Um dies zu gewährleisten, waren neben Kriegsgefangenen und »Fremdarbeitern«, wie die Arbeitssklaven aus den usurpierten Ländern bagatellisierend genannt wurden, Frauen dienstverpflichtet worden für die Wirtschaft, für die Verwaltungen und für traditionelle Männerarbeitsplätze wie in der Rüstungsproduktion. Im Juli 1944 ging nahezu jede zweite Frau arbeiten, insgesamt waren es 14,8 Millionen. Die restlichen waren zu Hause in der Familie oder in eigenen Betrieben unabkömmlich. Damit waren kaum mehr weibliche Arbeitskräfte unbeschäftigt gewesen. Das hieß, dass Frauen in einer bis dahin nie dagewesenen Größenordnung ihr eigenes Geld außerhalb von zu Hause verdienten.

Unmittelbar nach Kriegsende fielen zahlreiche Arbeitsplätze für die Frauen mit einem Mal weg. Die Rüstungsindustrie war entweder zerstört oder durch die Alliierten stillgelegt worden – entbehrlich war sie erst einmal. Durch den Wegfall der nationalsozialistischen »Dienstverpflichtungen« waren viele Frauen von ihren Arbeitsstellen entbunden und mussten sich Alternativen suchen.

Die Schaufenster füllen sich, 1950

Vielen war das offensichtlich gelungen, denn laut der ersten Volkszählung vom Oktober 1946 waren nicht nur überraschend viele Frauen noch immer berufstätig, sondern es zeigte sich, dass sie in nahezu jedem Männerberuf vertreten waren. Traditionell weibliche Arbeitsplätze in der Hauswirtschaft, dem Gastgewerbe und der Verwaltung waren Mangelware. Viele Stellen, die Frauen innehatten, waren eigentlich den Männern vorbehalten gewesen, konnten wegen Männermangel auf dem Land wie in der Stadt aber nicht wieder besetzt werden, wie im wieder erstarkenden Handel, in der Industrie und in der Land- und Forstwirtschaft.

Es gab schließlich kaum Bereiche, in denen Frauen nicht vertreten waren. Ausnahmen blieben Berufe, die spezielle Kenntnisse oder lange Erfahrung erforderten wie in der Hochseefischerei oder im Bergbau als Ingenieure.

Auch wenn die Frauen beinahe überall vertreten waren, verfügten sie jedoch über keinerlei Lobby. Beim Wettbewerb um die erst allmählich steigende Zahl von Arbeitsplätzen kristallisierte sich schnell eine Hackordnung heraus, die auch von Behördenseite gesteuert war: Die meisten Chancen in einer Firma hatten verständlicherweise die Männer, die zuvor bereits im gleichen Betrieb oder zumindest im gleichen Beruf gearbeitet hatten und nun wieder vor der Tür standen. Dann kamen in der Hierarchie jene Männer, die bereit waren, schnell zu lernen, nach ihnen Flüchtlinge und Vertriebene, hier auch wieder die Männer. Und erst dann kamen Frauen – auch wenn sie in den Monaten und eventuell auch Kriegsjahren zuvor die Arbeit zur vollen Zufriedenheit erledigt hatten. Flüchtlingsfrauen, die arbeiten mussten oder wollten, standen ganz unten auf der Leiter. Ihre Sprache, ihr Dialekt oder ihre Religion, wenn sie nun in der falschen Region katholisch oder evangelisch waren, stempelten sie als nicht zugehörig ab und machten es ihnen für Jahre schwer und manchmal unmöglich, einen Arbeitsplatz zu finden.

Es dauerte nicht lange, bis es wieder ganz alltäglich war, Frauen nur noch schlecht bezahlte Hilfsarbeiterjobs anzubieten oder sie von ihren Arbeitsplätzen gänzlich zu verdrängen. Das nahm aberwitzige Formen an, bis hin zu dem Unsinn, einer Frau in der Werkzeugausgabe einer Firma plötzlich einen Mann an die Seite zu stellen, obwohl diese Arbeit normalerweise nebenher miterledigt worden war. Aber eine Frau brauchte mit einem Mal einen männlichen Supervisor – bis sie genug hatte und entnervt aufgab.

So wurde den Arbeitsämtern mitgeteilt, sie sollten Frauen nur dann am Bau zulassen, und damit war auch die Trümmerbeseitigung gemeint, wenn sich kein Mann, kein »voll tauglicher« Mann oder notfalls männlicher Jugendlicher über 16 Jahren finden ließ. Darüber hinaus sollte über die Ausgabe von Lebensmittelkarten kontrollierend darauf hingewirkt werden, ob das Arbeitsverhältnis nicht beendet oder ein Arbeitsplatz getauscht werden könnte. Wenn Frauen aber doch zugelassen worden seien, sollte ihnen immer bewusst gemacht werden, dass dies eine »Notstandsmaßnahme« sei und kein Zustand von Dauer.

Vielfach kamen Männer zum Zug, auch wenn sie nicht voll qualifiziert waren. Ihren Geschlechtsgenossen beim Start ins Berufsleben zu helfen schien vielen Männern selbstverständlich. Vielleicht aus Solidarität, vielleicht auch aus schlechtem Gewissen, waren sie doch bereits früher ins Zivil- und damit Berufsleben zurückgekehrt und hatten unter Umständen nicht so viele Monate oder Jahre sinnlos verloren im Wettstreit um die besten Chancen im neu erwachenden Wirtschaftsleben. Möglicherweise trafen Arbeitgeber ihre Wahl aber auch aus Gründen, die bis heute bedrückend vertraut sind: Kumpelhaftigkeit, Vorurteile und Platzhirschgehabe.

Oftmals bekamen Frauen, da sie in dem speziellen Fach ungelernt waren oder über gar keine Berufsausbildung verfügten, nur Hilfsarbeiterposten. Eine Ausbildung, die zu einem Beruf befähigte, hatten die jungen Frauen der Geburtsjahrgänge um 1930 herum nur zu 40 Prozent. Die ein Jahrzehnt später Geborenen erlangten im Vergleich bereits zu 65 Prozent eine Ausbildung. Aber diese jungen Frauen sollten auf keinen Fall durch Weitergabe irgendwelcher Kenntnisse aus dem Status der Hilfsarbeiterin in den der ungelernten Arbeiterin wechseln dürfen, damit sie nicht an diesen männlichen Beruf gebunden würden. Mit anderen Worten, damit sie erst gar nicht auf den Geschmack kommen sollten.

Oder es waren Posten für Frauen zugänglich, die von Männern gemieden wurden, weil sie körperlich zu anstrengend waren. Das Image der Arbeit am Bau zum Beispiel war so schlecht, dass es dort sogar in der bauaktiven Nachkriegszeit offene Stellen gab und es schwer war, Nachwuchs für den Maurerberuf zu finden. In ihrer Notlage nahmen das viele Frauen in Kauf. Um Frauen als billige Arbeitskräfte zu rekrutieren, wurden sogar nicht selten Vorschriften umgangen. So suchten Unternehmen unter Umgehung der Arbeitsämter mittels Maklerfirmen direkt in den Flüchtlingslagern nach Frauen, die bereit waren, schwere körperliche Arbeit zu leisten und gesundheitsschädigende Dämpfe einzuatmen – geködert durch Akkordlöhne und Schwerstarbeiterzulagen und froh, überhaupt eine Verdienstmöglichkeit zu haben, griffen sie zu. Auch wenn Gewerkschafter und Gewerbeaufsichtsbeamten dies »moderne Sklaverei« nannten, war es gängige Praxis. Im Allgemeinen blieben solche Verstöße ungeahndet, nicht weil die Behörden beide Augen zudrückten, sondern weil Bestimmungen beispielsweise nicht allgemein bekannt waren, da Vervielfältigungsmöglichkeiten für Amtsblätter fehlten und manchmal auch bloß das Papier.

Der Ersatz- oder Interimscharakter von Frauenarbeit war von konservativer Politiker- und Verwaltungsseite und seitens der Arbeitgeber von Anfang an aus den unterschiedlichsten Motiven kalkuliert. Die einen betrachteten Frauen als billige Arbeitskräfte, die um so günstiger für die Unternehmerseite waren, je schlechter die Ausbildung blieb. Die anderen sahen in Frauen die naturgegeben andere Hälfte des Mannes und also solche zuständig für Heim und Herd, die Brut und Pflege des Nachwuchses.

Da war der SPD-Sozialpolitiker Franz Spliedt keine Ausnahme, wenn er dafür plädierte, die Frau sei »in ihrer körperlichen und seelischen Kraft« einer Arbeit nicht gewachsen und es müsse sichergestellt bleiben, dass »die Frau als Mutter und Erhalterin des deutschen Volkes keinen Schaden leidet«. So äußerte er sich auf einer Tagung des Zonenbeirats der britischen Zone im November 1946. Politiker mit solchen Ansichten waren gegenüber den Alliierten vielleicht nicht immer erfolgreich, konnten aber auf der Verwaltungsebene durch Anordnungen an die Arbeitsämter die Umsetzung ihrer Vorstellungen veranlassen. Bei Heirat sollte Frauen die Arbeitsstelle gekündigt werden dürfen, oder die Kinderbetreuung war derart zu erschweren, dass es Müttern schier unmöglich war, einem Beruf nachzugehen, weil sie nicht wussten, wohin mit ihren Kindern während der Arbeitszeit. Verblüffend schnell machte sich die Meinung breit, dass Frauen den Männern die Arbeitsplätze wegnähmen, diese seien doch die Familienversorger und somit auch zu bevorzugen. Das hieß nichts anderes als: Die Frauen hätten das ja ganz hübsch gemacht soweit, aber nun sei es mal gut, sie sollten nach Hause gehen und alles weitere den Männern überlassen.

Wenn wir auch ein armes Land sind
Und so ziemlich abgebrannt sind,
zeig'n wir, dass wir imposant sind
weil wir etwas überspannt sind!
Wieder hau'n wir auf die Pauke!
Wir leben Hoch! Hoch! Hoch! Hoch! Hoch! Höher! Hoch!
Das ist das Wirtschaftswunder, das ist das Wirtschaftswunder!
Zwar gibt es Leut', die leben heut noch zwischen Dreck und Plunder,
doch für die Naziknaben, die das verschuldet haben,
hat unser Staat viel Geld parat und spendet Monatsgaben!
Wir sind 'ne ungelernte Republik!
Ist ja kein Wunder nach dem verlorenen Krieg!

Jetzt kommt das Wirtschaftswunder
Wolfgang Neuss und Wolfgang Müller,
Film ›Wir Wunderkinder‹, 1958

Innerhalb kurzer Zeit – es genügten offenbar noch nicht einmal zwei Jahre nach Kriegsende –, griffen bereits verschiedene Rädchen ineinander, um den Frauen die Lust am Arbeiten zu nehmen und ihnen den Alltag im Arbeitsleben schwer zu machen. Selbst der Posten der Straßenbahnschaffnerin wurde in den Nachkriegsjahren zum Ring im Geschlechterkampf, wenn auch aufgrund anderer Argumentation: Seit den Kriegstagen war es ein

Frauen wurden umworben – durchaus widersprüchlich, BRD 1962

gewohntes Bild gewesen, dass in den Straßenbahnen der Städte im Ruhrgebiet wie in anderen Gegenden auch Schaffnerinnen die Billets verkauften. Doch in den Jahren 1949 und 1950 wurden sie im Ruhrgebiet systematisch von ihren Arbeitsstellen entfernt: Zuerst war es nur ein Gerücht, auf das hin die Industriegewerkschaft Metall beim Arbeitsministerium in Nordrhein-Westfalen intervenierte. Die Straßenbahnschaffnerinnen sollten entlassen werden, um Männern den Arbeitsplatz zu überlassen. Im Ministerium verneinte man eine solche Absicht, es gebe keinen Anlass, Frauen als Schaffnerinnen abzulösen, da »die Tätigkeit einer Schaffnerin durchaus als geeigneter Frauenberuf angesehen werde«. Darüber hinaus sei man der Meinung, das Ministerium habe sich nicht in Angelegenheiten der Tarifpartner einzumischen. Einzelnen Damen und Herren, man darf annehmen, vor allem Herren in den Verkehrsbetrieben, lag es aber offenbar sehr am Herzen, die Frauen von ihren Schaffnerinnenposten zu verdrängen. Und da war kein Mittel schäbig genug: Kleinste Unaufmerksamkeiten der Frauen wurden registriert und gemeldet. So wurde einer Schaffnerin gekündigt, weil sie mit einem Fahrgast sprach, obwohl ein anderer Fahrgast noch keinen Fahrschein hatte. Es wurden Krankentabellen gefälscht, um einen erhöhten Krankenstand der Frauen nachweisen zu können. Obwohl amtsärztliche Untersuchungen diese Manipulationen widerlegten, wurden die meisten Schaffnerinnen zum Jahresende 1949 entlassen. Selbst eine Vereinbarung zwischen der Gewerkschaft und den Verkehrsbetrieben in Essen konnte daran nichts ändern. Das Ende vom Lied war das Ende der Schaffnerinnen: Zum Jahreswechsel 1951 fuhren nur noch vereinzelt Straßenbahnschaffnerinnen in den Straßenbahnen der Ruhrgebietsstädte.

Benachteiligungen und Kündigungen wurden zwar häufig durchaus als Diskriminierung wahrgenommen, aber für einen politischen Protest fehlte oft nicht nur die Energie – schließlich band der Alltag noch weit mehr Kräfte als heute –, sondern nicht selten war bei den Betroffenen ein starkes Empfinden für die Aussichtslosigkeit solchen Unterfangens vorhanden. Trotz der Dschungelmentalität der ersten Nachkriegsjahre herrschten Obrigkeitsgläubigkeit und eine monokausale Erklärungskultur bis weit in die 50er Jahre. Dazu gesellte sich eine immer stärker werdende konservative Grundhaltung, die Familie und Hausfrauenehre als allein selig machendes Lebensmodell propagierte. Das Ergebnis war, dass sich innerhalb weniger Jahre außerhäusliche Arbeit qualitativ zum Nachteil der Frauen veränderte.

»Jeder ist seines Glückes Schmied«

Die meisten Biografien, sowohl von Frauen als auch von Männern, hatten durch den Krieg einen Knick bekommen. Schule, Ausbildung, Anstellung, dieser normale Ablauf war bei vielen irgendwann abrupt abgebrochen. Einen Berufswunsch hatte man nach Kriegsende am besten nicht – um zu überleben, musste man ohnehin nehmen, was sich bot. Allenfalls im Hinterkopf ließen sich Träume bewahren und später nicht selten unter vielen bitteren Gedanken für immer begraben. Der spätere Intendant des Westdeutschen Rundfunks etwa, Friedrich Nowottny, hatte früh einen Traum gehabt, er wollte Journalist werden. Aus Not wurde er aber erst zum Schwarzmarkthändler, dann zum Dolmetscher für einen amerikanischen Offizier, ausgerechnet in Braunau am Inn und schließlich landete er gar als Versicherungsmensch bei der Vorgängerin der DVK, die damals noch unter dem wunderbaren Namen »Deutsche Reichsbahn-Sterbekasse« firmierte, bevor er endlich ein Volontariat bei einer Bielefelder Zeitung antreten konnte.

Viele Männer hatten im Krieg ein »Notabitur« gemacht: Wenn sie sich freiwillig zum Wehrdienst meldeten, bekamen sie ihr Abiturzeugnis ohne Prüfungen. Nach dem Krieg standen sie nun ohne Abschluss da, weil die Universitäten dieses Abitur nicht anerkannten, und holten schnell eine Ausbildung oder Qualifizierung nach, möglichst in Abendkursen, nach einem langen Arbeitstag, um tagsüber noch Geld verdienen zu können. Es wurde geschafft und geschuftet, man machte Überstunden für mehr Lohn und Fortbildung über Fortbildung, damit die anderen nicht an einem vorbeizogen. Es galt mitzulaufen, im Tritt zu bleiben, nicht auszuscheren und zu nehmen, was zu kriegen war. Oftmals verliefen die Karrieren beharrlich über Umwege. Vermutlich aus dieser Erfahrung heraus verlangten gerade die Männer dieser Generation von ihren Kindern und Enkeln unerbittlich Zielstrebigkeit und faltenlose Biografien. Väter und Mütter bekamen graue Haare, wenn der Filius oder die Tochter für anderes Interesse zeigte, als für Schule oder Beruf. Disziplin und Leistung waren die Leitwörter der Zeit in Ost und West, denen alles untergeordnet war.

Die Deutschen waren ungeheuer produktiv, aber im Westen blieben erst einmal die Löhne und Sozialleistungen niedrig. Das später so viel gepriesene Wirtschaftswunder war damals ein Konsumkrieg mit ziemlich eisigen Winden. Es gab reihenweise Verlierer, an denen der Aufschwung spurlos vorüber zog. Vertriebene und Flüchtlinge, Kriegerwitwen, Schwerversehrte, Spätheimkehrer,

Bombengeschädigte und sozial Deklassierte, wie etwa die durch die Entnazifizierung mit Berufsverbot Belegten. Nach einer Schätzung sollen es 21 bis 23 Millionen Menschen gewesen sein, ungefähr ein Drittel der damaligen westdeutschen Bevölkerung, die unter solchen direkten Kriegsfolgen zu leiden hatten. Und dabei waren noch viele nicht berücksichtigt: Menschen, denen die Währungsreform ihr Vermögen entwertet hatte, Evakuierte und Displaced Persons, die nun Starthilfe benötigten, die Opfer der nationalsozialistischen Verfolgung, die überlebt hatten und gesundheitlich und beruflich geschädigt waren, und viele Rentner. Insgesamt zu viele hilfsbedürftige Menschen für die ohnehin schlechte Finanzlage des Staates. In der Mitte des Jahrzehnts war noch jeder Fünfte von Sozialleistungen abhängig.

Nach dem Waffenstillstand war auch das Sozialversicherungs- und Rentensystem zusammengebrochen. Krieg, Geldentwertung und das Ausbleiben von Beitragsleistungen hatten die Kassen lahmgelegt. Daraufhin hatten die Alliierten das Sozialversicherungssystem geändert. Leistungen waren nun gekoppelt an Bedürftigkeit oder für Kinder vom Lebensalter und dem Schulbesuch abhängig. Betroffen waren im Grunde alle, aber besonders hart trafen die teilweise kräftigen Renten- und Leistungseinbußen Kriegerwitwen mit und ohne Kinder.

Während des Krieges waren die Frauen durch den Familienunterhalt unterstützt worden, um die Heimatfront zu befrieden – nichts hatten die braunen Herren mehr gefürchtet als Opposition und Aufstand der um ihre Familien besorgten Männer an der Front und unter den Frauen zu Hause. Im Falle des Todes des Ehemanns hatten die Witwen einen Anspruch auf eine Kriegsrente, die während des Krieges immer wieder erhöht worden war.

Nach der Reform durch die Alliierten mussten viele Frauen mit Kindern für den Unterhalt ihrer Familie selbst aufkommen. Das nötigte sie einerseits auf den ohnehin überlasteten Arbeitsmarkt, andererseits fühlten sich viele Frauen um das betrogen, was ihnen ihrer Ansicht nach eigentlich zustand. Nicht der Krieg und seine Verursacher, die Nationalsozialisten, also die Deutschen selbst wurden für die Misere verantwortlich gemacht, sondern nicht selten richtete sich die Wut gegen die Alliierten, die Sieger und ihre neuen Ideen. In der jungen Bundesrepublik änderte sich die finanzielle Situation der Kriegerwitwen erst allmählich. Sie blieben oftmals länger benachteiligt als Frauen in vollständigen Familien. Und ihr sozialer Staus wandelte sich dramatisch, wie wir noch sehen werden.

Ebenso bitter betroffen waren Millionen alter Menschen. Auch ihnen hatte das Naziregime im Krieg, als es 1941 ganz eng wurde im Russlandfeldzug, zum ersten Mal eine Krankenversicherung geschenkt und die Rente um satte 15 Prozent erhöht. Die Eltern sollten milde gestimmt werden, es konnte sein, der eine oder andere Sohn würde von der Front im Osten nicht mehr wiederkehren. Nach dem Krieg war alles futsch und die Rentenkassen leer. 1950 waren es fast vier Millionen Rentner, die buchstäblich verelendet und in hohem Maße von der Fürsorge oder der Hilfe ihrer Kinder abhängig waren. Dementsprechend wenig begeistert waren viele Alte von der jungen Demokratie. Mit Adenauer dachten sie am besten zu fahren – Frauen und Rentner bildeten Adenauers Hauptwählerpotenzial und wurden am Ende, wenn sie es noch erlebten, belohnt –. Mit der Rentenreform 1957 stiegen ihre Pensionen um durchschnittlich 60 Prozent und damit besserte sich endlich auch ihr Lebensstandard.

ROSE-MARIE WAHL
Geboren 1934 in Dresden

Du musst den Mann nicht heiraten

Dresden war nach dem Angriff im Februar 1945 restlos zerstört. Die Stadt war ein einziger Steinhaufen. Ich habe noch heute die Schlurfgeräusche im Ohr, als alle Menschen und wir mit meiner Mutter bei Nacht und Nebel auf schmaler Fußspur ohne Licht durch die Stadt zogen, um zu sehen, wer überlebt hatte. Nach dem Großangriff auf Dresden war große Panik gewesen, und die Devise hieß: nichts wie fort. Wir siedelten um in ein kleines Dorf Richtung Erzgebirge bis zum Einzug der Russen. Uns ging es gut auf dem Land, da meine Mutter als Friseuse ihr Handwerkszeug bei sich tragen konnte und das ganze Dorf frisierte, gegen Naturalien. Als wir zurückkamen nach Dresden, war im Nachbargrundstück eine große Bombe reingeflogen. Da lag die ganze Erde bei uns in dem Bauernhof, in dem wir wohnten, und hatte eine Ecke am Haus weggerissen. Das war das Zimmer von meinem Bruder und seitdem war es dort immer nass. Aber die Wohnung war bewohnbar, wie wir sie verlassen hatten. Erst später haben wir festgestellt, dass auf dem Dachboden alle unsere Sachen weg waren.

Unsere paar Habseligkeiten, unsere paar Silberlöffel und ein bisschen Schmuck meiner Mutter, haben wir, ehe die Russen kamen, im Garten vergraben. Später mussten wir suchen, dass wir alles wieder fanden. Ich hatte als Kind riesige Angst vor dem Einzug der Russen. Eine Narbe an der linken Wange, die ich mir mit den Fingernägeln riss, ist heute noch zu sehen. Und dann waren die Russen da und das Angstgefühl. Bei uns nebenan war die Kommandantur, das war sehr bedrückend. Ab und an musste man dort einen Stempel holen, da war man immer froh, wenn man wieder in den eigenen vier Wänden war.

Und abends sind wir nicht raus. Die Frauen haben sich vermummt, weil wir alle wahnsinnige Angst hatten. Sie haben sich Brillen aufgesetzt, ein Kopftuch weit ins Gesicht gezogen, haben sich eine Kittelschürze oder so etwas angezogen, dass sie möglichst alt wirkten. Meine Mutter war noch unheimlich jung, Anfang 40 damals. Es ist viel passiert. Bei uns ist aber alles eigentlich gut ausgegangen. Ich war damals noch relativ klein. Ich durfte das alles noch nicht wissen, was das Gefährliche war. Darüber wurde nicht offen gesprochen. Meine Mutter hat mich gewarnt, aber in Maßen. Wenn ich mir überlege, wie ich heute mit meiner Tochter spreche, wie wir Freundinnen uns über die Männer amüsieren und uns manchmal in Einzelheiten verlieren. Das war ganz schön verklemmt damals. Ich habe schon dies und jenes mitbekommen, aber man hat in einer ganz anderen Form darüber gesprochen.

Das mit den Russen war ein zweischneidiges Ding. Damals hatten wir Angst vor ihnen und dann waren sie auf einmal überall unsere Freunde. Es war für mich auch als Lehrerin immer irgendwie eigen. Auch weil wir ja nicht hinfahren durften, in die Sowjetunion.

Die Nachkriegszeit hat in Dresden aufgehört, als nicht mehr überall Ruinen standen. Als man wieder etwas kaufen konnte. In Leuben gab es den ersten HO-Laden, das war ein Holzbüdchen, wo man Semmeln bekam. 1948, als ich auf die Oberschule ging, lief dann alles in geregelten Bahnen. Während der Oberschulzeit hatten wir die ganze Zeit Einsätze, von 1948 bis 1952, alle haben mit angepackt. Damals haben wir auch Einsätze zur Trümmerberäumung gehabt, auf der Borsbergstraße haben wir Ziegel geputzt und weitergegeben oder wir sind in der Landwirtschaft gewesen, Kartoffelkäfer lesen.

Auf der Oberschule hatte ich einen festen Freund in der 12ten Klasse. Wie ich dann hinterher erfuhr, hatten zwei Freunde um mich geknobelt, wer mich einladen durfte zum Abi-Ball, und der gewonnen hatte, mit dem war ich dann tatsächlich zusammen. Aber damals waren wir sowieso immer in der großen Herde unterwegs. Mein Freund lebte bei seinen Großeltern, seine Eltern waren im Westen und er bekam Schuhe von drüben, mit diesen großen Plateau-Sohlen. Und wenn der mich besuchen kam, hatte meine Mutter immer eine Wut auf ihn, weil er mit seinen Sohlen viel Dreck in die Wohnung brachte. Mit diesem Freund fuhr ich dann das erste Mal an die Ostsee nach Gören. Und da hat meine Mutter zu ihm gesagt, »Aber bringen Sie sie mir so nach Hause, wie Sie sie mitnehmen.« Da habe ich noch gedacht, na ja, Mensch ... Zu der Zeit hatten wir natürlich schon unsere »Techtelmechtel« gehabt, aber das wusste die Mutter nicht so genau.

Als ich zum Studium nach Leipzig ging, hat mich meine Mutter hingebracht. Aber dort wohnte ich alleine und wurde recht schnell selbstständig. Aber meine Mutter war mir weiter eine große Hilfe, weil sie mir Lebensmittel mitgab, wenn ich am Wochenende kam, denn ich kriegte kein Stipendium. Meine Mutter war als Friseuse Angestellte und Stipendien bekamen nur Arbeiterkinder. Das war sehr hart. Meine Mutter gab mir aus unserem großen Garten Obst und Gemüse mit, Schoten und Rhabarber und was sonst wuchs. Ich hatte nichts, aber es gab auch nichts und es gab noch Lebensmittelkarten in den ersten Jahren. Wenn wir als Studenten in Gaststätten gegessen haben, mussten wir Lebensmittelkarten abgeben. Der Kellner hatte eine Kette mit einem Scherchen dran und hat die Marken ausgeschnitten. Und obwohl ich jede Woche nach Hause fuhr, konnte ich es mir nicht leisten, mit dem Schnellzug zu fahren. Also bin ich Personenzug gefahren und der fuhr immer nächtens. Einmal bin ich auf dem Leipziger Bahnhof von einer Schaffnerin schlafend aus dem Zug geworfen worden. Ich hatte dort auf dem Abstellgleis schon ein paar Stunden geschlafen früh um vier. Das hatte ich gar nicht gemerkt und die hat mich dann dort gefunden. Meine Mutter hatte durch den Friseurladen und die vielen Kunden mal dieses, mal jenes bekommen und einmal auch einen Mantel aus einem schönen, dicken, warmen Stoff. Der war mir viel zu groß, aber ich habe ihn getragen. »Ich sehe dich heute noch, da kamst du früh um vier bei Mondenschein und standest ohne Schlüssel vor dem großen Tor in deinem großen Mantel und dann habe ich dich reingelassen.« Das hat meine Mutter gerne erzählt.

Unsere Familie war eine schöne Familie gewesen. Mein Vater war 1940 eingezogen worden und damit war das Familienleben im Eimer. Ab 1945 war er vermisst. Wir waren dann alleine, meine Mutter mit meinem älteren Bruder und mir.

Meine Mutter musste arbeiten gehen, sie musste uns ja durchbringen.

Sie hat nur den einen Mann gehabt, den sie geheiratet hatte. Obwohl sie bestimmt Möglichkeiten gehabt hätte, da sie durch ihren Beruf als Friseuse mit vielen Menschen zusammenkam. Aber das gab's für meine Mutter nicht. Sie hat sogar meinen Vater eigentlich nur auf Anraten meines Bruders für tot erklären lassen, damit sie Witwenrente bekommen konnte. Sie selbst wollte es eigentlich nicht. Und dann hat sie wenig Geld bekommen, 150 Mark war die Rente gewesen. Sie hat die ganzen Jahre gearbeitet, bis ich dann wiederkam, 1955 nach dem Studium. Als ich aber mit meinem Bäuchlein da stand, hat sie gesagt, »Wenn das Kind da ist, dann höre ich auf und du gehst arbeiten, weil du ja dann mehr verdienst.« So viel war das nicht, damals als junge Lehrer haben wir wenig verdient. Ich bekam um die 500 Mark und mein Mann als Uni-Sportlehrer hatte so um die 700. Das hat sich dann natürlich im Laufe der Jahre gesteigert, aber es war wenig. Und meine Mutter machte unser Kindermädchen.

Eigentlich war es Heirat aus Liebe, weil man sowieso zusammenbleiben wollte. Ich war schwanger, und da gab es gar keine Diskussion, irgendwann würden wir heiraten, das war klar. Als das Studium zu Ende war, ging es darum, wo wir eine Arbeitsstelle finden. Gekriegt haben wir alle eine, das war der große Unterschied zur heutigen Zeit. Meine Kommilitoninnen wurden über die ganze DDR verteilt, während ich das Glück hatte, dass meine Mutter in Dresden wohnte in einer relativ großen Wohnung, und da war für uns erstmal ein Nest bereit. Mein Mann und ich hatten zusammen studiert, er war drei Jahre älter. Er war noch an der Uni in Leipzig, der Karl-Marx-Universität, als Sportlehrer angestellt, hat dann aber an der TU in Dresden einen Posten als Sportlehrer gefunden. Wir hätten nicht heiraten müssen, meine Mutter hatte gesagt, als ich schwanger war, »heiraten musst du deshalb nicht, das Kind kriegen wir auch alleine groß«. Meine Mutter und mein Mann haben sich absolut nicht verstanden. Aber ich war 21 Jahre alt. 1955, das ist nicht vergleichbar mit heute, und ich hatte keinerlei Erfahrung.

Ich bekam eine Arbeitsstelle an einer Dresdner Schule,

unterrichtete Sport, Mathe, Biologie und Kunsterziehung. Ich bekam die Anstellung, weil ich verheiratet war und eine Wohnmöglichkeit bei der Mutter hatte, ansonsten wäre ein Einsatz republikweit möglich gewesen. 1957, 59 und 64 kamen die drei weiteren Kinder zur Welt. Grundsätzlich habe ich voll gearbeitet und meine Mutter kümmerte sich um die Kinder. Da ich immer lange gestillt habe, aber sechs Wochen nach der Geburt wieder arbeiten musste, pumpte ich in der Schule Milch ab. Meine Mutter stand dann immer schon auf der Treppe und wartete händeringend auf meine Thermosflasche.

Wir hatten so etwas wie eine Grundausstattung, wir kriegten auch Kinder- und Muttergeld. Es ging schon, auch am Anfang. Ich habe selber genäht und viel gestrickt. Die meisten Frauen in der Zeit haben alles Mögliche selbst gemacht. Im Krieg war es genauso gewesen. Meine Mutter und die anderen Frauen mussten zwangsläufig alles selber machen. Das hat sich so fortgesetzt, nähen, stricken und vor allem flicken. Darauf basiert vermutlich die ganze Kreativität, die sich durch die DDR-Zeit fortgesetzt hat, weil wir aus nichts etwas machen mussten.

Unter den Frauen gab es damals einen schönen Zusammenhalt. Es war immer Unterstützung da, auch im Kollegium. Die einfachsten Sachen gab es nicht zu kaufen, Zwiebeln oder Toilettenpapier, alles war rationiert oder man musste an der richtigen Stelle sein, wenn es das Zeug gerade gab. Da war eine große Hilfsbereitschaft und die hat lange angehalten. Man hat sich gegenseitig ausgeholfen, auch mal gegenseitig auf die Kinder aufgepasst. Mein Mann ist 1969 gestorben, meine Mutter im gleichen Jahr und da war ich alleine. Da habe ich sonnabends meinen Jüngsten mit in den Unterricht genommen. Dort musste ihn jemand betreuen oder er musste auf der Bank sitzen. Einen Kindergartenplatz hatte ich nicht, weil die Mutter immer meine Kinder gehabt hatte.

Meine Mutter hat mir viel Selbstständigkeit und Selbstbewusstsein mitgegeben. Das wird nicht überall so gewesen sein, aber meine Mutter war so. Sie hat sich überall durchgesetzt, sie hat selber ihren Beruf gehabt und hat das Geld für uns zwei Kinder verdient. Mein Bruder ist auf eine Internatsschule gegangen, das kostete. Meiner Mutter habe ich so gut wie alles zu verdanken. Diese ganzen Werte als Einstellung zum Leben, das sagt sehr gut der Satz, »du musst den Mann nicht heiraten, das Kind kriegen wir alleine groß«. Aber welche Tochter hört schon auf ihre Mutter?

Als mein Mann und ich 1955 von Leipzig kamen und zu meiner Mutter zogen, haben wir praktisch die Möbel mit übernommen. Dort war so weit alles da. Unsere Wohnung war recht primitiv. Wir hatten Ofenheizung, aber ein 36 Quadratmeter großes Wohnzimmer, das im Winter allerdings kaum warm zu kriegen war. Für heutige Verhältnisse waren unsere sanitären Zustände undenkbar. Bis zum Umzug 1969 hatten wir kein Bad. Wasser gab's im Hausflur, am Ende des Ganges ein Plumpsklo. Gebadet wurde im Waschhaus, das war von außen aus zu begehen, im großen beheizbaren Wasserkessel nach dem Wäschewaschen. Später sind wir eine Zeit lang ins Volksbad gegangen, immer umschichtig jeweils mit zwei Kindern, je eine Doppelzeit in einer Kabine mit einer Wanne. Die Schlafzimmer waren im Winter nicht heizbar. Oft glitzerten die Wände von Eis und die Betten waren vom Hauch gefroren. Wir nannten unser Zimmer den Eispalast. Mein Mann war sehr kreativ, der konnte alles Mögliche. Anfangs gab es nichts und er hat aus Schilfzeug Matten geflochten. Die haben wir hinter der Sitzecke an die Wände gehängt, als Wandbehang. Das habe ich damals sehr bewundert, das konnte ich nämlich nicht.

Mein Mann hat sehr gerne getrunken, und er war damals wahrscheinlich schon suizidgefährdet. Das habe ich als junger Mensch überhaupt nicht verstehen oder einschätzen können, im Gegenteil, ich habe es auf die leichte Schulter genommen. Als sein Bruder heiratete, damals in Westdeutschland, hat er zu mir gesagt, »komm, wir gehen in den Wald, wir hängen uns beide auf.« Ich habe gesagt, »du hast wohl 'ne Meise«. Ich habe das nicht ernst genommen, aber das Problem haftete unserer Ehe die ganzen Jahre an. Zu guter Letzt habe ich gedacht, wenn er das unbedingt haben will, dann muss er es haben. Er zog dann, wenn es ihm mal wieder passte, mit der Leine in die Scheune und ich wusste nie, ob er wiederkommt.

Plakat zum ersten Fünfjahresplan der DDR, 1951

WIR WERDEN BESSER LEBEN
DURCH UNSEREN PLAN
5

Und dann waren immer die vier Kinder da und es gab viel Krach. Er brachte gerne Kumpels mit und da wurde getrunken und ich wurde nachts aus dem Bett geholt und hätte am besten auf dem Tisch tanzen sollen, weil er gerne seine junge Frau zeigte. Ich habe mir immer gesagt, wenn die Kinder ein bisschen größer sind, lässt du dich scheiden. Aber wie es so ist, ein Kind nach dem anderen, vier an der Zahl, da ist es zur Scheidung nie gekommen. Wir hatten dann endlich eine Wohnung bekommen, Platte. Mit der Mutter zusammen, da sind wir eingezogen im Winter 1968 und im Sommer ist es dann endgültig passiert. Ich bin draußen auf der Treppe gesessen und habe gedacht, mach, was du willst. Ich hätte nie gedacht, dass ... aber.

Ich wollte Tänzerin, Gärtnerin, Sport- oder Kunstlehrerin werden, eine ziemliche Palette, aber es ging für mich alles eigentlich in eine Richtung. Dann hat sich das mit dem Sport ergeben und ich habe es gerne gemacht. Und eine Familie wollte ich, ein harmonisches Familienleben. Aber das ist alles nicht ganz so gelaufen, wie ich mir das gewünscht hatte.

BRUNO RIEDEL
Geboren 1943 in Plauen

Eine moralisch völlig verwahrloste Zeit

Ab elf habe ich mit großer Begeisterung Landserheftchen gelesen. Die haben völlig unzensiert und unbearbeitet die Weltkriegs-Naziideologie transportiert. Diese Heftchen gab es einfach und die las man als Junge im Alter von elf, zwölf. Es war nicht ganz leicht, an sie heranzukommen, da sie Geld gekostet haben. Aber es gab einen grauen Markt, einen Kiosk am Bahnhof, wo sie gegen ganz wenig Geld weitergegeben wurden. Sehr viel später, als ich schon um die 40 war, ist mir eine Figur aus diesen Heftchen wieder begegnet: ein Oberst Rudel, ein Stuka-Flieger. Dessen Lebensgeschichte kannte ich aus diesen Landserheftchen. Das waren richtige Nazi-Helden gewesen, die in den Heften auftauchten, zumindest vereinzelt. Und dieser Oberst Rudel hat sich in seinem wirklichen Leben, soweit mich die Erinnerung nicht trügt, bei irgendeiner Fußballweltmeisterschaft in den Vordergrund gedrängt und Neonazi-Propaganda gemacht. In diesem Kontext tauchte dieser Name plötzlich wieder auf und mir wurde schlagartig klar, diesen Typen kennst du doch.

Mein Vater war im Krieg vermisst. In der Familie hoffte man, insbesondere meine Mutter, dass er wieder zurückkommen würde. Er war immer als Fiktion präsent, aber er tauchte nicht wieder auf. Heute kann ich verstehen, was das für meine Mutter bedeutet haben muss. Sie ist 1914 geboren, 1944 war sie gerade 30 Jahre alt. Ihr Mann war verschollen, den gab es einfach nicht mehr, aber er hätte doch jederzeit auftauchen können. Eine junge Frau zwischen 30 und 40, die auf ihren Mann warten muss und keine neue Beziehung eingehen kann. Das ist eine »verrückte« Situation.

Da war es für mich natürlich faszinierend, etwas über Soldaten zu lesen, denn diese Helden bekamen natürlich seine Identität. Mein Vater ist in meiner Vorstellung so wie diese Männer im Krieg irgendwie umgekommen. Das war für mich sehr entlastend, denn da verschwand nicht einer, der sich plötzlich in Luft auflöste, sondern das waren wirkliche Helden, die Sturzbomber geflogen sind und weiß der Teufel, was sie noch alles gemacht haben. Und die Helden haben überlebt! Ich habe dann wesentlich später, als ich 15, 16, 17 war, Anti-Kriegsliteratur gelesen und das fand ich sehr anstrengend, denn da war mir schon klar, dass das etwas mit meinem Vater zu tun hatte.

In meiner Familie gab es keine Männer, die waren entweder alle gestorben oder wie mein Vater vermisst. Es gab nur Frauen und drei kleine Buben in einem matriarchalen System, das führt bei mir heute noch zu gewissen Zweifeln an den Ideen der Frauenbewegung, ob es denn wirklich besser wird im Leben, wenn die Frauen das Sagen haben.

Meine Mutter war während des Krieges in Schlesien gewesen, weil sie der Naziideologie geglaubt hatte, dass das für immer deutsches Gebiet sein würde. 1943 war es dort ausgesprochen ruhig, es gab genügend zu essen, meine Mutter war Krankenschwester und hat auf einem Gutshof die alte Besitzerin gepflegt. Aber 1944 musste meine Mutter zurück zu ihrem Hauptwohnsitz in Plauen. Dort ist sie ausgebombt worden und dann im Oktober/November 1945, nachdem die Russen den ganzen Bereich besetzt hatten, mit einem Rucksack und drei kleinen Kindern nach München und versuchte bei der Oma, ihrer Schwiegermutter, irgendwie Fuß zu fassen. Dort lebten auch noch zwei Tanten. Meine Mutter bekam dann – ein wichtiges Wort – die Zuzugsgenehmigung, aber nicht für München, sondern für den Landkreis Ebersberg. Meine Oma, zu der ich eine sehr nahe Beziehung hatte und meine Tanten waren in München nicht jederzeit verfügbar und so hat meine Mutter dieses Alltagsgeschäft der Nachkriegszeit, das ein übles, brutales Geschäft war, allein gemeistert. Sie musste Geld verdienen und schauen, dass die Kinder irgendwie durchkamen und zwar unter extrem schwierigen Wohnbedingungen.

Die erste Wohnung, Anfang 1946, war direkt am Marktplatz in dieser bayrischen Kleinstadt in einer Molkerei. Das war ein Raum, der weitgehend dunkel war und feucht. An den kann ich mich sehr genau erinnern. Der war praktisch leer. Es war auch so gut wie nichts zu bekommen. Da gab es auf der einen Seite so eine Grunderfahrung von Solidarität; alle, die nichts hatten, bekamen irgendwoher irgendwelche Tassen oder sonst etwas. Aber diese Molkereibesitzer, unsere Vermieter, die Menschen direkt im Umfeld, die aus der damaligen Perspektive wirklich reich waren, denn sie haben über Milch und Butter verfügen können und man konnte immer irgendwo etwas abzweigen, die waren so geizig, dass sie auch nicht das Minimum geteilt haben. Dieser Eindruck addierte sich dann mit anderen Erfahrungen, die wir machten mit denjenigen, die etwas hatten. Bei denen herrschte die Vorstellung vor, dass wir zwangsweise einquartiert worden waren, weil wir Flüchtlinge waren, und dass so jemand, der neu dazu kam, zwangsläufig klaute. Für ein Kind damals war es nicht nachvollziehbar. Wir waren drei hustende kleine Kinder in einem nassen, kalten Zimmer, es war immer kalt drinnen und draußen herrschte eine feindselige Grundhaltung, weil die Vermieter davon ausgingen, dass wir sie beklauen würden.

Ich habe eine ganze Reihe von Erinnerungen an Situationen, wo meine Mutter nichts zum Tauschen hatte. Die ging mehr oder weniger zu Bauern zum Betteln, um die Kinder am Überleben zu halten. Ich sehe das noch immer vor mir, wie das war aus meiner damaligen Sicht: Diese reichen Bauern mit ihren riesengroßen Anwesen, die aßen dort, machten ihre Brotzeit und wir standen an der Tür. Aber nicht, dass die auch nur die Idee gehabt hätten, diesen Kindern irgendetwas zum Essen zu geben, auch nur ein Minimum an Grundanständigkeit, die war einfach nicht vorhanden. Das ist ein Teil meiner Kindheitserfahrungen, dass diejenigen, die etwas haben, grundsätzlich nichts hergeben. Es gab unendlich viele hungernde Kinder damals, aber ich kann es mir dennoch nicht vorstellen, dass man einfach weiterisst. Das war bitter.

Es gab dann gelegentlich Bauersfrauen, die meiner Mutter ein Ei zusteckten, aber das ist in meiner Erinnerung sehr vage. Im Vordergrund steht diese Hartleibigkeit, dass die einfach weitergefressen haben. Es gab eine Geschichte, da ist meine Mutter dann doch einmal fuchsteufelswild geworden. Es muss Ende 1946, Anfang 1947 gewesen sein, denn es gab schon wieder eine gewisse Grundversorgung, aber immer noch Essensmarken. Da hatte meine Mutter Schuhe von uns Kindern zum Schuster gebracht. Der wollte diese besohlten Schuhe nicht zum üblichen Preis herausgeben, sondern zusätzlich die Zuckermarken der Kinder dafür. Kinder haben damals extra Zuckermarken erhalten, mehr als die Erwachsenen, aber immer noch in diesem zwei bis fünf Gramm-Bereich, also keine luxuriöse Menge. Und diesen Zucker wollte der. Aber meine Mutter hat sich gewehrt – und da muss es auch wieder so etwas wie ein funktionierendes Polizeisystem gegeben haben –, denn sie hat gesagt, sie würde ihn anzeigen und dann kamen die Schuhe ohne Zuckermarken über den Tresen rüber. So war diese Stimmung. Für mich war das eine moralisch völlig verwahrloste Zeit. Direkt nach dem Krieg galt das System »Jeder gegen jeden«.

Meiner Erinnerung nach waren diese Jahre unmittelbar nach dem Krieg bis zur Währungsreform 1948 einfach eine brutale Zeit des Überlebens in einer Umgebung, die überhaupt keine moralischen Maßstäbe hatte. Es gibt auch andere Geschichten von sehr viel Solidarität. Aber nicht für uns. Mein älterer Bruder ist 1940 geboren, und er hat von Misshandlungen in der Schule berichtet. Die Kinder untereinander, diese Art von Mobbing war immer da, das gehörte zur Schule dazu. Die Lehrer haben geprügelt, einfach brutal. Und das hielt an mit dieser Lehrergeneration, die gleich am Anfang dran war, bis in die 50er Jahre hinein, die einfach brutal zugeschlagen hat. So wie ich es erlebt habe, war das überhaupt keine Frage von Sanktionen, also strafen wegen einer zuvor begangenen Untat, sondern das war eine Art von Faustrecht. Jeder hat sich das genommen, was er haben wollte, und wenn die Kinder nicht funktioniert haben, hat man sie solange geprügelt, bis sie funktioniert haben. Wenn man sich von Kindern Essensmarken klauen konnte, hat man die geklaut. Man hat einfach das gemacht, was gegangen ist. Das ist meine Grunderinnerung an die Nachkriegszeit.

Meine Mutter hatte eine Ausbildung als Krankenschwester gehabt. In der unmittelbaren Nachkriegszeit konnte sie damit gar nichts anfangen. Sie hat das an Arbeit gemacht, was es gab, und hat dann in einer Industrieschneiderei angefangen zu nähen. Dort wurden Militärmäntel zu zivilen Produkten umgearbeitet. Da war ich ein- oder zweimal, das war eine richtige Fabrikhalle, es wurde Akkord gearbeitet von ganz früh bis ganz spät, sehr hart. Dann hat meine Mutter irgendwo eine Nähmaschine herbekommen und hat nachts auch noch Hausschuhe produziert. Sie hat irgendwo Filzsohlen abgezweigt und hat das dann relativ lange gemacht. Und zwar im selben Raum mit uns, alles in einem Zimmer.

Wir mussten in den Kindergarten gehen, sonst hätte meine Mutter den Job nicht bekommen. Es war klar, dass die Kinder untergebracht werden mussten, und es war auch klar, dass Kinder nicht krank werden dürfen. Das hat ja noch heute Gültigkeit, aber damals war das alles existenziell bedrohlich, jede kleinste Veränderung war existenzbedrohend, dass man nichts zu essen hatte für den nächsten Tag oder kranke Kinder, die niemand versorgen konnte.

Ich war mit zwei Jahren im Kindergarten. Das setzte die Garantie voraus, selber aufs Klo gehen zu können, das heißt, »sauber« zu sein. Dieses Saubersein – ich vermute, dass ich es gelernt habe Ende 44, Anfang 45 im Luftschutzkeller in Plauen. Vermutlich habe ich das dort so was von trainiert bekommen oder war selber so ambitioniert, es zu lernen. Denn es ging nicht, dass man vor lauter Angst irgendwo hinschiss, weil das dann stank. Wir saßen stundenlang da unten und mit gutem Benehmen hatte das nichts zu tun. Mein drei Jahre älterer Bruder war im Kindergarten dafür verantwortlich, dass seine beiden jüngeren Geschwister immer aufs Klo gingen und nicht in die Hosen pinkelten. Dass man die Hose eingekotet hätte, das war sowieso undenkbar, aber dass man vergaß, auf die Toilette zu gehen, dafür war mein älterer Bruder verantwortlich, was ihm sehr unangenehm war.

Der Kindergarten war natürlich eine weibliche Domäne, was er ja immer noch ist. In meiner Umgebung, wo sowieso immer nur Frauen waren, kamen jetzt noch Nonnen hinzu. Die haben mich immer an Dohlen erinnert, schwarz gekleidet, denen jede Art von Mütterlichkeit abging. Es war keine freundliche Atmosphäre, aber das passte zu allem anderen dazu. Der Kindergarten war ein großer Saal und an den Außenwänden waren eiserne Klappbetten mit Gitter angebracht, die heruntergeklappt wurden, wenn Schlafenszeit war. Die Kinder wurden reingelegt und darin musste man schlafen. Von damals ist die Vorstellung geblieben, dass diese Nonnen wie Krähen hackend dort herumgingen, während wir schlafen sollten.

Ich glaube, ich habe relativ schnell durchschaut, dass man, wenn man sich da anpasst, sein eigenes Leben leben kann, und wie man unauffällig mitschwimmt. Die Devise war, bloß alles unterlassen, durch das man auffällig wird. Denn wenn die anfangen, einen zu erziehen, wird es schlimm. Die Idee von Erziehung gab es ja an und für sich gar nicht, sondern die haben einfach gehauen, gedrillt. Und das wusste ich immer zu vermeiden. Das ist eines meiner Grundmuster, die ich damals gelernt habe, nur nicht in den Mittelpunkt von Aufmerksamkeit geraten.

In dem grauenhaften Zimmer in der Molkerei waren wir ungefähr eineinhalb Jahre. Dann bekam meine Mutter ebenfalls am Marktplatz zwei Mansardenzimmer. Das fand sie ganz toll, weil diese Zimmer nicht mehr nass waren, dafür waren sie extrem kalt oder heiß, weil das Dach keine Isolierung hatte. Das waren zwei winzige Zimmer, aber immerhin zwei, sodass es die Möglichkeit gab, sich abzugrenzen, wenn beispielsweise abends meine Mutter noch ihre Hausschuhe nähte. Aber auch in dem Haus war es wieder so, dass der Vermieter und seine Schwester sehr unfreundlich waren und man denen auch nicht aus dem Weg gehen konnte, weil die zwei Zimmer in diesem Haus nicht abgetrennt werden konnten und wir das Klo teilen mussten. Das war objektiv nichts für den Hausfrieden.

Dann zog meine Mutter in ein relativ großes, ehemals bürgerliches Haus, das zu einem Bauernhof gehörte. Das war noch vor meiner Einschulung, also 1948, spätestens 1949. Das waren großzügige Wohnungen, in jedem Stockwerk eine, und die wurden zimmerweise an eine Familie vergeben, je nachdem, wie die Zimmer geschnitten waren oder wie groß die Familie war. Wir bekamen zwei Zimmer, die hintereinander lagen. Das fanden wir großzügig, weil das zwei relativ große Zimmer waren. Luxuriös war es noch nicht, denn das hintere Zimmer war nicht zu heizen und im Winter sehr kalt. Es gab nur eine Wasserstelle für die drei Familien, die dort auf einem Flur untergebracht war, und ein Klo. In dem Klo war früher auch ein Bad gewesen, aber es gab keine Badewanne mehr. Dieses Klo war immer ein Problem, da es durch die intensive Benutzung durch die vielen Menschen immer dreckig war. Meistens saß einer drauf, wenn man selber musste. Absprechen konnte man sich nie. Und noch schlimmer: Es gab eine sehr alte Oma bei den rumäniendeutschen Leuten, aus der »Batschka«, wie das hieß, die spuckte immer ins Klo rein, aber sie traf nicht.

Meine Mutter hatte mit dem Kriegsende etwas kapiert. Sie war als Jugendliche bei den Nazis mitgelaufen, aber sie hatte nicht diese sadistische Version: Bringt irgendjemanden um, weil er ein Untermensch ist. Sie gehörte erst zu den Gewinnern, zu den Aufsteigern, und irgendwann hat sie kapiert, dass da etwas voll daneben gegangen sein muss mit dem

Krieg. Und sie war dann eine Kriegsverliererin. Sie war am untersten Punkt angelangt, hat aber niemanden dafür verantwortlich gemacht, sie hat nicht gesagt, die Russen sind es oder die Juden sind es, die uns das eingebrockt haben. Meine Mutter ist keine intellektuelle Frau, so dass sie das irgendwie hätte einordnen können. Bis zur Währungsreform ging es ums blanke Überleben und danach ging es um so etwas wie das soziale Überleben, so dass sie gar keine Zeit und Energie hatte, historisch einzuordnen, was da eigentlich passiert war. Aber dieses Grundmuster, dass da etwas völlig daneben gegangen war, das hat sie auch positiv an uns Kinder weitergegeben. Es kam nie so eine Idee wie, dass man deutsch-national leben müsste, oder »das stehen wir schon durch, bis wir wieder wer sind«, diese Idee war überhaupt nicht vorhanden. Ich habe keine deutsch-nationale oder antisemitische Erziehung mitbekommen, nicht irgend so etwas wie Fremdenhass, das hatte meine Mutter nicht.

Und dennoch empfand ich als Kind so etwas wie Antisemitismus, ohne Juden zu kennen oder Juden zu meinen. Das war eine wilde Mixtur aus Gerede, aus Ungerechtigkeiten und aus eigener Ablehnung. In dem kleinen Ort gab es einen Regierungsbau, der wurde »Neu-Korea« genannt, und die Leute, die dort wohnten, standen auf der sozialen Leiter ganz unten. Die Familie aus Rumänien, aus der »Batschka«, die auf unserem Flur in dem Wohnhaus bei dem Bauernhof lebte, hielt auf dem Flur Hühner und die Oma spuckte ins Klo. Dann gab es Gerüchte, dass irgendwelche Leute aus dem Lager, es gab in der Nähe ein Flüchtlingslager, in die Kirche eingebrochen sein sollen und dort – das allerschlimmste, was im katholischen Bereich passieren kann – den Tabernakel aufgebrochen, die Hostien aus dem Kelch rausgeworfen und den Kelch mitgenommen haben sollten. Das war ein Empfinden, eine Gemengelage aus Gerüchten und dem Gefühl von Gefahr, von gefährlichen Menschen, die sozial nicht einschätzbar waren. Es war wichtig, sich sozial abzugrenzen. Dazu gehörte man nicht. Wir standen als Flüchtlinge schon sehr weit unten auf der Ansehensskala im Ort, aber darunter gab es noch andere. Da wurde aber ganz vieles nicht ausgesprochen, sondern blieb im Ungefähren, das als große Gefahr empfunden wurde. Es war ein Gefühl gegenüber Menschen, das nicht weit weg war von Antisemitismus.

Mein Bruder und ich hatten ein Überlebensmodell entwickelt. Es war unausgesprochen da: Wir werden in der Schule und von anderen Kindern nicht verprügelt, das passiert uns nicht und wir hauen als Erste zu, was wir auch getan haben. Ich habe genauso funktioniert wie die Mehrheit: Schauen, dass man nicht die Aufmerksamkeit der Herrschenden erregt. Denn wenn dieser Aufmerksamkeitskegel bei einem gelandet war, dann kriegte man Prügel. Wir waren zwischen 40 und 50 Kinder in der Klasse. Wenn man da ständig im Vordergrund stand, war man lästig. Andererseits durfte man auch nicht zu den Doofen gehören. Das lief nach dem Motto: Man wartet erst mal ab und sah, wie sich was entwickelte, was sozial erwünscht war. Das haben wir damals kapiert.

Mit acht, neun, zehn Jahren haben wir alle eine Steinschleuder gehabt und haben nicht nur Spatzen abgeschossen, sondern auch uns gegenseitig beschossen. Die Erwachsenen sahen das nicht – nicht nur, weil sie wie meine Mutter immer arbeiteten, sondern auch, weil die Welt damals so war. Kinder blieben unauffällig. Einmal bekam ich ein größeres Holzstück an den Kopf und blutete. Das war auf der einen Seite ganz normales Kinderspiel, auf der anderen Seite war es in der Welt damals so, ein bisschen Blut spielte keine Rolle. Man musste immer wissen, worauf die Erwachsenen allergisch reagierten: Blut war kein Problem, Feuer war ein Problem. Man musste sich seine Freiräume schaffen, in denen man entwischte, ohne dass es auffiel, aber keine echten Grenzen überschreiten, zum Beispiel nie mit Feuer hantieren, weil das in der Landwirtschaft immer schwierig ist. Aber man durfte ohne weiteres Tiere quälen, denn das war unauffällig. Wir haben zum Beispiel probiert, ob Hühner im Wasser leben können. Die Bäuerin, in deren Haus wir wohnten, war sehr unfreundlich zu Kindern und wir mochten sie nicht. Sie war für die Hühner verantwortlich. An dem Grundstück lief ein Bach vorbei. Und wir haben ausprobiert, ob man ein Huhn mit dem Kopf unter Wasser in den Bach setzen kann, mit zusammengepressten Flügeln. Und dann schauten wir, was passierte. Wir haben sie dann wieder rausgeholt, wir fanden das doch nicht sehr schön.

Im Ort gab es ein so genanntes Versehrtenheim, wo die zum Krüppel geschossenen jungen Männer, die in meiner Wahrnehmung absolut schaurig aussahen, irgendwie aufbewahrt wurden. Das war der zweite Job meiner Mutter, in diesem Versehrtenheim zu kochen, und so waren wir häufig dort. Dort waren junge Männer, die aus dem Krieg kamen und keine Beine mehr hatten und zerschossene Gesichter, keine Augen mehr. Wenn sie Glück hatten, dann hatten sie noch ein Bein. Es gab auch welche, die hatten einen Arm und keine Beine mehr. Das waren Krüppel, kaputt, zerschossen. Das ist ein Bild, was ich sehr gruselig fand, und eines meiner prägenden Bilder von Männern. Und ich hatte immer Angst, mein Vater könnte so zurückkommen. Männer waren nicht strahlende Helden, sondern Mann sein hieß für mich, entweder sie überlebten nicht oder sie kamen als Monster zurück. Es gab dann noch andere Männer, zum Beispiel den Pfarrer, der hatte aber einen Rock an. Im katholischen Bayern trugen die eine Soutane, hatten keine Frau und keine Kinder, ganz merkwürdige Zwischenwesen. Meine Mutter war sehr christlich, so dass sie eine große Nähe zu den Pfarrern hatte. Die durfte sie auch haben, sie lebten ja im Zölibat, das war eine ungefährliche Situation. Das war wiederum Teil meines Männerbildes. So hätte ich mir meinen Vater nicht vorstellen können.

Als ich in der vierten Klasse war, bekam ich einen richtigen Militaristen und Sadisten als Lehrer. Den fand ich eindrucksvoll, denn der war nicht körperbehindert, war nicht zerschossen. Der erzählte ständig von seinen Kriegsabenteuern und brachte uns das Marschieren bei. Als 10-jährige Buben haben wir in der Turnstunde das Marschieren gelernt und beim Kugelstoßen hat er uns gesagt, das sollte man eigentlich mit Handgranaten machen. Wir hatten kein Problem damit, ich konnte mir auch vorstellen, eine Eierhandgranate zu werfen. Es gab aber, das hat er uns auch beigebracht, Stilhandgranaten, und ich wusste, wie lange man zählen soll, bevor man sie definitiv wegschmeißen musste, um in Deckung zu gehen. Davon hat er uns aber nur erzählt, weil so etwas zu üben wäre selbst damals zu auffällig gewesen.

Dieser Lehrer prügelte uns, und zwar auf sehr brutale Weise: Der schmiss mit großen Schlüsselbunden nach Kindern. Bei Hausaufgaben war es so, dass diejenigen, die seiner Vorstellung nach ihre Hausaufgaben nicht richtig gemacht hat-

Fernsehen als Gemeinschaftserlebnis – anfangs hatten nur wenige ein eigenes Gerät

ten, so genannte »Datzen« bekamen – und zu denen gehörte auch ich, weil ich nicht sauber schrieb. Er ging durch die Bänke, schaute sich die Hausaufgaben an, und wenn ihm etwas nicht gefiel, wurde man nach vorne in die Reihe der Delinquenten geschickt. Dann bekam man links und rechts eine mit einem richtig schönen dicken Haselnussstecken. Das zog. Aber nicht, dass ich da die Vorstellung entwickelt hätte, zu weinen oder auch nur irgendeine Miene zu verziehen. Das war mein Widerstand dagegen, nach der Devise: Der schafft mich nicht. Und das war jeden Tag so. Das ist das andere Männerbild: Jemand, der den Krieg überlebt hat, der auch weiß, wie man kämpft. Die Grundüberlegungen hat er uns beigebracht, wie man Soldat wird – und das fand ich nicht falsch. Und dieser Mensch prügelte, prügelte Kinder wirklich, auch mit der Hand. Ich habe das so empfunden: So ist man, wenn man es schafft. Und das passte lückenlos zu der Wahrnehmung einer verwahrlosten Gesellschaft, in der man eigentlich nur überlebt, wenn man der Stärkere ist. Das alte Nazi-Modell, ohne jede Art von Zivilisation: Der Stärkere überlebt.

Wer mich auch beeindruckte, war der Bürgermeister. Das war der altbayrische Bürgermeister, der eine Kette mit Silbertalern vor dem Bauch trug und in seiner Tracht immer ganz selbstverständlich herumlief. Den fand ich eindrucksvoll. Der hatte eine Bäckerei und einen landwirtschaftlichen Betrieb, war völlig anerkannt Bürgermeister und leitete diesen Ort. Der hat sich nicht aufgeregt und war kein Nazi und machte alles auch ganz rechtschaffen altmodisch. Das hat mich sehr beeindruckt. Der war eine zeitlose Instanz, die alles immer irgendwie einigermaßen gerecht hinkriegte, hatte einen Bauch und war keinesfalls jung. Für mich hat Männlichkeit etwas mit Alter zu tun, genau mit dieser Figur, diesem Bürgermeistertyp. Männer, das waren keine jungen Männer.

Es gab in meinen Augen ganz wenige Männer, die es geschafft hatten. Ein Freund meines Vaters, den wir dann auch »Onkel« nannten, war aus dem Krieg zurückgekommen, und zwar ohne Verwundungen. Er war Funker gewesen – und so hatte ich mir das auch erklärt, dass er nicht in Kampfeinsätze verwickelt gewesen war und so überlebt hatte. Der machte auch beruflich Karriere, der war jemand. Er hatte in München ein großes eigenständiges Haus und war Chef eines Betriebes, das fand ich gut. Aber er war so weit weg, ich sah ihn nicht oft. Die Männer, die mich beeindruckt haben, die interessanten Männer, so wie der Pfarrer, der kein Mann war und keine Familie hatte, der Bürgermeister und dieser Onkel – das waren alles ganz ferne Figuren. Und die, die nah dran waren, wie einer unserer Lehrer zum Beispiel, landeten entweder in der Irrenanstalt und waren selber nie im Krieg gewesen, also irgendwelche Hosenscheißer in unseren Augen, oder sie waren Sadisten.

Meine ersten Fernseherlebnisse hatte ich vor dem Radiogeschäft. Da stand vor dem Laden eine Traube von Menschen und schaute durch das Schaufenster auf den Fernseher. Der nächste Schritt war, um den Genuss zu erhöhen, dass dieser Radiohändler einen Lautsprecher in die Tür einbaute, damit man draußen den Ton hören konnte. 1953 hat das Fernsehen angefangen und ein paar Jahre danach auch das Kinderfernsehen. Wir Kinder saßen beim Bauunternehmer vor dem Fernsehapparat. Zusammen mit einer Tante, die immer dabei war, saßen wir brav nebeneinander, haben uns nicht bewegt und uns Turnen mit Adalbert Dickhut angesehen. Da war ich ungefähr elf. An einem anderen Nachmittag gab es eine Kochsendung und da zeigte dieser Kochmensch, wie man Eier aufschlägt. Wie man sie trennt, um sie in einen Kuchen zu tun und dass man mit dem Daumen in die Eierschale hineinfährt, um wirklich alles an Eiweiß herauszuholen, was drin ist. Nicht so wie heute, dass das Eiweiß von alleine herausglibbert und den Rest schmeißt man weg, sondern fein säuberlich die Schale ausfahren mit dem Daumen. Das war Sparsamkeit.

Für mich allerdings war Radio sehr viel wichtiger, ich habe immer und gern Radio gehört und alles, was kam. Meine Allgemeinbildung habe ich vom Schulfunk. Das waren nette, spannende Unterhaltungssendungen für mich, die ich mit großem Genuss gehört habe. Ich habe alles gehört und anfangs wurde das auch nicht thematisiert. Aber als ich im Gymnasium war, kamen die Bewertungen auf, mit einem Mal durfte man nicht mehr jede Sendung hören. Alles, was Jazz war oder ähnelte, war verpönt, und dass man zu AFN geschaltet hat, fanden die Lehrer doof. Damals war vieles verpönt und wurde plötzlich zum Kritikpunkt oder Thema: Zum Beispiel war auch Micky Maus anstößig. Wir haben nicht die Micky-Maus-Filme gesehen, da kamen wir nicht ran, aber wir haben die Heftchen gelesen, die fand ich absolut toll und war ein echter Fan. Es gab aber einen Elternabend und meine Mutter kam mit der Idee zurück, dass diese Heftchen schädlich für mich seien. Die waren also verpönt, und zwar mit dem Argument, die Kinder würden die echten Tiere dann wie diese vermenschlichten Lebewesen wahrnehmen – heute würde man sagen, Realität und Fiktion verwechseln. Ich fand das damals schon absurd, weil mir das nicht passiert war,

Laut Urteil vom Bundesgerichtshof 1955 führen Bildstreifenhefte nicht zur »geistigen Verarmung«

dass ich die Kühe vom Nachbarbauern mit den Kühen, die es bei Micky Maus gab, in irgendeiner Form verwechselt hätte. So blöde war ich nicht.

Als wir dann in dieses ehemalige bürgerliche Wohngebäude umgezogen waren, gehörte auch ein Bauer dazu. Der war ein bisschen merkwürdig. Die Besitzerin des Bauernhofes war zwölf Jahre älter als er. Er hatte da reingeheiratet, das war an sich schon eine befremdliche Angelegenheit. Dann hatten die keine Kinder, was wieder für mich unklar war, und sie waren relativ alt und waren Adventisten. Und das konnte ich überhaupt nicht einordnen. Die hatten ihren Gebetsraum im Haus und am Samstag sangen sie fromme Lieder und waren überchristlich. Gleichzeitig war die Frau sehr unfreundlich. Die gehörte auch zu denen, die nichts hergaben, die nichts teilten. Der Bauer war so etwas wie ein Anhängsel. Der war aber für mich wichtig, weil ich dann, soweit ich es einigermaßen konnte, auf dem Bauernhof mitgearbeitet habe, gegen richtiges Geld. Und das fand ich toll, einerseits weil ich die Schule doof fand und andererseits war Geld wirklich das Thema für mich, denn wir hatten wirklich nichts.

Die Kriegerrente, die meine Mutter bekam, ist jeden Monat drauf gegangen für die ohnehin nur minimale Miete und meine Mutter musste ständig schauen, dass sie Geld heranschaffte. Zuerst arbeitete sie in dieser Schneiderei, dann hat sie in dem Versehrtenheim gekocht und als es aufgelöst wurde, hat sie Schulspeisung gekocht. Und schließlich hat sie einen Fußpflegebetrieb aufgemacht. Sie hatte eine Ausbildung für Fuß- und Handpflege, Kosmetik und Massagen, das hatte sie nach ihrer Krankenschwesterausbildung einfach weiter geführt und hat sich dann, Anfang der 50er Jahre, so eine Art Fußpflege-/Massagebetrieb geschaffen. Das machte sie in unseren zwei Räumen. Wenn sie woandershin gegangen wäre, hätte sie zusätzlich Miete zahlen müssen. Ganz abgesehen davon, dass es keine Räume zu mieten gab.

So hatte sie bei uns eine Sperrholzkabine stehen und machte dort ihre Massagen und Fußpflegesachen und wir mussten entweder ganz still sein oder in den nicht beheizten Raum nach nebenan gehen. Manchmal ging sie auch zu den Leuten hin, um sie zu massieren oder zur Fußpflege, dann konnten wir die Wohnung für uns haben. Meine Mutter hat das sehr geschickt gemacht, so war sie selbstständig. Aber sie hat rund um die Uhr gearbeitet.

Auf der anderen Seite fand ich die Arbeit meiner Mutter auch sehr einschränkend. Der Sportverein, wo man als Junge während der Volksschulzeit hinging, war abends nach 18 Uhr. Aber nach 18 Uhr hatte meine Mutter immer Massagetermine und dann musste man in dem Raum hinten bleiben und durfte nicht rauskommen. Darüber hat dann dieser Nenn-Onkel mit meiner Mutter geredet, aber sie konnte vermutlich ihre drei Buben nicht in diese Männerwelt des Sportvereines lassen. Das war sehr abträglich für unsere soziale Integration, weil sich das Jungenleben dort abspielte. Da hat man Fußball gespielt unter Anleitung. Das habe ich dann nicht gelernt und von da ab war Fußball für mich keine attraktive Angelegenheit mehr, das war sehr einschneidend.

Die männliche Welt war dann für mich, mit dem Bauern auf diesem Bauernhof zu arbeiten. Das habe ich sehr positiv wahrgenommen. Einmal, weil es eine richtige Männerwelt war. Ich habe im Wald gearbeitet, Holz gesägt, stundenlang mit einer Ziehsäge, ich auf der einen Seite und auf der anderen der Bauer. Das habe ich gerne gemacht, auch weil ich dafür Geld bekommen habe. Und eine weitere, nicht unwesentliche Sache war, dass man am Nachmittag nicht zum Schulunterricht gehen musste, wenn man in der Landwirtschaft gearbeitet hat, da war man vom Unterricht befreit. Wir hatten Nachmittagsunterricht, weil wir unheimlich viele Kinder waren und die Schulräume nicht ausgereicht haben. So hatten wir Unterricht am Vormittag und am Nachmittag und da konnte man, wenn man bei einem Bauern arbeitete, vieles, wie zum Beispiel Sport, einfach sausen lassen.

Die andere Variante, gerade, um den brutalen Lehrer zu vermeiden, war, als Junge Ministrant zu sein. Mein Bruder und ich waren zusammen sehr attraktiv für Hochzeiten – wir sahen nett aus, wie zwei Rauschgoldengel. Bei Hochzeiten haben wir richtig Geld verdient, da gab es Trinkgeld. In der katholischen Kirche ist es so, dass man eine Messe kauft, da wird bezahlt und einen Teil von diesem Messgeld bekamen die Ministranten. Bei Hochzeiten und Beerdigungen bekamen wir es direkt. Bei einer Beerdigung von einem großen Bauern zum Beispiel bekam man damals zwei oder fünf Mark auf die Hand und Trinkgeld noch dazu, und bei einer Hochzeit genauso. Deswegen war ich ausgesprochen scharf auf Hochzeiten und habe auch keine einzige Beerdigung ausgelassen. Bei den anderen Messen wurde es irgendwie verrechnet und man bekam am Jahresende 20 oder 50 Mark, und das war damals sehr viel Geld. Und darüber hinaus konnte man auch noch den Lehrer ärgern. Beerdigungen sind ja nicht planbar und da konnte man dann morgens um acht Uhr zu dem Lehrer raufgehen, er wohnte im Schulhaus, und sagen, »der Pfarrer hat g'sagt, dass wir zu der Beerdigung müssen« – und was der Pfarrer sagte, war natürlich Gesetz. Er konnte einen an diesem Tag nicht verprügeln und gleichzeitig haben mein Bruder und ich echtes Geld verdient.

JOHANNA REICHEL
Geboren 1936 in Dresden

Lächeln trotz Weh und tausend Schmerzen

Mein Vater kam nicht wieder. Er war 1942 eingezogen worden, im Februar 1945 war er noch einmal im Urlaub da, doch dann kam im Mai 1945 die Post zurück mit dem Vermerk »Empfänger vermisst«. Wir hatten immer die Hoffnung, dass er doch noch am Leben wäre und eines Tages zurückkäme wie manche aus der Nachbarschaft, die dann plötzlich wieder da waren. Für meine Mutter war es unheimlich schwer, weil er ihre riesengroße Liebe gewesen war und sie auch nicht wusste, wo er lag und was ihm passiert war. Das haben wir nie erfahren. Nun waren ihre Kinder ihr ein und alles, meine um vier Jahre ältere Schwester, ich und mein um sechs Jahre jüngerer Bruder – »meine Kinder!«, sagte sie immer.

Als bekannt wurde, dass die Russen kommen, flüchtete meine Mutter mit uns drei Kindern, meiner Oma und meiner Tante mit ihren vier Kindern in die Tschechei nach Teplic-Schönau, auf Tschechisch Děčín. Das war furchtbar. Wir hatten nichts zu essen, geschlafen haben wir in einer Schule auf dem Fußboden und holten uns gleich Läuse. Nach ungefähr zwei Wochen sind wir wieder zurück.

Zuhause wollten uns die neuen »Genossen« aus der Wohnung werfen, da mein Vater, kurz bevor er in den Krieg musste, noch der NSDAP beigetreten war. Da waren welche ganz laut, die erst Nazis gewesen waren, nach dem Umsturz plötzlich das Hakenkreuz von der Fahne genommen hatten und dann ganz schnell die besten Genossen waren. Wir sollten nur unsere Betten und persönlichen Sachen mitnehmen und in Baracken ziehen. Meine Mutter hat gekämpft wie eine Löwin und gedroht, sie werde, bevor sie mit ihren Kindern aus der Wohnung gehe, alles kurz und klein hauen. Wir durften bleiben, aber zur Strafe setzte man uns Russen in die Wohnung, russische Offiziere mit ihren Familien. Für die musste meine Mutter kochen, putzen und eine Art Dienstmädchen spielen. Zum Dank haben sie unser gutes »Rosenthal«-Porzellan zerschlagen, als sie im Suff die Tischdecke mit allem, was drauf war, herunterzogen. Unsere Sessel benutzten sie als Sportgeräte, haben andere eingeladen und dann ging richtig die Post ab und meine Mutter musste hilflos zusehen. Die haben sich benommen wie die Schweine, so habe ich das als Kind empfunden, wenn ich ängstlich in der Tür stand. Vielleicht hatte das alles aber auch eine gute Seite, meine Mutter versuchte es zumindest so zu sehen, denn an sie, an uns hat sich kein russischer Soldat herangetraut, wir wurden nicht vergewaltigt, wie das Frauen in den anderen Werkswohnungen der drei Zeiss-Ikon-Häuser in der Nachbarschaft widerfuhr.

An den Eisenbahn-Schienen in die »Sächsische Schweiz« hatten wir einen kleinen Garten. Als ich einmal dort war, um nach den Erdbeeren zu sehen, hielt ein Güterzug mit Russen. Sie stiegen aus und fielen in den Gärten über die Erdbeeren her. Obwohl ich Hunger hatte, musste ich zusehen, wie sie alles wegaßen. Da kam ein alter Russe auf mich zu und legte ein angebrochenes Stück Weißbrot in das Beet vor mir. Anstatt es zu nehmen, was mir aber meine Mutter verboten hatte, man sollte ja von Fremden nichts annehmen, bin ich weggerannt.

Wir hatten in einem der Häuser von Zeiss-Ikon, wo mein Vater als Tischler gearbeitet hatte, eine große Viereinhalb-Zimmer-Wohnung, eine Werkswohnung. Als die Russen dann abgezogen wurden, mussten wir untervermieten. Die Leute wurden uns einfach reingesetzt, sodass wir dann noch Stube, Kammer und Küche hatten zu viert. Das war 1946. Wir lebten sehr beengt. Und das blieb so, bis ich ungefähr 20 war, bis 1956. Da bekamen wir zwei Zimmer zurück, dann hatten wir drei Zimmer, aber kein Bad, nur eine Toilette.

Wir schliefen alle im großen Schlafzimmer, die Küche war zugleich Wohnküche und Arbeitszimmer für die Heimarbeit mit der Nähmaschine meiner Mutter, und dann hatten wir das Wohnzimmer. Meine Schwester zog beizeiten aus, danach habe ich in der Stube geschlafen. Doch als meine Mutter 1950 einen neuen Mann kennen lernte, zog der dann ziemlich schnell bei uns ein. Und als ich meinen ersten Mann kennen lernte und meine Tochter geboren wurde, war es furchtbar eng. Aber an Umziehen war nicht zu denken, es gab einfach keine Wohnungen.

Für meine Mutter war es sehr schwer allein mit uns drei Kindern. In den Häusern ringsum waren bei allen anderen Familien die Männer wiedergekommen. Wir waren die einzigen, wo der Mann nie wiederkam und meine Mutter für uns alleine sorgen musste. Ich erinnere mich, die Nachbarinnen auf unserer Seite ließen, wenn sie gebacken oder Obst hatten, ein Körbchen runter zu uns ins Erdgeschoss und das ging dann wieder hoch und kam neu gefüllt. Meine Mutter lebte eher zurückgezogen, so etwas, das sie »Stubenkriecherei« nannte, mochte sie nicht. Sie hat sich gern draußen mit den anderen unterhalten, hat aber immer betont, dass sie alles selber und allein schaffen musste.

An Unterstützung von außen kann ich mich nicht erinnern. Im Gegenteil. Wenn von meinem Bruder die Arbeitskollegen kamen oder die Geschwister meiner Mutter, war das immer ein bisschen schwierig, weil meine Mutter mit uns drei Kindern alleine dastand und die anderen hatten alle ihre Männer. Sie fühlte sich daneben so alleine. Als meine Oma noch lebte, die wir oft besuchten, sagte ihr einmal mein Onkel, der dort im gleichen Haus wohnte, »Nee, du mit deinen drei Kindern, du kannst aber nicht immer hierher kommen, das ist für die Oma zuviel.« Meine Mutter hatte dann das Gefühl, die wollten sie nicht mehr. Sie wollte und musste uns ja überallhin mitnehmen. Auch die Eltern von meinem Vater haben uns, als er vermisst blieb, kaum unterstützt. Früher konnten wir bei meiner Tante, bei seiner Schwester, auch mal bleiben. Aber dann, als er nicht wiederkam, haben die uns nicht mehr gekannt.

Ich staune noch heute über meine Mutter, wie sie das alles

geschafft hat, und ich bin ihr auch in vielen Dingen dankbar. Ich habe gelernt zu sparen und sie hatte einen Leitspruch, den ich sehr mag: »Schau nie nach oben, guck immer nach unten, es geht vielen noch schlechter als uns.« Sie hatte nicht viel Geld, aber zu Weihnachten, wo es besonders schwer war mit uns drei Kindern alleine, hat sie gearbeitet und gearbeitet bis zum Schluss, bis kurz vor der Bescherung. Da sagen wir heute noch, »Erinnert ihr euch, was Mutti geleistet hat.« Und ihren Kummer hat sie uns nie zeigen wollen. Wenn wir abends alle zusammen im Bett lagen, haben wir gesungen oder Spiele gemacht. Die Leute über uns haben oft am nächsten Morgen gesagt, »Ach, ihr habt gestern wieder so schön gesungen«. Meine Mutter hat nach außen so gut wie nie gezeigt, wie es wirklich in ihr aussah. Und es war schlimm, jeden Tag zum Briefkasten zu laufen und zu denken, »jetzt ist Post da«, oder wenn es klingelte, »vielleicht ist es der Mann«.

Meine Mutter sorgte, trotz allem, wunderbar für uns. Wenn wir auch schon als Kinder tüchtig mitarbeiten mussten. Es gab keine Kindergartenplätze, so dass die Mutter eben Heimarbeit machen musste, damit sie zu Hause war, und wir Kinder arbeiteten alle mit. Sie nähte und stickte und wir mussten in unserer Freizeit helfen, Knöpfe annähen, Nähte ausstreichen und sticken. Meine Schwester und ich hatten von Anfang an unsere Aufgaben, einkaufen gehen und im Haushalt helfen und nebenbei mussten wir noch Kartoffeln stoppeln, Beeren lesen, es war ja kein Geld da. Die anderen konnten ins Bad oder ins Kino gehen in ihrer Freizeit, wir lernten schon früh, dass man nur etwas erreichen kann, wenn man etwas dafür tut und sich nicht auf andere verlässt.

Meine Mutter nähte neben ihrer Heimarbeit noch schöne Sachen für uns, aus Alt mach Neu. So gingen wir zumindest immer ordentlich angezogen. Sie achtete auch auf gute Manieren und erzog uns zu ordentlichen Menschen. Sie hatte nur uns, niemanden sonst. Sie bekam keine Witwenrente, da mein Vati vermisst war. Sie hat ihn erst für tot erklären lassen, als mein Stiefvater darauf drängte und sie unbedingt heiraten wollte. Für uns hat sie damals ungefähr 20 Mark Waisenrente bekommen. Die Frauen hätten vom Staat mehr Unterstützung haben müssen. Denen, die bedürftig waren, hätte man irgendwie helfen müssen. Es war furchtbar schwer, irgendwelche Organisationen gab es auch nicht, die geholfen hätten. Da kam nichts, vom Staat nicht und auch nicht von der Kirche. Ab 1950 hatte meine Mutter meinen Stiefvater, den neuen Mann. Mit dem hatte ich so meine Schwierigkeiten. Sie hat wie vorher weiter gearbeitet, aber er hat sich, wenn er von der Arbeit kam, bedienen lassen. Er kam, sie brachte ihm die Pantoffeln, er äußerte, »ich habe Hunger und Durst«, und sie rannte. Meine Mutter war so ein Typ, die alle ein bisschen bemutterte und ihn auch. Er hätte sich etwas mehr um sie kümmern sollen, das hat er aber nicht getan, bis sie starb.

Unerreichbare, riesengroße Pläne hatte ich nie. Ich wollte Kinder haben und eine Familie. Aber mein Traum, Tänzerin zu werden, scheiterte aus finanziellen Gründen. Dann wollte ich Verkäuferin lernen, bekam aber keine Lehrstelle. Mein Klassenlehrer sagte bei der Berufsberatung, »die Hanne ist viel zu ruhig für eine Verkäuferin«. Später stellte sich heraus, dass er so etwas sagen musste, da es zu wenig Ausbildungsplätze gab und nur die Besten einen bekamen. So bot man mir eine Lehrstelle als Metallfacharbeiterin an. Als ich beim Vorstellungsgespräch viele andere Mädchen sah, die in derselben Lage waren wie ich, begann ich die Lehre. Spaß machte mir das nicht, doch nach einem Jahr wurden wir für verschiedene Berufe eingeteilt und ich durfte Elektromechanikerin lernen und arbeitete bis zu der Geburt meiner Tochter in dem Beruf.

Am Wochenende, manchmal auch mittwochs, durfte ich mit meinen Freundinnen tanzen gehen. Bei uns in Dresden gab es wunderschöne große Säle mit Kapellen, die zum Tanz aufspielten. Eigentlich sollte ich dann um 23 Uhr zu Hause sein, doch da ich bis zur letzten Minute tanzen wollte, gelang mir das nie. Meine Mutter schimpfte dann furchtbar und drohte mir mit Stubenarrest von vier Wochen, doch am nächsten Wochenende fragte sie, »Wann willst du denn heute gehen?«. Da sie selber so gerne tanzte, konnte sie verstehen, dass ich wieder weg wollte. Gelacht hat sie einmal, als die Polizei nach 22 Uhr kontrollierte und alle, die noch nicht 18 waren, nach Hause schickte, wozu ich auch gehörte. Am nächsten Werktag mussten wir zur Polizei und drei Mark Strafe zahlen. Als meine Mutter merkte, dass mich ein Junge nach Hause brachte, natürlich nur bis zur Hoftür, sagte sie, ich solle mich nicht mit Jungs einlassen, und nur mit dem schlafen, den ich auch heiraten wolle. Daran hielt ich mich auch, ich wollte damals nur tanzen, ab und zu schmusen und sonst nichts.

Meine große Liebe lernte ich mit 18 Jahren beim Tanzen kennen, er durfte mit zu mir nach Hause und bald »alles«. Er war ein Jahr älter als ich und war mit seiner Mutter und drei Schwestern als Umsiedler nach Dresden gekommen, sein Vater war im Krieg gefallen und seine Mutter eine ganz liebe. 1956 verlobten wir uns, zwei Jahre später im Januar heirateten wir und im Mai kam unsere Tochter zur Welt.

Mein Mann und ich hatten zusammen keine Wohnung und nirgends Platz. Ich lebte also mit unserer Tochter bei meiner Mutter und das führte dazu, dass sie meine Tochter ein bisschen als ihr Kind betrachtete. Ich musste mir mit meinem Bruder ein 12-Quadratmeter-Zimmer teilen, mein Mann teilte sich mit seiner Mutter und zwei Schwestern das Schlafzimmer in einem kleinen Behelfshaus ohne fließendes Wasser und mit Plumpsklo. So hatten wir nie ein richtiges Familienleben, sahen uns meist nur am Wochenende und die restlichen Familienangehörigen waren immer mit dabei. Was zu ständigen Auseinandersetzungen führte.

Nach der Geburt meiner Tochter hatte ich aufgehört zu arbeiten. Vor Weihnachten suchte das damalige HO-Warenhaus am Altmarkt in Dresden Aushilfen. Ich bewarb mich. Als Verkaufshilfe in der Elektroabteilung durfte ich nach Weihnachten bleiben und machte nach zwei Jahren den Abschluss als Fachverkäuferin. Mein Wunsch war in Erfüllung gegangen und meine Mutter betreute meine Tochter, denn Kindergartenplätze gab es nicht. Das war einerseits schön, so konnte ich arbeiten gehen, auf der anderen Seite gab es immer Streit mit ihr, wenn ich am Wochenende zu meinem Mann wollte oder an Feiertagen mit ihm und unserem Kind ein paar Tage von zu Hause weg wollte. So zerbrach nach zweieinhalb Jahren unsere Ehe.

Eine Wohnung bekam ich dann erst recht nicht, die Wohnung meiner Mutter war, ihrer Meinung nach, ausreichend für uns alle; so sagte sie es auch den Behörden, wenn die zur Kontrolle meines Wohnungsantrages kamen.

In den nächsten Jahren unternahm ich viel mit meiner Tochter, doch auch vieles mit meiner Mutter und ihrem neuen Mann und ging arbeiten. 1967 lernte ich einen Kollegen meines Bruders kennen und ein Jahr später heirateten wir. Eine Wohnung hatten wir auch nicht, wir lebten bei meiner Mutter in dem 12-Quadratmeter-Zimmer, mein Bruder war inzwischen ausgezogen. 1970 kam unser Sohn zur Welt, ein Wunschkind und im folgenden Jahr bekamen wir endlich eine Wohnung, eine große Drei-Zimmer-Wohnung. Das war 1971. Und das war eigentlich für uns das Ende der Nachkriegszeit.

Das Leben in der DDR war nie so das, was wir uns gewünscht hatten, wir hatten auch nie alles, aber es ging uns nicht so schlecht, wie das mancher heute hinstellt. Als Frau hat man bei uns nie so viel verdient wie die Männer. Ich wollte nie Schulden haben und habe immer gesagt, erst wird gespart und dann gekauft. Ich wollte von niemandem abhängig sein. Eigentlich hieß es früher, die Mädchen heiraten und sind dann versorgt. Aber ich wollte das nicht, ich wollte immer etwas beitragen. Die in den höheren Positionen waren meistens Männer, wie heute. Eine Frau konnte schon auch Betriebsleiterin sein, aber meistens waren das Stellen für die Männer. Gleichberechtigt waren wir, arbeiten konnten wir, aber wir haben weniger verdient. Ich war nie in der Partei und habe trotzdem das machen können, in Bezug auf meine Arbeit, was ich wollte. Dennoch bin ich manchmal angeeckt, beispielsweise als die Mauer gebaut wurde. Da wurden wir alle zusammengerufen und jeder sollte seine Meinung sagen. Es hieß damals, die von West-Berlin können zu uns herüber, sofern sie gute Absichten haben und wir dürfen aber nicht dort hin. Da habe ich damals gesagt, »das verstehe ich nicht, denn das steht nicht auf der Stirn geschrieben, wer gute Absichten hat, und wir dürfen wahrscheinlich nicht rüber, bloß damit wir nicht sehen, was es da drüben alles gibt.« Daraufhin musste ich zum Direktor, alle, die Negatives gesagt hatten, mussten zum Direktor und mussten das dort noch einmal erklären. Später, als ich privat auch mit meiner Chefin zusammen war, habe ich gefragt: »Da hast du mich damals verraten, als ich das gesagt habe?« Sie hat geantwortet: »Ja, ich musste.« Wir wurden ausgefragt und es wurde weitergeleitet.

Mit der DSF, der Deutsch-Sowjetischen Freundschaft, war es ähnlich. Die war Pflicht, aber als es darum ging, dass mein Sohn mit der Schule auch in die DSF eintreten sollte, habe ich gesagt, »nein, ich sehe das gar nicht ein, wenn man eine Freundschaft bezahlen muss«, – und man musste das ja bezahlen – »dann ist das für mich keine Freundschaft. Mein Sohn hat noch kein Geld, das müsste ich ihm geben und das kriegt er nicht«. Wir hatten nie viel Geld, ich auch nicht, mein ganzes Leben lang. Aber ich bin mit dem zufrieden, was ich habe, und versuche das Beste daraus zu machen. Bei meiner Mutter im Wohnzimmer hing der Spruch: »Das sind die Starken der Welt, die unter Tränen lachen, ihr eigenes Leid vergessen und anderen eine Freude machen.« Heute hängt das Bild bei mir.

ULLA BERGER
Geboren 1940 in Berlin

Wo ein Wille ist, ist auch ein Weg

Mit vier wurde ich zu meiner Großmutter nach Bremen geschickt. Meine Mutter hatte, wie alle anderen auch, keinen Überblick mehr, wo die Fronten verliefen. Sie schickte mich nach Bremen und wusste nicht, dass ich dann direkt in den Bombenhagel an der Westfront kam. Mein Vater war nicht da, der war im Krieg und ich kam gerade aus dem Krankenhaus. Die Situation war für meine Mutter nicht mehr überschaubar. Die Russen standen vor Berlin und sie hatte drei Kinder und nur zwei Hände, wie sie sagte. Ich war die mittlere, war gerade operiert und dadurch sehr selbstständig und abgenabelt. Also hieß es, »die ist so selbstständig, der können wir das zumuten«.

So kam ich zu meiner Großmutter. Sie hatte eine Buchhandlung in Bremen. Sie hatte die Verantwortung für den Laden, hatte da ihr soziales Umfeld und ihre Bestätigung und dann mit einem Mal mich noch dazu, als kleines Gör. Die Aufgabe hat sie übernommen, aber es war für sie sehr belastend. Sie war nicht mehr fit. Ich habe unten auf dem Fußboden gespielt und sie hat rumgemeckert, weil sie meinte, sie müsse aufräumen, was unten am Boden lag und sie konnte sich damals schon nicht mehr gut bücken. Dass ich da war, war für sie eine Wahnsinnsbelastung, auch emotional, sich überhaupt um ein Kind zu kümmern in diesen Zeiten. Sie wusste nicht, wie sie mich satt kriegen sollte, und dann hatte sie ihre Buchhandlung. Sie war morgens weg und ihr Mann war zu Hause, schwerhörig und mit Tuberkulose. Es bestand immerzu die Gefahr, dass er mich ansteckt. Er lag im Bett und ich durfte an der Tür lächeln und habe nicht begriffen, warum der da lag.

Meine Ernährung hat die Großmutter schwer gefordert. Sie hat mich mit Schlagsahne und Butter gefüttert, weil sie meinte, das tue gut. Kalorien rein, damit man bloß nicht dachte, »das ist ein Flüchtlingskind«. Als Frau der Literatur wollte sie, dass ich schreiben lerne. Ich sehe sie noch vor mir. Sie war eine sehr autoritäre Person. Sie ging nach draußen auf die Straße, wo Kinder spielten, und fragte: »Liebe Kinder, welche Schrift schreibt ihr denn heutzutage in der Schule?« Die sagten, »lateinische Schrift«. Dann gingen wir nach Hause, dort bekam ich ein Blatt Papier und sie sagte, ich solle den ersten Buchstaben von meinem Namen schreiben. Ich habe das natürlich nicht hingekriegt, das kriegt kein Kind mit vier hin auf Anhieb. Daraufhin gab es kein Abendessen. Und das wiederholte sich, wenn ich einen Buchstaben bis zum Abend nicht geschafft hatte, gab es kein Essen. Und essen war wichtig, das wusste ich längst. Da wurde auch ein unheimliches Geschiss drum gemacht. Haben wir was zum essen oder haben wir nix zum Essen? Was haben wir zu essen, haben wir genug zu essen. Und dann hieß es auf einmal, kein Abendessen, wenn das B nicht auf dem Papier steht. Das fand ich schon ziemlich drastisch.

Meine Großmutter hatte eine sehr genaue Vorstellung von dem, was wie sein sollte. Ein Leitspruch von ihr lautete: »Wo ein Wille ist, ist auch ein Weg!« Sie hat da auch in nichts nachgegeben, spielen oder so etwas, das war verpönt, lustig sein, fröhlich sein, albern sein, um Gottes Willen! Sie war tieftraurig über die Entwicklung des Krieges, sie wusste nicht, wo einer ihrer Söhne war, sie war tieftraurig über ihre gescheiterte Ehe, sie war tieftraurig über die ganze Welt. Lachen hätte sie schon sehr gestört. Da wurde gelernt, gearbeitet, da wurden Äpfel eingemacht und rumgebastelt und rumgewerkelt. Wenn ich aber Heimweh bekam, hat sie keinen Quatsch gemacht, sondern dann wurde gesungen. Sie hatte selber sehr viel Sentimentales und psychisch Unverarbeitetes in sich, eine grauenhafte eigene Geschichte, und dann sang sie mit einer tremolierenden Stimme sehr sentimentale Lieder. Das fand ich schön.

Als es dann dem Ende des Krieges zuging, wurden wir evakuiert, die Alten und die Kinder, in ein Lazarett außerhalb der Stadt. Ich war damals nicht ganz fünf, sah sehr niedlich aus, klein, Berliner Schnauze, und bin immer in die Küche rein, weil irgendwas zu essen braucht der Mensch, und habe geklaut. Die haben das nicht gedacht, dass so etwas Kleines, Niedliches klauen kann. Ich hatte ständig Hunger. Und meine Großmutter hatte dort ihre Schlagsahne nicht mehr.

Wir waren untergebracht in Gebäuden mit einem roten Kreuz auf dem Dach. Doch die Tiefflieger haben angenommen, dass da getarnte Bombenlager wären. Da wurden wir in der Endphase direkt unter Beschuss genommen. Meine Großmutter wollte sich damals umbringen, hat sich in die Flammen geworfen. Da habe ich gedacht, nee, so macht man sich nicht aus dem Staub, und habe sie wieder rausgezerrt. Damals habe ich gelernt, dass man sehr genau gucken muss, woher die Gefahr kommt, selbst wenn man Angst hat. Man muss gucken, wo die fliegen, und dann kann man sich in die andere Richtung bewegen.

1910
1950
40
JAHRE
INTERNATIONALER
FRAUENTAG
DFD
AM 8. MÄRZ 1950

Frauen-Bilder

Blicken wir noch einmal zurück auf die politischen Anfänge. Denn bereits vor 1946, als sich die Bundesrepublik und im Osten die DDR zu formieren begannen, wurde manches auf den Weg gebracht, was bis heute nachwirkt. Die Rolle der Frauen hatte sich verändert. Von der millionenfach in Frauenorganisationen eingebundenen Geburtenmatrone mit Mutterkreuz, politisch und militärisch den Zielen des Regimes verpflichtet, hatten sich viele Frauen unter der Einwirkung des Krieges und der harten Nachkriegsjahre zu berufstätigen, selbstständigen und alleinigen Familienmanagerinnen entwickelt. Die Frauen waren aus dem Schatten der Männer herausgetreten. Das gilt so für diejenigen in den Städten, die über Jahre ums Überleben kämpfen mussten, und für diejenigen, deren Männer jahrelang nicht oder niemals wieder nach Hause kamen. In ländlichen Gegenden hielten sich die tradierten Weltbilder und Rollenzuschreibungen viel länger und wurden weniger stark infrage gestellt.

Zwei gegensätzliche Positionen lassen sich beobachten: einmal die Frauen, die auch, als ihre Männer aus der Gefangenschaft kamen, ihre Selbstständigkeit nicht ohne Weiteres wieder aufgeben wollten und bereit waren, selbst entgegen gesellschaftlichen Normen andere Formen des Zusammenlebens mit einem neuen Partner oder auch alleine auszuprobieren. Die hohen Scheidungszahlen zu Beginn der 50er Jahre künden davon. Dazu gehören auch die Frauen, die in einem gleichberechtigten, partnerschaftlichen Umgang von Mann und Frau die Zukunft sahen. Es überwogen jedoch die Frauen, die dem eher traditionellen Frauenbild anhingen, in dem sich Familie und Selbstständigkeit, außerhäusliche Aktivitäten und die Leittierrolle des Ehemannes gegenseitig ausschlossen. Sie, die eher konservativen Frauen, standen bald auf der Seite der anständigen Bürger im Land, verstanden vielfach nichts von Politik, waren aber enttäuscht worden, waren nicht geübt in der Analyse der jüngsten Vergangenheit, hatten aber bisweilen wenig Probleme, die Werte der Nazis in die neue Zeit herüberzuretten. Die Wohlanständigkeit der Fa-

Plakat des Demokratischen Frauenbundes Deutschland

milie, das hehre Mutterideal und die säuberliche Trennung der Geschlechter hatten sie verinnerlicht, all dies stand für sie unverrückbar fest.

Die Stunde der Frauen

Im Nationalsozialismus waren die Frauen von Politik und Parteipolitik ausgeschlossen gewesen, aber sie waren intensiver als jemals zuvor in staatliche Politik involviert gewesen. Sie hatten ihre eigenen Bereiche öffentlichen Engagements und mit den Nazis war erstmals die »besondere weibliche Leistung der Mutterschaft« zu höchster gesellschaftlicher Anerkennung gelangt. Im Großen und Ganzen jedoch waren sie Randfiguren geblieben, Claqueure, dekorativer Zierrat in einem Drama, in dem es vor allem um männliche Macht und Massen gegangen war. Die Frauen sollten die Helden gebären und wenn nötig pflegen, aber ansonsten sollten sie ihnen vertrauensvoll das Feld überlassen. In den Kriegsjahren waren dann die Frauen mit einem Mal doch gut genug gewesen, die Rüstungsproduktion am Laufen zu halten. Sie sollten lange Hosen anziehen und am Fließband Granaten zusammenschrauben und überall da einspringen, wo ein Mann fehlte.

Die Armee der Väter und Ehemänner, der Onkel, Brüder und Söhne war besiegt und am Ende des großen Mordens lebten in Deutschland weit mehr Frauen als Männer. Vereinzelt erhoben sie nun ihre Stimme und mahnten einen anderen Weg an, eine neue Politik, eine nicht männliche Politik. Sie forderten Frieden

»... Ein Blick in die deutsche Frauenseele Herbst 1945 mit ihrem merkwürdigen Gemisch von Selbstmitleid, trotzigem Aufbäumen und soviel, soviel gutem Willen, am Aufbau mitzuhelfen. ... Immer häufiger dachte ich daran, daß jetzt die Stunde der Frauen angebrochen sei, schon wegen ihrer erschreckenden Überzahl. Deutschland war ein Frauenland geworden – war nicht die gesamte Männerwelt mit all ihrer soldatischen Pracht über Nacht zerstoben, als wäre sie nie gewesen? Auch die überlebenden Männer, schienen sie nicht saft- und kraftloser zu sein ...«

Gabriele Strecker, ›Überleben ist nicht genug‹

und als Frauen das gleiche Mitspracherecht in der Politik und der Gesellschaft. Für eine Weile sah es so aus, als würde nun die Stunde der Frauen anbrechen. So manche von ihnen hatte das Gefühl, die Männer hätten doch ausgiebig gezeigt, dass sie zu einer vernünftigen Politik nicht in der Lage waren. Also sollten sie, die Frauen, doch nun endlich an der Reihe sein.

Die damalige Hoffung auf eine grundlegende Veränderung in den Geschlechterbeziehungen war ziemlich nahe liegend. So viele hatten so vieles alleine gemeistert, hatten sich Fähigkeiten angeeignet, die sie sich selbst wenige Jahre zuvor nicht zugetraut hätten – ihr Welt- und Selbstbild hatten einen grundsätzlichen Wandel erfahren. Und nun wollten sie das umsetzen, für die Frauen, für Frieden und Menschlichkeit. Hatten sie je zuvor eine reellere Möglichkeit gehabt und hatten sie nicht tatsächlich die Chance, endlich eine bessere Welt zu begründen?

In vielen Städten und Gemeinden bildeten sich bereits in den Wochen nach Kriegsende die ersten Frauenausschüsse, Vereinigungen, in denen Frauen versuchten, das tägliche Leben in den Nachbarschaften und Kommunen provisorisch zu organisieren. Sie kümmerten sich um die Zuteilung von Milch an Mütter mit Kleinkindern, richteten Tauschzentralen für Babywäsche ein oder auch mal eine Nähstube, wie die in Baden-Baden mit dem schönen Namen »Hilf fix«. Sie organisierten die Versorgung von Alten und Invaliden mit Kohlen oder dem, was als Heizmaterial dienen konnte, kümmerten sich um Krankenhäuser und Kindergärten, richteten Erziehungsberatungsstellen ein oder strickten Decken für Flüchtlinge. Die Frauenausschüsse waren vielerorts die ersten Gremien auf kommunaler Ebene, die sich um soziale Belange kümmerten.

Sie nannten sich Frauenausschuss, Frauenverband, Frauenring oder Club deutscher Frauen, arbeiteten in Betrieben und lokal und waren überparteilich und konfessionell ungebunden. Sie setzten die Akzente ihrer Arbeit bewusst anders als die Männer, machten keine Parteipolitik, sondern, wie die spätere Stadträtin und Mitbegründerin des »Frauenrings Baden-Baden« Leonore Mayer-Katz es nannte, »Brot- und Kartoffelpolitik«.

Im Allgemeinen setzten sie sich über die praktische Arbeit hinaus politische Ziele wie Frieden und »Nie wieder Krieg, nie wieder Faschismus« oder die Gleichberechtigung der Frauen in allen Lebensbereichen. Darüber hinaus herrschte der Wunsch vor, möglichst alle Frauen einzubinden, die alte Trennung von bürgerlicher und sozialistischer Frauenbewegung, die in der Zeit vor den Faschisten, an die man wieder anknüpfen wollte, die Frauen getrennt hatte, aufzuheben zugunsten einer einheitlichen, keine Klassen und Unterschiede kennenden Interessenvertretung aller Frauen.

Mütter!
Keine Kinder für Kanonenfutter!

Transparent bei einer Demonstration gegen die Wiederbewaffnung 1950

Nach kurzer Zeit aber kristallisierten sich Konflikte zwischen den meist gebildeteren, älteren Frauen und denen aus der Arbeiterschaft heraus. Die bürgerlichen Frauenvereinigungen, mit vielfach bereits älteren Frauen, die ihr Welt- und Wertebild maßgeblich noch aus der Kaiserzeit und der Frauenbewegung der 20er Jahre bezogen haben, sahen die zukünftige Rolle der Frau an ihrem traditionellen Platz in der Familie. Die von allen so lange vermisste und ersehnte Mitmenschlichkeit orteten sie maßgeblich in der Mütterlichkeit der Frau und sahen darin speziell ihre politische Aufgabe. Die Frauen aus der Arbeiterschaft waren meist jünger und standen, da oft sozialistisch geprägt, im Widerspruch zu diesem eher traditionellen Frauenbild.

Gleich aus welchem Lager, nach 1950/1951 im Widerstand gegen das Wehrgesetz engagierten sich zahlreiche Verbände wie einzelne Frauen: Sie verbündeten sich mit tausenden beunruhigten Bürgern in der »Ohne-mich«-Bewegung, sammelten Unterschriften gegen eine neuerliche Militarisierung Deutschlands und gingen auf die Straße, wo sie entsetzt die Adenauer-Demokratie als Polizeiknüppel schwingende Staatsmacht erlebten.

Das Friedensziel in der politischen Arbeit enthielt allerdings überraschend politische Brisanz. Der Kalte Krieg lärmte heftig in der Rüstung, Berlin war geteilt und der Westteil Deutschlands versuchte sich vom Kommunismus des Ostens abzusetzen. Auf der richtigen Seite zu stehen wurde politisch überlebensnotwendig. Niemand war gegen Frieden, weder die alliierte noch die deutsche Verwaltung, aber da die russische Besatzungszone und die Kommunisten in den westdeutschen Zonen verstärkt davon sprachen, »friedliebenden Kräften Geltung verleihen zu wollen«, wurde das

Friedensthema quasi von kommunistischer Seite vereinnahmt und das Wort Frieden gerann zum Tarnnamen für Kommunismus. Zwar gehörten die Kommunisten noch ganz selbstverständlich in die Parteienlandschaft auch im Westen – was sich dann 1956 mit

Lotte Ulbricht, die »erste Frau« der DDR

dem Verbot der KPD änderte –, aber manchem Verband, als kommunistisch verdächtigt, wurde die Zulassung entzogen, die Frauen wurden ausgegrenzt und ihre Arbeit diffamiert. In der Folge, auch der politischen Entwicklungen, kam es zu einer Teilung in einen Ost- und einen Westverband, bei der die kommunistisch beziehungsweise sozialistisch orientierten Frauen im Westen ihre Heimat verloren und sich entweder gänzlich ins Privatleben zurückzogen oder ihre Arbeit abseits der Frauenverbände, in Parteien, der KPD oder SPD oder in der Gewerkschaft fortsetzten.

Exakte Angaben über die Zahl der politisch und gesellschaftlich aktiven Frauen lassen sich nicht mehr ermitteln. Es hält sich aber die begründete Vermutung, dass nur eine Minderheit von Frauen öffentlich und politisch tätig war. Und wenn sie nicht konservative Werte und die traditionellen Rollenbilder von Frau und Familie vertraten, deckten sich die Vorstellungen der aktiven Frauen in der Regel nicht mit der Einstellung der großen Mehrheit, die vor allem ihre Ruhe, ihr Privatleben und ihre Familien wiederhaben wollte. Der Wunsch nach einem einheitlichen Frauenbild in einer immer differenzierteren Gesellschaft hatte sich als illusionär erwiesen. Vielleicht war auch das ein Grund für das rasche Verstummen der Frauenbewegung in den 50er Jahren.

Die Männer behielten die Hosen an

Zurück zu der Frage, ob die Frauen eine Chance hatten, ein Land für Frauen zu gründen. Zahlreiche Analysen haben mittlerweile gezeigt, dass die Frauen scheitern mussten, dass zu keinem Zeitpunkt so etwas wie eine »Frauengesellschaft« existierte, die weiter hätte bestehen können. Die Frauen hatten tatsächlich niemals mehr als nur den Wunsch und die Sehnsucht, endlich an der Reihe zu sein. Wenn wir Nachgeborenen von der zahlenmäßigen Übermacht der Frauen auf eine tatsächliche Chance zu einer gesellschaftlichen Umgestaltung, einem stärkeren Einfluss der Frauen damals schließen, so unterliegen wir nicht nur offensichtlich einer Fehleinschätzung, sondern können unterschwellig nicht von dem Vorwurf lassen, die Frauen damals hätten eine Gelegenheit ungenutzt vergehen lassen. Aber die Frauen mussten scheitern – sie hatten nie eine wirkliche Chance.

Neben der Zersplitterung der Frauenbewegung nach dem Krieg war ein weiterer Grund dafür, dass sie nicht zum Zuge kamen, die Tatsache, dass es in Deutschland nie ein Vakuum gab, was Männer in Entscheidungspositionen anging. Denn selbst während der männerlosesten Zeiten in den letzten Kriegsjahren und den ersten Jahren nach dem Krieg saßen an den entscheidenden Positionen in den Betrieben und in der Verwaltung Männer. Und nach der Niederlage, während der Besatzungszeit waren die alliierten Befehlshaber wieder fast ausnahmslos männlichen Geschlechts und auch in der deutschen Administrative behielten die Männer die Hosen an.

Die Werte, die diese Männer oftmals vertraten, waren sicherlich ein weiterer Hinderungsgrund: Die Kindheit der um 1900 bis 1930 Geborenen war vielfach geprägt von preußischen Tugenden wie Fleiß, Disziplin, Unterordnung und einer Mutter, die zu Hause war. Der Platz der Frau war, bis die Nazis beinahe jede arbeitsfähige Frau für ihren Größenwahn rekrutierten, mehrheitlich innerhalb der Familie. Diese Tradition wurde weiter aufrechterhalten während des »Dritten Reiches«. Selbst wenn sie aufgeschlossen waren, hatten die meisten Männer noch nie Frauen in einer ebenbürtigen Rolle erlebt. Für sie war es schlicht selbstverständlich, dass die Frau in der zweiten Reihe stand. Und viele folgerten daraus, dass die Selbstständigkeit, die sie an ihren Ehefrauen erlebt hatten, als sie aus der Gefangenschaft zurückkamen, nur eine vorübergehende Erscheinung aus schlechten Tagen sein konnte. Es musste sich alles nur erst normalisieren, dann kämen die Geschlechterverhältnisse auch wieder in Ordnung.

Eine Frau hat zwei Lebensfragen:
Was soll ich anziehen und
was soll ich kochen?
Männer, die gern Süßes essen,
haben einen guten Charakter.
Ein Mann will täglich aufs Neue
gewonnen sein – backen Sie
Puddings von Dr. Oetker

Werbung für Oetker Pudding,
Mitte der 50er Jahre

Louise – Louise!

Der erste gewählte Oberbürgermeister in der Viersektorenstadt Berlin, Otto Ostrowski, trat nach Auseinandersetzungen zwischen seiner SPD und der SED, die beide in ganz Berlin um Einfluss kämpften, gezwungenermaßen freiwillig gleich wieder zurück. Daraufhin wurde im Juni 1947 Ernst Reuter zum Oberbürgermeister gewählt. Ein sowjetisches Veto verhinderte jedoch Reuters Amtsantritt wegen des Verdachts der Zugehörigkeit zum antisowjetischen Flügel der SPD. Vermutlich sei er nach seiner Wahl nicht an einer ausreichenden Kooperation mit der SED interessiert. Man muss sich nicht unbedingt für diese hochbrisante Gemengelage im politischen Berlin damals interessieren, aber es ist zu spüren, wie parallel zu den existenziellen Problemen der Menschen um Macht- und Einflussbereiche durch die politischen Köpfe in der geschundenen Stadt gerungen wurde.

Das Amt des Oberbürgermeisters musste besetzt werden und man einigte sich auf eine Frau, auf Louise Schroeder. Sie hatte 1919 als eines der jüngsten Mitglieder der Verfassunggebenden Nationalversammlung in Weimar angehört, blieb danach Reichstagsabgeordnete bis zur Machtergreifung durch die Nationalsozialisten 1933. Sie war maßgeblich beteiligt an der Gründung der Arbeiterwohlfahrt gewesen und hatte an der Deutschen Hochschule für Politik gelehrt. Sie galt als politisch unverfänglich und als kompromissbereit.

Louise Schroeder übernahm am 8. Mai 1947 die Funktion der amtierenden Oberbürgermeisterin. Damit stand sie bis heute als einzige Frau an der politischen Spitze Berlins. Es wird nicht ganz klar, wie weit sie sich selbst als vorübergehende Verwalterin dieses Amtes sah. Vieles spricht aber dafür, dass ihr in dieser für Berlin sehr schweren Zeit, als alles auf eine politische Spaltung der Stadt hindeutete, die schwierige Gratwanderung zwischen Kooperation mit der östlichen Seite und Einbindung in die Westzone gelang. Sie versuchte vermittelnd und, wenn nötig, streitbar den Spagat zwischen »Stadtmutter« und politischem Amt – zuständig für Versorgungsnöte der eingeschlossenen Berliner, wie ungesunde Ernährung der Kinder, zu wenig Milch, keine Kohlen für eine warme Stube, und ebenso für die Formulierung und Umsetzung gesellschaftspolitischer Zielvorstellungen.

Ernst Reuter, der hatte zurückstehen müssen, war nicht immer mit ihrer Haltung einverstanden und spielte weiter eine zentrale Rolle. Am 9. September 1948, auf dem Höhepunkt der Blockade, hielt er vor über 300 000 Berlinern vor der Ruine des Reichstagsgebäudes seine berühmte Rede, in der er an »die Völker der Welt« appellierte, die Stadt nicht preiszugeben. Am Tag nach der Aufhebung der Blockade im Mai 1949 fand eine riesige Kundgebung statt, auf der Politiker aller Couleur und Ränge von Konrad Adenauer bis Carlo Schmid zu den befreiten Westberlinern sprachen. Doch dann »brachen plötzlich Sprechchöre los, die nichts anderes als immer wieder dies riefen: ›Lou-i-se! Lou-i-se!‹ Denn das verlangten die Sprechchöre. Louise Schroeder, die als Redner nicht vorgesehen war, sollte sprechen. Es war nicht zu übersehen, der Schreiber dieser Zeilen war auch hier unmittelbarer Zeuge: dieser zarten, weißhaarigen Frau auf dem Rathausbalkon liefen die hellen Tränen über die Backen. Denn was dort rief, das war Berlin, und die Berliner wollten ›ihre Louise‹ hören, die Frau, die als erste Bürgermeisterin das gequälte und geschundene Schiff Berlin viele Monate lang standhaft durch den tobenden Orkan gesteuert hatte.« Die Ergriffenheit des Redakteurs der 1. Mai-Zeitung der Berliner SPD von 1949 ist bis heute zu spüren.

Als die nächste Wahl im Dezember 1949 anstand, warb die SPD mit ihrer beliebten Oberbürgermeisterin: »Wer klug ist, der wählt diese – unsere Louise!« Die Wahlen fanden wegen der Teilung Berlins nun nur noch in den Westsektoren statt und die SPD erzielte mit 64,5 Prozent ein unglaubliches Wahlergebnis. Zwei Tage nach dem Triumph kam noch einmal die alte Stadtverordnetenversammlung zusammen und wählte aber nicht etwa erneut Louise Schroeder, die der SPD schließlich diesen Wahlerfolg eingebracht hatte, sondern Ernst Reuter zum Oberbürgermeister.

Louise Schroeder gehörte dem neuen Magistrat dann noch weiter als Bürgermeisterin an. Und obwohl die SPD bei den darauf folgenden Wahlen am 3. Dezember 1950 rund 20 Prozent der Stimmen verlor, blieb Ernst Reuter im Amt, Louise Schroeder blieb Bürgermeisterin bis 1951. Als SPD-Kandidatin für das Amt des Bundespräsidenten war sie 1949 im Gespräch. Kurt Schumacher setzte sich aber durch – und verlor im zweiten Wahlgang gegen Theodor Heuss.

Es geht aufwärts

Im Berufsleben hieß es in die Hände spucken und malochen. Nach dem Krieg waren die Arbeitszeiten erst einmal gesunken, von der 60-Stunden-Woche der Nazis, die sie den Arbeitern zur Bewältigung des Rüstungsnachschubs verordnet hatten, auf zirka 40 Stunden. Mit dem wirtschaftlichen Aufschwung der 50er Jahre stiegen die Arbeitszeiten wieder und die Überstunden. Die Tage waren lang, Freizeit war rar. Die Wege zur Arbeitsstelle und zurück waren beschwerlicher als heute; ein eigenes Auto besaß kaum jemand, man fuhr mit dem Bus, sofern eine Linie existierte, oder mit dem weit verbreiteten Moped oder Motorrad, dem Fahrrad oder man lief.

Trotz so mancher Beklommenheit herrschte allmählich allgemeine Hochstimmung, die Wirtschaft blühte, es ging aufwärts und Erhard versprach »Wohlstand für alle«. Die Produktions- und Exportdaten stiegen rasant, und die Arbeitslosenrate sank beständig. Fand 1950 noch jede und jeder zehnte Westdeutsche keine Arbeit, so war es 1961 von hundert nur mehr einer. Ab Mitte der

Die Tische biegen sich wieder – Festveranstaltung der Max-Planck-Gesellschaft

50er Jahre setzten die Gewerkschaften im Westen Lohnerhöhungen durch, die Wochenarbeitszeit sank von fast 50 auf 46 Stunden und auch der Urlaub wurde auf 15 Werktage pro Jahr verlängert. Auch im Osten sanken die Arbeitsstunden auf 45 in der Woche. Die Lage begann sich zu entspannen, die Jahre des Mangels schienen vorbei, auch in der DDR zeigten sich Veränderungen. Die Hausfrauen mussten nicht mehr jeden Pfennig umdrehen; »anschreiben« bis zum Wochenende blieb zwar noch gängige Zahlungsweise, aber der immense Nachholbedarf, was die Existenzsicherung anging, war bis auf Ausnahmen erst einmal gedeckt. Allmählich spürte die Mehrheit der Deutschen die Verbesserungen.

1957 erreichten die Metallarbeiter in der BRD mit einem 16-wöchigen Streik schließlich deutliche Verbesserungen bei der Lohnfortzahlung im Krankheitsfall. Und Ende der 50er Jahre wurde unter dem Motto »Eigentum für alle« der Ruf nach einer gerechteren Vermögensverteilung laut. Im Osten galt gleicher Lohn für gleiche Arbeit, doch der DDR liefen die Leute weg. Vor allem Akademiker und Intellektuelle flüchteten über das Nadelöhr Berlin in den Westen. Erst der Mauerbau 1961 stoppte das »Ausbluten« der DDR-Wirtschaft. Die Westdeutschen hatten Mitleid mit ihren Brüdern und Schwestern im Osten, stellten am Abend eine Kerze ins Fenster und schickten Päckchen mit den Wunderwaren aus westdeutschen Supermärkten.

»Putzmittel Frappin frappiert«

Die Deutschen schufteten, verfügten über ein regelmäßiges Monatseinkommen und wollten sich endlich auch etwas gönnen. Der Konsum wurde zum Motor des Aufschwungs, der Einzelhandel boomte. Der Herr Drogist herrschte über Wissen und Waren, zauberte mit dem Werbespruch »Mit Alferex kann jeder den Ratten schnell ans Leder« die Rettung gegen das Ungeziefer aus dem Regal oder »Waxa Bohner Wachs« von Erdal für den perfekt gepflegten Fußboden unter der Theke hervor. Der Lebensmittelhändler empfahl der gnädigen Frau heute die frisch eingetroffenen Orangen und morgen »Linde's Kaffee« im Sonderangebot.

Bald veränderten sich die Innenstädte. Warenhäuser und die modernen Selbstbedienungsmärkte lösten die Tante-Emma-Läden mit der hoheitlichen, für alles zuständigen Verkäuferin und dem Ladeninhaber hinter der Theke ab. Nun schob sich die Hausfrau an den Regalen mit ständig wechselndem Angebot vorbei, wählte selbst und konnte jede Ware anfassen – ganz modern, neu und elegant. Und bald gab es große Supermärkte auf der grünen Wiese, wo man mit dem Auto vor die Tür fahren und endlich die unförmigen großen Waschmitteltrommeln von Persil & Co. bequem einladen und nach Hause transportieren konnte. Die Käufer wurden zum umworbenen Kunden auch für teurere Ware, die Konkurrenz verschärfte sich und verlangte von den Herstellern immer modischere und aufwändigere Konzepte für Verpackung und Werbung.

Reiseglück 1953

Die Herren der Schöpfung verschwanden für lange Arbeitstage in den Fabriken und Büros und die Hausfrau vor allem wurde zur umworbenen Kundin. Ob Persil – »Das Glück strahlt aus dem Schrank, in reinstem Weiß, Persil sei Dank« – oder Mouson-Lavendel-Parfüm, das mit dem zeitlos eleganten Duft, Triumph-Mieder mit dem gedrechselten Spitzbusen – Gaultier hat sie Jahrzehnte später für Madonna wieder hervorgeholt – oder Polstermöbel von »Wagner«, denn »der Mensch muss Ruhe haben« – der Gatte sollte das Geld verdienen, um seiner Frau all das kaufen zu können, was sie begehrte, um ihm nach Feierabend das Leben angenehm gestalten zu können.

Luxusartikel, bis vor kurzem unerschwinglich, wurden bald schon zu weit verbreiteten Gebrauchsgütern. Die Bäuche der Deutschen wurden dicker, die beleibte Figur erzählte auch von beruflichem Aufstieg und Erfolg. Alle Neuerwerbungen sollten bürgerliche Normalität und Wohlstand demonstrieren. Die Hausfrauen bekamen ihren Kühlschrank und ihre Waschmaschine, der Mann ein Motorrad und bald ein erstes Auto. Was nicht gleich erschwinglich war, wurde im praktischen Ratenkauf erworben. Der Alltag veränderte sich, Träume durften wieder geträumt werden.

Je eher unsere Frauen einsehen, daß Haus und Familie wieder zum Mittelpunkt unseres Schaffens und Denkens werden müssen, desto stärker werden die fraulichen Berufe bevorzugt werden und so auch Büglerinnen und Wäscherinnen wieder zu Ehren kommen.

›Frauenwelt‹ 1951

Die Deutschen gönnten sich noch keine Entspannung. Urlaubsreisen waren bei vielen erst in den 60er Jahren angesagt, vorher fehlten die Mittel noch. Aber daran arbeiteten sie eisern. Die Leitworte hießen Disziplin und Leistung. Mit hochgezogenen Schultern und durchgedrückten Knien waren die Westdeutschen auf dem Weg zur Wohlstandsgesellschaft.

ANGELA BACHMAIR
Geboren 1949 im Allgäu

Das ländliche Schwaben hat fast nichts abgekriegt

Im Juni 1955 habe ich ein himmelblaues Perlonkleid bekommen, als der beste Freund meines Vaters seine 17-jährige wunderschöne Braut geheiratet hat. Die war schwanger geworden und da musste man heiraten. Die Braut hat ein weißes Brautkleid mit Perlen bekommen und ich ein himmelblaues mit Petticoat, ein Traum. Ich erinnere mich an Farben von damals, an Farben und Stoffe. Meine Mutter war unglaublich elegant gekleidet, weil in unserer Nachbarschaft eine Schneiderin wohnte, Frau Übele, die sehr begabt war und die für wenig Geld eine komplette Sommer- oder Wintergarderobe nähte. Meine Mutter kaufte über sie die Stoffe und Frau Übele zauberte Kleider daraus. Wunderbare Kleider, Prinzesskleider, auf Taille, einen Glockenrock mit kleinen grünen und gelben Mustern drin, ein Kostüm in Hellblau und Rosa und ein fabelhaftes Margaritenkleid in Schwarz mit ganz vielen weißen Margariten. Und natürlich taucht das Kittgrau von unserem Lloyd, unserem »Leukoplast-Bomber«, auf und das Braun von unserem ersten VW-Käfer, der hieß der »Kaffeebraune«.

Ich bin 1949 geboren, aber von meinem Lebensgefühl her kam ich schon nach der Nachkriegszeit auf die Welt. Mir geht es da anders als einer Freundin, die knapp zwei Jahre älter ist als ich. Sie erzählt immer, wie bei ihr zu Hause über den Krieg gesprochen wurde: »Die Mudder sachte immer, mei Kinner, den Kriech, ihr habt ja kaan Begriff.« Das meint, aus dem Fränkischen übersetzt, »die Mutter sagte immer, ach Kinder, der Krieg, Ihr könnt euch keinen Begriff machen, wie schrecklich das war«. Bei mir war das anders. In unserer Gegend war nicht viel kaputt. Augsburg war bombardiert worden, aber das ländliche Schwaben hatte fast nichts abgekriegt, es war eine relativ heile Welt, in die ich hineingeboren wurde.

Meine Eltern und wir zwei Kinder lebten im Haus meiner Großeltern, den Eltern meines Vaters. Das war ziemlich eng, aber wir mussten keine oder nur eine minimale Miete bezahlen und meine Mutter war eine geniale Sparerin. Da sie selber aus einer Familie mit neun Kindern und sehr wenig Geld kam, konnte sie wahnsinnig gut sparen. Meine Eltern waren beide sehr jung, als sie geheiratet haben, 22 und 23 Jahre alt. Mein Vater war Journalist oder wollte es werden und hat Ende der 40er, Anfang der 50er mit viel Energie und vielen Enttäuschungen versucht, überhaupt irgendwo hineinzukommen. Es gab damals gute Chancen für Journalisten, aber die mussten schon etwas gelernt haben und das hatte mein Vater nicht, da er so jung war. 1949 hat er dann eine Stelle bei der ›Schwäbischen Landeszeitung‹ in einer Außenredaktion im Allgäu bekommen und hat 150 Mark verdient. Das steigerte sich dann in den 50er Jahren, das weiß ich noch, weil wir 1960 nach Augsburg zogen. Dort haben sie ein Haus gebaut und es war immer eine ganz knappe Rechnerei, ob das Geld reichen würde oder nicht. Ich weiß noch, dass mein Vater Ende der 50er Jahre 800 Mark verdiente. Geld war immer ganz wenig da.

Meine Mutter war zuständig fürs Einteilen, Weglegen und Verstecken, so dass das Geld nicht ausgegeben werden konnte. Ich glaube, meine Eltern haben alles, was mit Entbehrungen während der schlechten Jahre zu tun hatte, 1945 abgehakt und sich auf die Zukunft orientiert und auf ihr Programm, es zu etwas zu bringen. Wir hatten wenig Geld und manchmal gab es etwas zu essen, was mir nicht schmeckte, aber das war wurscht, wir wurden nie gezwungen, irgendetwas aufzuessen. Das war nicht wichtig. Meine Mutter ließ uns dann, nach dem Motto, sie werden es sich schon holen, was sie brauchen. Und wir wurden verwöhnt von meinen Großeltern, bei ihnen gab es immer etwas extra Leckeres oder Süßigkeiten.

Mit zurückgelegtem Geld haben sich die Eltern dann eine Vespa gekauft, so etwas Grün-graues. Und mit dieser Vespa haben sie Ausflüge unternommen mit uns Kindern. Ich habe einen Bruder, der zwei Jahre jünger ist als ich, und zu viert machten wir Touren durch das ganze Allgäu und Oberbayern. Ich stand vorne zwischen den Beinen meines Vaters und hatte die Hände mit auf der Lenkstange. Meine Mutter musste ganz nach hinten auf den Ersatzreifen rutschen und konnte dann zwischen meinen Vater und sich noch meinen kleinen Bruder quetschen. Nur abends auf der Heimfahrt war es problematisch, weil es nicht ganz sicher war, ob ich nicht wegen Müdigkeit im Stehen zusammensackte.

ROBERT CLAUSEN
Geboren 1950 in Hamburg

Meine Eltern lümmelten nicht

Der Wehrbescheid kam zu meinem 18. Geburtstag. Ich hatte aber schon vorher einen Brief geschrieben, dass ich den Wehrdienst verweigern würde, daher haben die mich später in den Verhandlungen ein bisschen ernster genommen. Aber man musste ja nicht nur ellenlange Begründungen schreiben, sondern man musste vor eine Kommission. Bei der ersten Sitzung bin ich durchgefallen. Die fand statt in einem unglaublich engen Raum. Mir gegenüber saßen vier oder fünf ältere Herren, die auf mich einredeten. Nach dem allgemeinen Gerede und Gefrage, wieso und warum und weshalb ich denn den Krieg nicht als ein probates Mittel der Kommunikation empfände, kam tatsächlich die entscheidende, wunderschöne Frage, also, ich solle annehmen, ich gehe mit meiner Freundin durch den Wald und dann kommen uns irgendwelche Männer entgegen. Da ich schon immer dazu neigte, in solchen Situationen blöde Kommentare abzugeben, warf ich ein, »Ja, das ist ja schön, die gehen wahrscheinlich spazieren«. – »Nein, nein, die gehen nicht spazieren«, das ging dann so ein bisschen hin und her, die Herren wollten ja nicht so richtig sagen, »die wollen Ihre Freundin überfallen und vergewaltigen«, die drucksten so ein bisschen herum; die waren nicht so richtig pfiffig, bis dann der eine sagte, »ja die wollen Ihre Freundin vergewaltigen. Was machen Sie?« Und dann habe ich die angeschaut und sagte: »Wissen Sie, das guck ich mir mal an.« – »Wie, das gucken Sie sich an?«

Sag ich, »Naja, wann hat man als Mann die Chance zuzugucken, wenn andere Leute es treiben?« – »Das ist doch nicht Ihr Ernst?« Habe ich gesagt, »Die Frage kann ja auch nicht so richtig Ihr Ernst sein. Sie wollen von mir hören, dass ich mich wehre und wenn ich mich wehre, sagen Sie zu mir, Herr Clausen, bist ja auch für'n Krieg, nicht wahr? Also nehmen Sie zu Protokoll, dass mich die ganze Sache zutiefst interessiert«.

Da waren sie erstmal ratlos und beschlossen dann, sie bräuchten sich mit mir nicht mehr zu unterhalten. Damit war meine erste Verhandlung vorbei. Ich bin nicht anerkannt worden, mit der Begründung, ich hätte alles rational durchdacht, aber die Kriegsdienstverweigerung wäre mir kein inneres Herzensanliegen. Es fehle das letzte i-Tüpfelchen, dass man mir das abnehmen könnte, dass ich nicht töten kann. Ich könnte ja auch zu den Sanitätern gehen.

Dann kam die zweite Verhandlung. Die fand in einem größeren Saal statt, da sie öffentlich war. Es konnten Leute zuhören und man konnte zur Unterstützung jemanden mitbringen. Ich habe einen Onkel von mir dabeigehabt, der dann mitkam und zugehört hat. Für die Verhandlung hatte ich mir folgende Taktik zurechtgelegt, dass ich an meinen Aussagen nichts ändern würde, aber ich wollte spätestens alle fünf Minuten sagen, »aber ich kann nicht töten!«. Das habe ich dann bilderbuchartig vorgeführt. Danach wurde mir gesagt, dass ich anerkannt wäre, und es wurde extra darauf hingewiesen, dass ich immer wieder zum Ausdruck gebracht hätte, dass ich nicht töten könnte. Damit war die Sache durch.

Mein ältester Bruder war zur Bundeswehr gegangen und mein mittlerer auch. Ich war der Einzige, der verweigert hat, aber ich bin deswegen nicht unter Druck gesetzt worden. Mein Vater fand es ein bisschen peinlich, dass ich den Onkel mitgenommen hatte, der dann ein Persönlichkeitsprofil über mich abgeben musste. Das ging eher so in die Richtung, ob ich den Leuten, damit meinte er meinen Onkel, nicht zu viel zumute.

Mein Vater war eher liberal. Das hat ihn aber nicht davor bewahrt, sich mit meinem älteren Bruder auseinander setzen zu müssen. Der ist nicht so wie ich an den 68ern vorbeigeschrammt, sondern mitten durch. Mein Vater war zwar tolerant gesinnt, fühlte sich dann aber doch, wie das so häufig der Fall ist, von meinem Bruder angegriffen. Er war sicherlich mit vielem gar nicht einverstanden, was politisch passierte. Aber das läuft ja immer so ab, wenn die Kinder etwas sagen, dann ist das gegen die gesamte Erwachsenenwelt gerichtet und da wird der liberalste empfindlich. Dadurch war aber immer viel politische Unterhaltung in unserer Familie. Meine Mutter gehörte zu der klassischen Gruppe von Müttern damals, die beim Abendessen oder wenn Geburtstag gefeiert wurde eher so reagierten: »Heute Abend aber keine Politik!«

Meine Eltern stammten beide aus Hamburg und waren dann ausgebombt. Mein Vater war im Krieg bei der Luftwaffe in Mecklenburg, bei einer Einheit, die bei Angriffen Silberstreifen in die Höhe schossen, um feindliche Flugzeuge zu orten. Meine Mutter musste raus aus Hamburg und kam ebenfalls nach Mecklenburg zu Bekannten, die da einen Bauernhof hatten. Und dort hat mein Vater sie und meinen Bruder später wieder abgeholt. Er hatte das große Glück, nicht mit seiner Einheit nach Russland zu müssen, sondern er blieb in Mecklenburg, kam nicht in Gefangenschaft und war relativ schnell wieder zu Hause.

Mein ältester Bruder ist während der Bombenangriffe 1943 in Hamburg geboren und meine Mutter wurde immer ganz unruhig, wenn in den 50er Jahren für Probealarm Sirenen aufheulten. Sie kriegte richtig Angstzustände, weil sie hunderte Male bei Fliegeralarm mit meinem neugeborenen Bruder in den Keller geflüchtet war. In den Redewendungen der Erwachsenen war der Krieg allzu gegenständlich. Wenn wir nicht aufessen wollten, kam »Da gab es ganz andere Zeiten, dann wärst du dankbar gewesen«. »Mit Lebensmitteln spielt man nicht.« Und »man wirft nichts weg«. Das war meiner Mutter wichtig bis zum Lebensende.

Bei uns war es nicht so, dass kein Geld da war. Natürlich musste ich die Sachen meiner Brüder auftragen, das war klar und nicht nur angenehm. Und wenn am Sonnabend die ganze Familie badete, dann wurde das Badewasser eine Zeit lang abgeschöpft. Das hieß, wenn die drei Jungs baden mussten, dann wurde frisches Wasser in die Wanne eingelassen, die Kinder der Reihe nach reingesetzt und jeweils anschließend die Seife und alles, was oben schwamm, abgeschöpft und frisches Wasser zugelassen. Man war sparsam.

Meine Eltern haben, soweit ich das mitbekommen habe, nie über Geld gestritten – natürlich haben sich die Eltern sowieso nie vor den Kindern gestritten, das war damals ohnehin tabu. Aber ich erinnere mich auch nicht, dass Geld ein Thema war. Und nicht weil immer genug da war. Wenn zum Beispiel einer von uns in ein Landschulheim fuhr, hat meine Mutter am Monatsende ganz schön gepustet. Meine Eltern hatten immer ein gemeinsames Konto. Aber mein Vater hat all diese Geldangelegenheiten meiner Mutter überlassen. Ich kann mich nicht erinnern, dass mein Vater einmal zur Bank gegangen wäre und Geld geholt hätte. Wenn er was brauchte, sagte er, »gib mir mal ein bisschen Geld«.

Das war nicht überall so und auch nicht überall normal: Als ich meine Lehre gemacht habe, wurde eine Betriebsversammlung einberufen, weil normalerweise einmal im Monat der Kassierer kam und jedem eine Lohntüte überreichte. Das sollte geändert werden und die Angestellten und die Lehrlinge wurden angehalten, sich ein Bankkonto zuzulegen. Da gab es einen Riesenaufstand unter den älteren Herren, weil die das nicht wollten. Die wollten weiterhin ihre Tüte haben. Die hatten ihren Frauen nie konkret erzählt, was sie verdienten. Da wusste die Ehefrau nicht so genau, ob sich der Mann vorher noch einen Zwanziger herausgenommen hatte. Um die Überweisungen zu verhindern, forderten die Angestellten dann pro Woche eine Stunde frei, um zur Bank gehen zu können. Da hat der Vorstand gesagt, ihr habt doch eine Macke!

Mein Vater war Wirtschaftsprüfer und Steuerberater. Er war angestellt als Leiter eines Unternehmens, das bei öffentlichen Wohnungsunternehmen die Bilanzen prüfte. Er ging frühmorgens um acht, wenn wir zur Schule gingen, aus dem Haus und kam abends um sieben wieder. Wir bewohnten eine relativ große Wohnung. Mein ältester Bruder hatte ein Zimmer für sich alleine und mein anderer Bruder und ich haben eine Zeit lang ein Zimmer geteilt, bis dann mein ältester Bruder auszog. Tagsüber kriegten wir den Vater kaum mal zu sehen, zum Frühstück war er noch da, aber das zerfaserte dann mehr und mehr, je unterschiedlicher wir zur Schule mussten. In den ersten mageren Jahren hat mein Vater noch ein Brot mit zur Arbeit genommen, später ist er mittags meistens mit irgendwelchen Leuten zum Essen gegangen. Deshalb gab es gemeinsames Abendessen, das war ein fester Termin. Und dabei durften wir keine Jeans tragen. Ich habe meine erste Jeans, die ich mir natürlich sehnlichst erhofft hatte, mit 14 bekommen. Dann hieß es aber, »zum Abendessen wird die ausgezogen«.

Als Kind hatte man natürlich eine Lederhose, vielleicht auch mal Shorts, aber eigentlich war die Lederhose das ultimative Teil. Beim Schuhekaufen musste man sich in einen Durchleuchtungsapparat stellen. Das waren braune Kästen in jedem Salamander-Schuhgeschäft. Da sah man die Schuhe grün und darunter Knochen. Und dann guckte der Schuhverkäufer, dass man auch nirgendwo anstieß mit den Füßen. Weil das wohl jedes Mal eine Röntgenaufnahme war, wurden die Kästen dann verboten.

Dann kam mit 14, 15 die Zeit, wo man generell auf lang umstellte. Da trugen auf einmal alle meine Klassenkameraden lange Hosen. Normalerweise trug ich Stoffhosen. Unangenehm war es, mit meiner Mutter zum Herrenbekleidungsgeschäft zu gehen und sie dann hemmungslos fragen zu hören, »passt es auch im Schritt?«. Enge Hosen galten als nicht gesund, was aber sowieso dummes Zeug war, weil die Hosen, die gekauft wurden, Anzughosen waren, und da war immer Platz genug. Als ich 16 war, gab es die so genannten Slophosen, dann kamen die ersten Hosen mit einem Riesenschlag unten, bei denen die Seitennaht ein Stück aufgetrennt war und der Saum legte sich über die Schuhe. Und dann waren welche modern, die hatten in der Naht eine Falte, mit einem Goldkettchen. Für so eine Hose hätte ich kein Geld bekommen. Blieb die Jeans. Man wollte schon am liebsten eine »Levis« haben, aber meine Eltern fanden, die sahen so ein bisschen ordinär aus. Ich kriegte auch keine richtige Jeans, eine amerikanische, sondern eine »blöde Mustang-Jeans«, eine deutsche nachgearbeitete. Und wenn man im Sonntagsstaat auszugehen hatte, trugen wir einen Blazer, weil der für die Kinder etwas lässiger war.

Mein Vater war alles in allem ein konservativer Mann, nicht politisch konservativ, sondern in seinem Lebensstil. Er nahm alles sehr genau und exakt und ließ sich auch nie etwas zu Schulden kommen. Wenn er das Haus verließ, trug er Weste, Krawatte und eine Perle in der Mitte der Krawatte. Und er hatte eine besondere Methode, seine Hosen zu bügeln: Seine Hose hüllte er in eine besondere Decke ein und legte sie dann unter das Bettlaken. Er muss sehr ruhig geschlafen haben, dass diese Hosen am Morgen mehr oder weniger wie gebügelt aussahen. Sehr kurios.

Meine Mutter hatte eine ordentliche Kaufmanns-Ausbildung bekommen. Dafür hatte mein Großvater gesorgt, der einen Großhandel mit Büroartikeln besaß. Sie lernte dann in einem Außenhandelsbetrieb, einer großen Hamburger Export- und Importfirma. Da hat auch mein Vater gelernt und dessen Vater war dort Prokurist gewesen. Nachdem sie geheiratet hatte, war sie nicht mehr lange in dem Beruf, sondern sie war dann wirklich Hausfrau. Sich mit drei Jungs herumzuschlagen, das ist Beruf genug, zumal keines meiner Geschwister oder ich in den Kindergarten gegangen sind. In der ersten Zeit hat sich meine Mutter mit uns beschäftigt, dann haben wir mit irgendwelchen Freunden gespielt und später sind wir zur Schule gegangen. So gesehen hatte sie natürlich immer mehr »Freiraum«, obwohl, die Wäsche musste trotzdem gewaschen werden, das Geschirr fiel an, auch wenn sie eine Reinemachefrau hatte. Aber wir waren ja nie irgendwo anders in Betreuung. Es gab natürlich auch Kindergärten, aber das waren damals eher Stationen für Kinder, wo der Vater im Krieg gefallen war und die Mutter den Lebensunterhalt verdienen musste, weil die Witwen- oder Kriegerrente nicht ausreichte. In den damaligen Jahren galt ein Kindergarten eher noch als soziale Auffangstelle.

Meine Mutter hat den Haushalt eigentlich lässig gemacht. Sie ist nie ein Putzteufel gewesen, ihr gingen, wie sie selber immer sagte, die letzten hausfraulichen Feinheiten ab. Wir hatten eine große Wohnung und die war immer gepflegt, eine Reinemachefrau kam zweimal in der Woche, aber meine Mutter war auch nicht ewig mit dem Wischtuch hinter uns her.

Ich glaube, die Frauen aus der Generation meiner Mutter waren nicht unbedingt unterdrückt. Die hatten ganz genaue Vorstellungen, was sein musste, und wenn sie es nicht geradlinig durchsetzen konnten, setzten sie es anders durch. In den 50er Jahren gab es so eine eigentümliche Aufteilung zwischen den Geschlechtern. Natürlich hat meine Mutter mal gesagt, »Warte, bis Vati nach Hause kommt«. Da wurde mein Vater teilweise hingestellt als jemand, der er nicht gewesen ist. Mein Vater war kein Despot. Ich hatte einen Klassenkameraden, dessen Vater im Krieg Pilot gewesen war, Oberst oder etwas in der Preislage, da gehorchten alle noch auf sein Kommando. Was der Vater sagte, galt, da haben auch die Schwestern und die Mutter ganz artig reagiert. Bei uns zu Hause, gab es so eine Hierarchie nicht, da kann ich nicht entscheiden, wer der Chef gewesen war oder ob es überhaupt einen gegeben hat. Meine Mutter hat uns ein Bild vermittelt, dass Männer Frauen anständig und höflich zu behandeln haben. Das war wichtig.

So wie meine Mutter immer mal drohte, »warte, bis Vati heimkommt«, so sagte sie andersherum, wenn man fragte, »also kann ich mit Freunden jetzt den Zelturlaub in Dänemark machen« – »das ist, glaube ich, nicht gut, wenn du mit Vati redest, lass mich mal mit Vati reden.« Da fragte man sich immer, wie wird das denn geregelt? Wie macht sie das denn? Meine Mutter meinte bei einigen Sachen, sie kann das meinem Vater besser beibringen. Das fand auch Eingang in die Dialoge in Filmen, die ja doch ein Stück Wirklichkeit wiedergaben: die Frau, die sich auf den Schoß des Mannes setzte und sagte, »Ach, Mausi, nu lass uns doch morgen mit dem Cabrio mal zum Millstättersee fahren, nicht?« Oder das Bild vom kleinen Mädchen, das ihren Vater um den kleinen Finger wickelt, »och Papi ...«. Da gab es auf jeden Fall eine subtile Machtausübung seitens der Mütter, der Frauen. Dieses Brutale, der Mann macht die Ansage, und alles springt, das gab es bei uns jedenfalls nicht. Ich bin bei der Frage, wer bei meinen Eltern der Stärkere gewesen ist, unentschieden. Ich glaube, auf den letzten Metern war meine Mutter eher die stärkere.

Mein Großvater väterlicherseits, der gestorben war, als mein Vater elf war, hatte zu meinem Vater gesagt, »dass du mir deine Mutter mal nicht im Stich lässt.« Und deswegen war die Mutter meines Vaters der größte Schmerz meiner Mutter. Mein Vater fühlte sich ewig verpflichtet, für sie zu sorgen. Meine Mutter konnte gerade noch verhindern, dass sie bei uns wohnte. Sie wurde aber jeden Sonnabend und Sonntag geholt, bis mein Vater mit viel Kraft entschied, das auf Sonntag zu reduzieren. Ich sehe meine Oma noch immer in der Couchecke sitzen, wo sie sich mit jemandem unterhalten wollte, aber eigentlich wollte sich keiner mit ihr unterhalten. Meine Mutter erzählte später einmal, dass mein Vater, wenn er auf Geschäftsreise war, ab und zu Stoffe einkaufte, damit meine Mutter sich Kostüme machen lassen konnte. Und irgendwann hat er wohl angefangen, für seine Mutter den gleichen Stoff einzukaufen, weil die meckerte. Die hat von ihm verlangt, ich will das Gleiche kriegen wie deine Frau. Sie hatte das Gefühl, sie hat ein Anrecht, mit in dieser Familie zu wohnen oder mit in Urlaub zu fahren. Da setzte meine Mutter ihm ein Ultimatum: »Da musst du dich jetzt entscheiden, mein Lieber, entweder mit deiner Mutter zusammen oder mit mir.«

Ich erinnere mich an viele ältere Frauen, die ohne Männer waren. Ich hatte ein, zwei Klassenkameraden, wo die Mütter Kriegswitwen waren. Die waren immer angespannter als meine Mutter. Die Eltern von einem Klassenkameraden waren geschieden, das war allerdings eher ungewöhnlich. Ich kann mich erinnern an so ein Gefühl, als ob man sich in Acht nahm vor geschiedenen Leuten. Ich glaube nicht, dass meine Eltern gesagt haben, man spielt nicht mit Kindern von geschiedenen Leuten, aber ich weiß, dass damals gesagt wurde, das sind komische Familienverhältnisse! Es war eine unausgesprochene dubiose Angelegenheit.

Wir hatten zu Hause keinen Fernseher, aber mein Vater hat seiner Mutter einen Fernseher geschenkt, damit sie Unterhaltung hatte. Wir Jungs sind manchmal zu ihr hingeradelt, damit wir fernsehen konnten. Als sie starb, kriegten wir den Apparat, unseren ersten, denn mein Vater hielt fernsehen für den allergrößten Quatsch und wollte lieber, dass wir

Beethoven und Mozart und Ähnliches hören. Das behielt er bei. Wir haben uns eine Platte von den Beatles gekauft, legten die auf den Plattenspieler, da sagte nach drei Takten mein Vater, »na ja, wenn dir das gefällt ist ja gut, aber hör dir mal das an.« Anschließend saßen wir eine dreiviertel Stunde und hörten uns Tschaikowskis Klavier-

Der Verkehr nahm zu – Unfälle häuften sich

konzert Nr. 1 an. Damals war es ganz üblich, dass man irgendwelche Abonnements hatte, für die Volksbühne zum Beispiel. Und wehe, es sprach sich herum, dass man mehrmals in der Pause gegangen war.

Am Abend saß ich als Jüngster, manchmal auch zusammen mit meinen Brüdern, mit meinen Eltern in unserem Wohnzimmer. Meine Eltern lümmelten nicht. Da hatte jeder seinen Sessel, in denen haben sie gesessen, entweder die Zeitung oder ein Buch gelesen oder mein Vater hat Musik aufgelegt und meine Mutter Kreuzworträtsel gemacht. Meine Mutter hat die Beine nie hoch genommen. Später hatte sie dann einen kleinen Stuhl vor dem Sessel, der so ein bisschen wippte. Aber dass sie die Beine auf den Tisch oder aufs Sofa gelegt hätten, das gab es nicht. Meine Mutter hat es auch sehr gerne gemocht, Patiencen zu legen. Dann hat sie im Esszimmer auf Blickkontakt gesessen und Patiencen gelegt. Irgendwann hat sie dann gesagt, »Jetzt, Klaas, jetzt leg mal Hildegard Knef auf, jetzt ist gut«. Oder: »Lass doch mal wieder ›My fair Lady‹ hören.« Meine Mutter war der leichteren Muse zugewandt, sie mochte aber auch klassische Musik sehr gern. Beide mochten keine Opern, meine Mutter einige Arien, aber sie hatte auch was für ein amerikanisches Tanzorchester übrig.

Sie konnte einen Abend damit verbringen, all ihre Freundinnen und Schwestern anzurufen. Sie pflegte sich dann im Bad auf die Badewanne zu setzen, um zu telefonieren. Später hatte sie einen Stuhl neben dem Telefontischchen. Mein Vater stellte in Abständen von Wochen und Monaten immer wieder die nutzlose Frage, »Wie kann man nur so lange telefonieren?«. Sie haben abends auch darüber gesprochen, was am Tag geschehen war. Aber eigentlich war mein Vater abends nicht immer ansprechbar. Er konnte es nicht gut ab, wenn man sich unterhalten wollte. Er hat das nicht jedes Mal verboten, aber vor allem, als meine Eltern älter wurden, waren sie, mein Vater noch stärker als meine Mutter, richtig ruhebedürftig. Da habe ich mich häufig eher auf mein Bett gelegt und gelesen. Irgendwann musste man ohnehin das Licht ausmachen, da gab es keine Diskussion. Aber dann hat man eben mit Taschenlampe weitergelesen.

Mein Vater trug abends Lederhausschuhe, aber wenn Gäste kamen, galt die Regel: nur Straßenschuhe. Er hatte ungefähr drei Strickjacken zum Autofahren und keinen Pullover. Mein Vater besaß keine Freizeitkleidung, kein Freizeitjackett oder gar eine Regenjacke, er trug auch immer Hut. Mein Vater wusste wohl, dass er, wenn er abends sitzt und einen Sherry trinkt und Klaviermusik hört, nicht im Büro sitzt und arbeitet, aber auch da denke er immer an die Arbeit und deshalb hat er immer zu uns gesagt: Er kenne diese krasse Teilung zwischen Freizeit und Arbeit nicht. Dazu gehörte natürlich auch das ganze Regelwerk vom guten Benehmen. Mein Vater war da ziemlich unflexibel, er konnte eigentlich nicht sehr gut »fünfe grade sein lassen«. Er war eigentlich ein steifer Mensch. Aber das waren die anderen Väter um uns herum zum Teil auch. Mein Vater war letztlich ein eher ferner Vater. Er hat es nicht übertrieben, er hat nicht wie andere bis neun oder zehn gearbeitet, obwohl es sonntags auch schon mal Zeiten gab, wo er am Schreibtisch saß. Aber er war nicht derjenige, der als Kumpel mit einem Fußball gespielt hat oder einem etwas von sich selber nahe gebracht hätte, das nichts mit Arbeit zu tun hatte. Musik und Literatur, das war seins. Im Sommer mal Ruderboot fahren oder etwas Ähnliches, aber so etwas wie zusammen basteln und bauen, das gab es nicht. Das hat mein mittlerer Bruder dann mit mir gemacht. Mein Vater war nicht gerade der Großmeister in kindlichen Themen. Eine Zeit lang konnte man sich unterhalten, aber beispielsweise bei Spaziergängen erzählte er immer, dass das Leben eine ziemlich ernsthafte Angelegenheit sei und dass man sparen müsse und so weiter. Ich erinnere nicht, dass er gefragt hätte, »Was treibst du so, was denkst du so?«.

Man musste wahrhaftig sein, also angeblich wahrhaftig, also nicht lügen. Man hatte sich anständig zu benehmen, was immer auch anständig ist. Natürlich gehört dazu die ganze Palette von: man klaut nicht, man ist nicht heimtückisch, man nimmt sich selber nicht zu wichtig – das war ein ganz wichtiger Punkt –, man spielt sich nicht in den Vordergrund. Und man flippt nicht aus. Das Wort gab es damals noch nicht, aber sich groß echauffieren und einen Schreikrampf kriegen, das gab es nicht, da kam eindeutig Druck. Vielleicht hat das etwas mit Hamburg und seiner speziellen Art zu tun, es hat aber auch damit zu tun, dass man solche Emotionen tatsächlich unterdrückte. Als die älteste Schwester meiner Mutter, die Lehrerin, starb, wurde sie aufgebahrt. Meine Tante, die Schauspielerin war, nahm die Arme hoch und stürzte auf den Sarg zu. Meine Mutter sagte nur: »Beate!!« Das gehörte auch dazu, man ist traurig, aber gefasst. Als mein Vater starb, saß ich neben meiner Mutter und strich ihr einmal über den Rücken. Sie schüttelte meine Hand ab. Das gehört in das Fach »Man nimmt sich nicht so wichtig«.

Auch die Tischgespräche unter den Erwachsenen waren noch steifer. Da saßen bei Einladungen mal drei Ehepaare, mal nur zwei und unterhielten sich. Das waren sehr gepflegte Zusammenkünfte, ehrbar, wo die Damen um 22 Uhr gefragt wurden, ob die Herren jetzt ihr Jackett ausziehen dürften, weil der eine oder andere doch schon anfing zu transpirieren. Und wenn man nicht irgendwelche Leute ins Restaurant einlud, dann wurde der Tisch zu Hause festlich gedeckt mit Kerzen und vielen Platten mit irgendwas drauf.

Es gab das gute Geschirr von der reichen Großtante. Das Porzellan war extra für meine Tante hergestellt worden mit einem richtig schweren Goldrand und es war über viele Jahre verschollen gewesen. Meine Mutter und ihre Schwestern waren der Meinung, dass diese Tante, eine Schwester vom Vater meiner Mutter, die Zahnärztin gewesen war, eine Menge Geld gemacht hatte, als sie 1923 mit ihrem Zahnarztwagen die Bauern behandelte und abkassierte. Das war eine sehr imposante Frau gewesen, die bis zu ihrem 91. Lebensjahr in ihrem schwarzen Mercedes einmal im Jahr bei uns vorbeikam, um bei uns zu übernachten auf ihrem Weg ins Urlaubsgebiet. Das letzte Mal, als sie da war, ist sie zwischen Hamburg und Hannover tödlich verunglückt, als sie mit ihrem Mercedes in einen Wellpapierlaster knallte. Da war die gute Tante tot und meine Mutter und ihre Schwestern erbten alles und beim Aufräumen eines ihrer Häuser wurde dieses Geschirr wieder entdeckt. 48 Teile und die haben die Schwestern unter sich aufgeteilt. Ab da gab es das Geschirr der Großtante zu hohen Anlässen, mit gutem Besteck und guten Gläsern. Und natürlich mit Untersetzern. Mein Vater sammelte die und bei uns wurde kein Glas auf den Tisch gestellt, ohne dass nicht ein Kristall-Untersetzer darunter war.

Mein Vater war wirklich sehr ernsthaft. Ich habe mir manchmal gewünscht, er wäre ein Mensch mit weniger Regeln. Eines habe ich damals gelernt, ich wollte immer ein moderner Vater sein. Ich habe meine Eltern immer als sehr alt empfunden. In der ersten Zeit, wenn wir in Urlaub fuhren, machte meine Mutter noch Butterbrote für die Autofahrt. Ich fand es irgendwann furchtbar peinlich, in Autoraststätten das eigene Brot auszuwickeln – was ja alle machten – und nur ein Getränk zu bestellen. Da habe ich gedacht, sie könnten doch ein bisschen moderner sein. Wir hatten sehr frühzeitig ein Auto und wir hatten schon sehr früh ein Autoradio, aber das wurde nicht angemacht beim Autofahren. Es hieß, das lenkt ab. Wenn wir dann beim Picknick saßen, durfte mein Bruder Fußball hören im Radio und wir durften auch ein bisschen Musik hören. Was hätte ich dafür gegeben, dass mein Vater die Scheiben runterdreht, den Arm lässig rauslehnt und zur Schlagermusik irgendwohin fährt.

ENTWURF: KIESEL
FOTO: FLOTER
SPD
Gleichberechtigt
NUR DURCH DIE
SOZIALDEMOKRATIE

Männer und Frauen sind gleichberechtigt

Meine Großmutter wurde 1900 geboren als Tochter von Bauern. Obwohl sie als »höhere Tochter« erzogen wurde mit Mädchenpensionat, Schlittschuhlaufen mit den sächsischen Prinzessinnen auf dem Carolasee in Dresden und allem drum und dran, war ihre Rolle von vornherein klar. Sie heiratete einen Bauern, führte ihrem Mann den Haushalt, bekam Kinder und war Herrin über Dienst- und Kindermädchen. Ab Mitte der 50er lebte sie dann allein im Westen und musste wirtschaftlich wieder ganz von vorn beginnen. Sie färbte sich die mittlerweile schlohweißen Haare dunkel, eine Strähne vorne beließ sie weiß, um den nachwachsenden Haaransatz zu verdecken, eine geldsparende Idee ihres Mannheimer Friseurs. Mit Hilfe eines couragierten Nachbarn korrigierte sie ihr Geburtsdatum im Pass, lernte mit 60 Jahren autofahren und bewarb sich um Arbeit. Dann ging sie in die »Werbung«, wie sie das nannte. Das hieß, quer durch die Pfalz den ganzen Tag in Kaufhäusern stehend Wasch- und Putzmittel anzupreisen.

Sie war eine moderne Großmutter, berufstätig und mit festen Terminen und sie sah immer blitzordentlich aus. Sie verlangte von uns Enkeln Disziplin, so wie von sich selbst. Keine Oma einfach so zum Liebhaben. Aber trotz allem eine Großmutter mit Bratäpfeln, köstlichen Hefeplinsen und Malnachmittagen auf dem Fußboden. Sie hat nach dem Krieg die starke Rolle der Kriegs- und Nachkriegsfrauen weitergelebt, weil sie musste. Und mir hat sie vermittelt, dass Selbstständigkeit etwas ist, was man sich nicht so ohne Weiteres wegnehmen lassen darf, auch wenn man dafür unbequem werden muss.

Nach dem Krieg galten noch immer die Gesetze aus dem Kaiserreich, die Mann und Frau in der Ehe nicht als Individuen, als einzelne Rechtspersonen, betrachteten, sondern als Lebensgemeinschaft. Und als Chef dieser Gemeinschaft galt der Mann »in allen das gemeinsame eheliche Leben betreffenden Angelegenheiten« und die Frau war verpflichtet, »der Entscheidung des

Wahlplakat der SPD 1947

Mannes Folge zu leisten«. Das hieß, der Mann konnte über Wohnung und Wohnort bestimmen, die Frau trug selbstverständlich den Namen des Mannes, er hatte die letzte Entscheidung, wenn sich die Ehegatten über die Kindererziehung nicht einig waren, in der Haushaltsführung hatte der Mann oberste Entscheidungsgewalt und er war berechtigt, Dienst- und Arbeitsverhältnisse seiner Frau zu kündigen – auch gegen ihren Willen. Das hatte Auswirkungen im Alltag. Die Männer waren diejenigen, die selbstverständlich die Familie nach außen vertraten, und je nach individueller Stärke der Frau oder Willen zur Partnerschaft des Mannes trat der Mann auch im Haus als der »Hausherr« auf. Seine Frau konnte sich innerhalb ihrer recht eng gesetzten Grenzen an ihm abarbeiten – argumentieren, dulden, zetern, inwieweit er auf sie einging, hing allein von ihm ab.

In den neuen Verfassungen für die beiden deutschen Staaten sollte die rechtliche Gleichstellung der Geschlechter in allen Lebensbereichen von vornherein verankert werden. Nach dem Krieg, nach den Entbehrungen und übermenschlichen Anstrengungen wollten die politisch aktiven Frauen sich nicht wieder ausschließlich mit der zweiten oder gar dritten Reihe zufrieden geben. Das war 1948 etwas Neues, aber den Frauen musste es, nach allem, was hinter ihnen lag, als etwas Selbstverständliches erscheinen. In Frauenausschüssen, bei Gewerkschafterinnen, bei fortschrittlichen Frauen und in den Verbänden der Parteien wurde die volle Gleichberechtigung von Mann und Frau zum Schlagwort und Anspruch für die Verfassungen.

Der vehementeste Gegenwind setzte im Westen ein und kam aus den Reihen der katholischen Kirche, die sich zum Ziel gesetzt hatte, die Stellung von Ehe und Familie wieder zu stärken – un-

»Der ›Beratende Bayerische Landesausschuss‹ hat 128 Mitglieder. Davon sind 4 Frauen. Mit 3 Prozent ist hier die weibliche Bevölkerung vertreten, die knapp gerechnet ca. 60 Prozent der Gesamtbevölkerung ausmacht. In den Ausschuß, der die bayerische Verfassung vorbereiten soll, wurde keine Frau nominiert.«

Else Reventlow, ›Demokratie?‹, 1946

ter unbedingter Beibehaltung der traditionellen Rollenverteilung. Aber die Mehrheit der Männer in den Regierungsparteien war ebenso konservativ eingestellt und keineswegs für gleiche Rechte der Frauen. Auch in der SPD und in der Gewerkschaft waren nicht alle Männer bereit, soweit zu gehen, Frauen künftig in allen Ämtern zuzulassen, Domänen zu teilen, die bisher fest in Männerhand waren, oder gar der Frau innerhalb der Familie die gleichen Rechte zuzugestehen. Und die Unternehmer waren keineswegs gewillt, der billigen Arbeitskraftreserve, die die Frauen darstellten, den gleichen Lohn wie ihren männlichen Kollegen zu bezahlen. Selbst die Frauen untereinander waren nicht einer Meinung, und das quer durch die Parteien.

Auch wenn die damals politisch aktiven Frauen in dem Punkt zu einer einheitlichen Position gekommen wären, hätten sie es schwer gehabt, diese in der Verfassungskommission durchzusetzen. 61 Männern standen dort vier einsame Frauen gegenüber. Sie waren Abgesandte ihrer Parteien und von ihren Ausschüssen mit einer bestimmten Position beauftragt. Und zumindest im Falle der Abgeordneten der CDU, Helene Weber, kann man sagen, dass sie ermächtigt war, für die Gleichberechtigung der Frauen einzutreten, ohne selbst letztendlich davon überzeugt zu sein.

Die Diskussionen und politischen Ränkespiele, die sich daraufhin in den verschiedenen Gremien abspielten, lesen sich wie ein Krimi. Die SPD brachte nach monatelangem rechtlichem Wörtergeknobel den Antrag ein, mit der Formulierung »Männer und Frauen sind gleichberechtigt« die Gleichberechtigung im Grundgesetz zu verankern. Daraufhin setzte wieder ein monatelanges Tauziehen ein mit zahlreichen juristischen Spitzfindigkeiten und kosmetischen Zugeständnissen der Parteien untereinander. Als der Antrag der SPD im Dezember 1948 im Ausschuss schließlich in Gefahr geriet zu scheitern, drohte die SPD-Abgeordnete Elisabeth Selbert, dass in der gesamten Öffentlichkeit die maßgeblichen Frauen dazu Stellung nehmen würden, »und zwar derart, dass unter Umständen die Annahme der Verfassung gefährdet« sei.

Daraufhin nahmen sich Presse und Rundfunk des Themas an und in den nächsten Wochen setzte eine landesweite Mobilisierung der Frauen ein. Sie überhäuften die Mitglieder des Parlamentarischen Rates mit Briefen und Postkarten. Woraufhin die Unionsparteien, die bisher den stärksten Widerstand geleistet hatten, einlenkten – stand doch demnächst die Bundestagswahl bevor und Frauen bildeten schließlich die wahlentscheidende Mehrheit, mit der man es sich nicht verscherzen wollte. Der Artikel war durch, aber noch galten die alten Gesetze weiter. Die Politik bekam nun bis zum März 1953, also vier Jahre lang, Zeit, die geltenden Gesetze an die neue Verfassung anzupassen. Aber durch eine juristische Finesse gelang es, die Frist noch weiter hinauszuschieben bis ins Jahr 1958 – es vergingen Jahre mit unendlichen Varianten des Versuchs, die einmal getroffene Entscheidung im Grundgesetz wieder rückgängig zu machen oder zumindest auszuhebeln.

Als Einzelne wirkt die Frau wie eine Blume im Parlament, aber in der Masse wie Unkraut!

Dr. Michael Horlacher, Staatskommissar a. D., Parlamentarier in den 50er Jahren

Die DDR legte in ihrer Verfassung 1949 fest, die Familie bilde die Grundlage des Gemeinschaftslebens und sei vom Staat zu schützen, aber auch: »Gesetze und Bestimmungen, die die Gleichberechtigung von Mann und Frau in der Familie beeinträchtigen, sind aufgehoben.« Diskussionen wird es auch hier gegeben haben, aber Einheit und Einigkeit waren gefordert und wurden eingelöst. Die Diskussion um die gesetzliche Anpassung im Westen wurde bestimmt nicht dadurch erleichtert, dass Ostberlin eine solch eindeutige Aussage getroffen hatte. Die beiden deutschen Staaten beharkten sich eifersüchtig auf jedem Gebiet und auch die Frauenfrage war ein Sektor für Konkurrenz.

Bei der Bundestagswahl im August 1949 errang die Union knapp vor der SPD die Mehrheit der Stimmen und bildete mit der FDP die Regierung. Der Freidemokrat Thomas Dehler, der wie viele andere versucht hatte, die Festschreibung der Gleichberechtigung im Grundgesetz zu verhindern, wurde Justizminister und der frischgebackene Kanzler Konrad Adenauer betonte in seiner Regierungserklärung, seine Regierung stehe »fest auf dem Boden des Artikels 6 des Grundgesetzes, in dem es heißt: Ehe und Familie stehen unter dem besonderen Schutz der staatlichen Ordnung«. Mit der Gleichberechtigung aus Artikel 3 hatte er es nicht so, der bekennende Katholik Adenauer, die erwähnte er nicht. Die Frauenfrage reduzierte er auf den »Frauenüberschuss« und Probleme der Ledigen, wie den Mangel an geeignetem Wohnraum für Unverheiratete.

Damit war seitens der Bundesregierung von vornherein klar gemacht, in welche Richtung ihre Politik in den nächsten Jahren gehen werde. Die fällige Anpassung der Gesetze an den Gleichheitsgrundsatz der Verfassung betraf so ziemlich alle relevanten Bereiche der Gesellschaft: die Familien mit dem Namens- und Familienrecht, Tarife und die Arbeitsverhältnisse über das Arbeitsrecht. Alles musste neu geregelt werden und man ließ sich Zeit. Besonders heftig umstritten war die Aufhebung des patriarchalischen Prinzips in Ehe und Familie – hier reichten die Befürchtungen von »Hierarchie oder Anarchie!« des Bonner Rechtswissenschaftlers Friedrich Wilhelm Bosch bis hin zur immer gern bemühten Begründung der Kirche, der Mann sei zuerst erschaffen worden, danach erst, quasi als seine Assistentin, die Frau, was die Vorrangstellung des Mannes ausreichend legitimiere. Die protestantisch-konservative Richtung bezog ihre Argumente nicht aus dem alten, sondern aus dem neuen Testament, und da vor allem aus dem Paulus-Satz »Der Mann ist des Weibes Haupt« – was auf das gleiche hinauslief.

Der zweite problematische Passus betraf die aus der Gleichberechtigung abgeleitete Formel des gleichen Lohns für gleiche Arbeit, die besonders von den Arbeitgebern stark bekämpft wurde. Sie wollten – aus nachvollziehbaren Gründen – die Frauen als schlecht bezahlte Arbeitskraftreserve nicht aufwerten, andererseits wollten sie, und da widersprachen sie vor allem den Vertretern der katholischen Kirche, auch auf die verheirateten Frauen mit Kindern als Arbeiterinnen und Angestellte nicht verzichten. Denn die Wirtschaft boomte und die Frauen wurden gebraucht.

Nach einer Intervention des Bundesverfassungsgerichts, dem die Gesetzesanpassung zu lange dauerte, wurde 1958 schließlich das Familienrecht geändert: Als finanzielle Basis der Ehe wurde die »Zugewinngemeinschaft« eingeführt, die Ehefrauen am im Verlauf der Ehe erwirtschafteten Gewinn teilhaben lässt. Dem Ehemann wurde mit diesem Gesetz endlich auch die alleinige Entscheidungsmacht in ehelichen Angelegenheiten abgesprochen. In Zukunft sollte seine Entscheidung nur dann den Ausschlag geben, wenn beide Eltern sich nicht einigen konnten. Das hieß letztlich, wieder blieb das letzte Wort beim Mann. Da auch das Bundesverfassungsgericht keine wirkliche Änderung erkennen konnte, hob es 1959 diese Regelung wieder auf, denn »es vermochte nicht zu sehen, inwiefern objektive biologische oder funktionale Unterschiede und die besondere Wesensart der Frau das väterliche Vorrecht rechtfertigten.«

Männer waren nun auch nicht mehr berechtigt, das Arbeitsverhältnis ihrer Frauen zu kündigen. Zugleich war aber die Rolle der Frau wieder eindeutig festgeschrieben worden: indem ihr die Aufnahme der Berufsarbeit nur gestattet wurde, wenn sie mit ihren Aufgaben in Haushalt und Familie zu vereinbaren war. »Mutterberuf ist Hauptberuf (...) und hat höheren Wert als jeder Erwerbsberuf«, machte denn auch im darauf folgenden Jahr der damalige Bundesminister für Familienfragen, Franz-Josef Wuermeling, deutlich. Eine grundlegende Verbesserung war zumindest für die Frauen, die erwerbstätig sein wollten oder mussten, nicht erreicht.

Ich esse gerne Sauerkraut und tanze gerne Polka,
und meine Braut heißt Edeltraut, die denkt genau wie ich.
Sie kocht am besten Sauerkraut und tanzt am besten Polka,
deshalb ist auch die Edeltraut die beste Braut für mich.

›Sauerkraut-Polka‹
Gus Backus

Warum arbeiten diese Frauen ...

Seit der Währungsreform 1948 war der Anteil der arbeitenden Frauen mit Kindern unter 14 Jahren ständig angewachsen. Lange war kein verlässliches Zahlenmaterial vorhanden, aber die steigende Tendenz war spürbar. Und viele Familien waren auf den Zuverdienst durch die Arbeit der Mutter dringend angewiesen. In regional durchgeführten Erhebungen wurde deutlich: Reine Mutterfamilien lebten nach wie vor häufig am Existenzminimum und immerhin 13 Prozent der berufstätigen Mütter aus Vollfamilien gaben an, aus Existenznot arbeiten zu gehen. Andere mussten mit ihrer Arbeit notwendigerweise zum Lebensunterhalt der Familie beitragen oder die Ausbildung ihrer Kinder finanzieren, bisweilen auch besondere Anschaffungen der Familie ermöglichen. Einige Mütter wollten mit der Arbeit aufhören, sobald die Familie finanziell nicht mehr darauf angewiesen sei. Arbeitende Frauen waren selbstständiger als Nur-Hausfrauen, verdienten ihr eigenes Geld, auch wenn es oft nicht viel war. Aber ihre gesellschaftliche Reputation war denkbar schlecht: Der Einfluss der konservativen Kreise konnte zwar die Berufstätigkeit der Frauen, nicht einmal der Mütter, gänzlich verhindern, aber er legte ihnen, wo es ging, Knüppel in den Weg. Arbeitende Ehefrauen wurden

Anzugschneiderei in Köln

als »Dazuverdiener« diskriminiert, ihnen wurde unterstellt, allein dem schnöden Mammon zu huldigen, zu arbeiten, um sich purem Luxusstreben hingeben zu können.

Eine groteske Situation: Einerseits hingen von der sparsamen Haushaltsführung der Ehefrauen der Wohlstand und soziale Aufstieg der Familie ab, denn die Finanzen oblagen zumeist ihr, andererseits wurden die Frauen, die aktiv zum Familienetat beitrugen, verdächtigt, leichtlebig zu sein, allzu schnell verführbar von den neuen Möglichkeiten des Konsums. Neben dem Vorwurf, nicht ausschließlich an ihre Familie zu denken, gab es einen zweiten Anklagepunkt: nämlich dass die Frauen möglicherweise auch genießen und nicht nur unter der Fron des Alltags ächzen wollten – und Spaß war in den 50ern verpönt.

Auch die Frauen selbst lebten nicht selten in einer verworrenen Gemengelage der Gefühle: Die Frauen zum Beispiel, die um 1920 herum geboren waren, hatten 1950/55 gerade gut das dreißigste Lebensjahr erreicht. Sie waren in einem traditionellen Weltbild erzogen worden, nach dem eine Frau, die sich nicht mit der Arbeiterin gemein machen wollte, nicht arbeiten ging. Für sie sorgte ihr Ehemann. Die Welt um sie herum hatte sich dann jedoch völlig verändert und die Entwicklungen vor, im und nach dem Krieg hatten ihr Selbstbild überholt. Einerseits sahen sie die Notwendigkeit ein, arbeiten gehen zu müssen, andererseits verstanden sie sich immer noch lieber als Hausfrau und Mutter. Dieses Dilemma prägte das indifferente Rollenverhalten dieser Frauen nach dem Krieg.

Die katholische Kirche verfolgte die zahlenmäßige Zunahme der berufstätigen Frauen allgemein und speziell die der Mütter mit Sorge. Auch wenn selbst in Kirchenkreisen bekannt war, warum die Frauen arbeiten gehen mussten, lehnte die Kirche eine Berufstätigkeit der Frauen prinzipiell ab. Da die Kirche ihnen jedoch schlecht verbieten konnte, arbeiten zu gehen, erhöhte sie den moralischen Druck durch Erklärungen in Hirtenbriefen, Veröffentlichungen in Gemeindezeitungen und Sonntagspredigten. Sie wies die Frauen auf ihre Pflichten als Hausfrau und Mutter hin, deren Vernachlässigung letztlich die Familie und insbesondere die Kinder zu spüren bekämen, was nicht ihre Absicht, aber mit der Berufsaufnahme die unausweichliche Folge wäre.

Und auch hier kam wieder das alte Rezept zum Einsatz, das ängstliche Männer seit Urzeiten aus dem Hut zaubern, wenn ihnen Frauen zu selbstständig werden: Die Frau und Mutter wird einerseits zur Heiligen glorifiziert, ihr werden Charaktereigenschaften zugesprochen, die von rücksichtsvoll bis aufopferungsbereit reichen – und auf der anderen Seite wird sie verteufelt als Hure, als Sünderin oder als leicht verführbare Genießerin eines luftigen Lebens, der man durch Kontrolle, männliche natürlich, und durch Regeln, enge natürlich, das Ausleben solcher Gelüste unmöglich machen muss.

Unterstützung bekam die Kirche von Experten, die vor Schäden für die Kinder und die Frauen warnten, wenn diese einer Berufstätigkeit nachgingen. Spezialisten und wissenschaftliche Kapazitäten kam in den autoritätsgläubigen 50er Jahren eine große Rolle zu, ihre Autorität wurde bemüht, um Argumenten ein größeres Gewicht zu verleihen. So wurden auch in der Werbung gern »Wissenschaftler« eingesetzt, die dann mit der gesamten »Forschung« im Rücken die Vorzüge einer Zahnpasta, Schuhcreme oder einer Wunderpille gegen Müdigkeit und Stress empfahlen.

Konservative Soziologen und Pädagogen, Publizisten und Ärzte sekundierten der Kirche und versuchten, die Frauen mit Binsenweisheiten an den Herd zu binden. Sie warnten eindringlich vor den Gefahren, denen eine Familie ausgesetzt sei, der eine außer Haus arbeitende Mutter angehöre. Die Doppelbelastung der Frau mit Beruf und Haushalt, so die Wissenschaftler, führe zwangsläufig zur Überbelastung, Konflikte wären unausweichlich, schließlich drohe die Scheidung. Die Erziehung der Kinder sei bei Abwesenheit der Mutter in Gefahr und damit deren seelische Entwicklung. Und bei der Frau führe, so die Diagnose des Göttinger Frauenarztes Heinz Kirchhoff, Berufstätigkeit nicht nur zu seelischen und körperlichen Störungen, sondern zu vegetativ-nervösen Abweichungen, Wirbelsäulenveränderungen mit ständigen Kreuzschmerzen, Hängeleib und dadurch bedingter Darmträgheit sowie Skelett- und Muskelbelastungsschäden mit Senkfüßen, von Krampfadern ganz zu schweigen. Des Experten Resümee lautete dann auch, die außerhäusliche Erwerbstätigkeit von Müttern mit Kindern müsste verboten werden. Sein Stuttgarter Kollege Franz Bauer unterstützte ihn: »Durch die Doppelbelastung droht der Frau der Verlust ihrer protrahierten Jugendlichkeit und die Frühinvalidität.«

Die konservativen Wissenschaftler kritisierten aber nicht nur die berufstätigen Mütter, sie machten sich auch Gedanken darüber, wie ihnen geholfen werden könnte – jedoch nicht in dem Sinne, wie man den Frauen die Arbeit erleichtern kann, sondern unter dem Aspekt, wie die Berufstätigkeit der Mütter zu verhindern wäre. So wurde dann der Ausbau von Kindergärten, Krippen und Tagesheimen abgelehnt, denn das Kind gehöre von Natur aus nirgendwo anders hin als zur Mutter. Und sie begrüßten den Beschluss der Kölner Stadtverordneten, keine Kinderkrippen zu bauen, um die Mütter nicht noch darin zu unterstützen, ihre Kinder »abzustellen«. So beschäftigte ein Unternehmer einer rheinischen Großstadt nur noch Mütter, die den Nachweis erbrachten, dass ihr Verdienst aus sozialen Gründen notwendig war. Diese Mütter, aber auch nur diese, hatten dann ein Anrecht, ihr Kind dem Werkskindergarten anzuvertrauen, wenn, und auch dies musste nachgewiesen werden, niemand sonst, wie Tante, Großmutter, Nachbarin, auf die Kinder aufpassen konnte. Arbeitsämter taten das ihre dazu und verweigerten Frauen bisweilen sogar die ihnen zustehende Arbeitslosenunterstützung, wenn sie Kinder hatten.

... anstatt sich um ihre Kinder zu kümmern?

1952 trat das Mutterschutzgesetz in Kraft, von SPD und Gewerkschaften als wirkliche Verbesserung empfunden. Schwangere Frauen sollten an ihrem Arbeitsplatz besser geschützt werden – lange Zeiten, in denen sie bei der Arbeit stehen mussten, sollten verkürzt werden, genauso sollte es Schutz vor der Kündigung in den ersten vier Monaten nach der Niederkunft bringen. Vielen Arbeitgebern war dieses Gesetz natürlich ein Dorn im Auge und binnen kurzer Zeit wurde ein weiteres Gesetz verabschiedet zur Handhabung unbedingt notwendiger Kündigungen von Schwangeren: Dies sollte möglich sein, wenn Frauen in starkem persönlichem Kontakt mit Publikum standen, etwa bei Verkäuferinnen oder Zimmermädchen in Hotels, und sogar der dicke Bauch von Platzanweiserinnen in Kinos war demnach den Besuchern nicht zuzumuten. Das Gleiche galt für Berufe, wo Eltern, Mitarbeiter oder Besucher Anstoß an der Schwangeren nehmen konnten, wie zum Beispiel bei Erzieherinnen, Lehrerinnen oder Kindergärtnerinnen. Unter dem Deckmäntelchen des Schutzes und letztlich moralischen Anstoßes diente dieses Gesetz der Entlassung schwangerer Frauen.

Ganz nebenbei hatte die Entfernung schwangerer Frauen von ihrem Arbeitsplatz und damit aus der Öffentlichkeit gesellschaftlich tiefgreifende Konsequenzen. Frauen mit schwangerem Bauch gehörten ab da nur noch ins Haus, hatten ihre Schwangerschaft möglichst hinter züchtiger Umstandskleidung zu verbergen – sie waren zwar »in der Hoffnung«, aber ihren Bauch sehen lassen sollten sie nicht. Es sollte bis in die 80er Jahre dauern, dass sich Frauen getrauten, ihren Bauch in normale Kleidung zu stecken und die Schwangerschaft nicht in den dafür vorgesehenen weißbekrägelten Matronenkleidern ausschließlich im Rahmen der Familie zu zelebrieren.

In konservativen Kreisen herrscht bis heute die Vorstellung, Mütter müssten ganz und gar und ausschließlich für ihre Kinder da sein. Und Frauen, die arbeiten gehen trotz Kindern, bekommen noch immer schnell den Stempel »Rabenmutter« ab. Doch wenn Mütter zu Hause bleiben, müssen Väter als Alleinverdiener sich besonders intensiv ins Arbeitsleben stürzen und haben für ihre Familie keine Energie mehr – die klassische Rollenverteilung lebt. Bezeichnenderweise werden europaweit jedoch dort die meisten Kinder geboren, wo traditionell die Frauen berufstätig sind, also am ehesten in den skandinavischen Ländern oder in Frankreich. Die wenigsten Kinder kommen in Ländern zur Welt, wo Mütter eher zu Hause bleiben, wie in Italien oder Spanien – und eben Deutschland. Und dass ein väterliches Erziehungsjahr funktioniert, abseits von Machogerede und vermeintlicher Unvereinbarkeit mit dem männlichen Rollenverständnis, zeigen die Väter auf Island. Seit kurzem können sie Erziehungsurlaub nehmen und da eine Nicht-Inanspruchnahme mit Geldverlust verbunden ist, wurde das Modell selbst von den nicht als weibisch bekannten Feuerwehrmännern in Reykjavik überraschend stark angenommen.

Im Zuge der Gesetzesreform von 1958 wurde die Frau dem Manne am Arbeitsplatz formal gleichgestellt. Den Grundsatz »gleicher Lohn für gleiche Leistung«, der nunmehr gesetzlich verankert war, unterliefen die Arbeitgeber jedoch postwendend durch eine kosmetische Änderung: Anstelle der nun gesetzwidrigen »Frauenlohngruppen«, die Frauen bisher schlechter hatten abschneiden lassen als männliche Kollegen bei gleicher Arbeit, sollten nun so genannte »Leichtlohngruppen« eingeführt werden, die nicht mehr geschlechtsabhängig, sondern qualitätsabhängig waren – und die vor allem für Arbeitnehmerinnen vorgesehen waren. Das Ergebnis für die Frauen blieb traurigerweise das gleiche.

Ein Umdenken erfolgte erst in den 70er Jahren, bezeichnenderweise aber nicht im Zusammenhang mit dem Recht der Frau auf Gleichbehandlung, sondern durch den Protest der Witwer, die von der Rente ihrer Frau leben mussten. 1975 wurde nämlich die Regelung beseitigt, der zufolge Witwer 100 Prozent ihrer eigenen Rente erhielten, Witwen jedoch nur 60 Prozent der Rente ihrer Ehemänner. Nun sollten Witwen und Witwer gleich behandelt werden. Und da gingen die Witwer auf die Barrikaden: Verdiente nämlich die Frau schlechter als die Männer, fiel die Rente für die Witwer niedriger aus.

Aber abgestellt ist dieses Problem bis heute nicht. Noch immer bekommen Frauen weniger Lohn oder Gehalt für gleiche Arbeit als Männer – wenn auch manchmal verklausuliert, indem ihre Qualifikationen geringer bewertet werden, sie schlechtere Verträge mit kürzeren Laufzeiten bekommen oder ihre Posten schlechter ausgestattet sind als die ihrer männlichen Kollegen. Noch immer sind gerade mal elf Prozent der Führungspositionen in der Wirtschaft von Frauen besetzt und in Forschungseinrichtungen wie dem Max-Planck-Institut oder an Universitäten verhält es sich kaum anders. Wie eine internationale Studie erst jüngst herausfand, erhöht sich die Chance für Frauen, sich in einem männlich geprägten Betrieb durchzusetzen, je anonymisierter, formalisierter und nachprüfbarer das Auswahlverfahren ist. Lässt sich nicht von vornherein erkennen, dass sich eine Frau hinter der Bewerbung verbirgt, erhöhen sich deren Chancen um ein Vielfaches, die ausgeschriebene Stelle zu bekommen. Im anderen, bisher normalen Fall, wählen Männer noch immer eher Männer aus dem Kreis der Bewerber aus. Noch immer dürfen konservative Politiker in Zeiten schwacher Konjunktur und hoher Arbeitslosigkeit zuerst das Aussterben der Deutschen, anschließend die Stärkung der Familie und in direkter Folge »Frauen weg vom Arbeitsmarkt« propagieren. Noch immer obliegen Haushalt und Kindererziehung in den Familien vor allem den Frauen. Über den mangelnden Willen zum Kind bei Akademikerinnen wird geklagt – bereits 40 Prozent von ihnen verweigern sich dem Kinderwunsch, aber noch immer fällt es Frauen schwerer als Männern, Beruf und Kinder miteinander zu vereinbaren, weil Männer zu Hause häufig eine Frau haben, die ihnen den Rücken für ihre Karriere freihält. Will eine Frau das Gleiche, muss sie Omas und

Tanten einspannen oder für Angestellte bezahlen. Eine amerikanische Kolumnistin brachte es auf den Punkt: »Everybody needs a wife!«

Die konservative Regierungskoalition unter Konrad Adenauer hatte sich 1958 beugen müssen, war aber in der Frauenfrage weiterhin alles andere als ein Vorreiter. Dennoch musste der »Alte« bisweilen Zugeständnisse an seine weibliche Wählerschaft machen. 1961 bildete Adenauer sein letztes Kabinett. Zum ersten Mal sollte eine Frau ein Ministeramt auf Bundesebene bekommen und Justizministerin werden. Elisabeth Schwarzhaupt war evangelische Oberkirchenrätin, promovierte Juristin und hatte engagiert für den Gleichberechtigungsartikel im Grundgesetz während der Jahre 1948/49 gestritten. Sie hatte durch die Nazis ihren jüdischen Verlobten verloren, dem gerade noch die Ausreise nach Amerika gelingen konnte, und hatte ihr Richteramt abgeben müssen, weil eine Frau nicht Richterin sein sollte in den braunen Zeiten.

Frau Schwarzhaupt aber bekam das Justizressort unter Adenauer nicht. Es wurde für sie ein neues Ministerium geschaffen, sie wurde zuständig für Gesundheit. »Typisch weiblich« eben. Von heute aus gesehen war das ein so normal perfides Verfahren, dass man als Frau gähnen möchte. Damals, immerhin bereits zwölf Jahre nach Inkrafttreten des Gleichberechtigungsartikels im Grundgesetz, war die Zeit für solche Veränderungen anscheinend noch nicht reif. Bis die erste Frau Justizministerin in diesem Land wurde, dauerte es dann noch geschlagene 40 Jahre, als Herta Däubler-Gmelin dieses Amt übernahm.

»Die erste Ordnungszelle und Grundlage der Gesellschaft ist die Familie. Ihre in der Autorität von Vater und Mutter gegründete Ordnung ist schon im vierten jener zehn Gebote verkündet, deren Achtung letztlich Glück und Leben, deren Nichtachtung aber Unglück und Untergang der Völker bedeutet. Die Bedeutung der Familie liegt vor allem auf dem Gebiete der sozialen Erziehung und Kulturüberlieferung, aber sie ist nicht zuletzt auch der natürliche Lebensquell des Volkes. Der Kinderreichtum ist die Garantie für den Weiterbestand unseres Volkes.«

Der erste Bundesfamilienminister Dr. Franz-Josef Wuermeling, 1954

»Die wertvolle, an Kindern reiche Familie wird zum vorbildlichen Leitbild im Volke« (Bund der Kinderreichen)

In den 50er Jahren erhielt der Familiengedanke neuen Schwung. Das unbändige Bedürfnis nach Rückzug ins Private, die Tür hinter sich zu machen zu können, im kleinen Kreis von Vater, Mutter und Kindern sein zu dürfen, das viele Menschen nach den chaotischen Jahren zuvor verspürten, ging Hand in Hand mit den Bestrebungen vor allem konservativer Strömungen, die Familie als die kleinste Ordnungszelle in der Gesellschaft wieder zu stabilisieren, letztlich mit der Hoffnung, damit die Ordnung im Staat zu befördern. Das außerordentliche Bedürfnis nach Familie schien alle zu einen und entwickelte sich rasch zum beliebtesten Lebensmodell. Die Mehrheit der Deutschen zog sich in sich selbst zurück und suchte die engere Verwandtschaft als Garant für das lange vermisste Privatleben, die Familie sollte Hort und sicherer Schutzraum gegen eine verunsichernde und feindlich gesinnte Umwelt sein.

Während der zwölf Jahre des Nationalsozialismus und erst recht während des Krieges schien es widersinnig, eigene Pläne für das Familienleben zu machen oder über einen längeren Zeitraum verfolgen zu wollen. Über Jahre hatte immer mindestens ein Familienmitglied gefehlt. Mann, Vater, Brüder, Schwester waren eingezogen oder dienstverpflichtet worden, um an fremdem Ort mit ungewissem Ausgang Deutschlands Lebensraum zu vergrößern. Das Familienleben war ständig fremdbestimmt und politisiert gewesen durch den Dienst der Väter an der Waffe, der Kinder in Hitlerjugend und BDM, der Erwachsenen in der Industrie. Daher war nun der Wunsch groß, alle noch verbliebenen Familienmitglieder beieinander zu halten und den Einfluss von außen möglichst zu verringern. Obendrein waren durch Tod, Flucht und vermisste Verwandte Lebensentwürfe und Familienverbände nachhaltig durcheinander gewirbelt worden. Heimat, die jahrzehntelange Verbundenheit mit einem Ort, Nachbarschaften und Freundschaften waren zerstört, Familienmitglieder häufig über das ganze Land verstreut. Nun sollte endlich wieder Ruhe einkehren, keine Einmischung von außen sollte stören, die ideelle Umfriedung aus Familienbanden sollte gegen die Unbill der äußeren Welt abschirmen.

Zudem erwies sich die Familie im Laufe der Jahre als zuverlässiger Stabilitätsfaktor im wirtschaftlichen Überlebenskampf der 50er Jahre. Der solidarische Zusammenschluss der Verwandtschaft versprach ein Mindestmaß an Sicherheit und Ord-

Familienglück mit Lloyd, 1956

nung. Und er sparte Geld, indem man sich gegenseitig half bei der Kinderbetreuung genauso wie bei notwendigen Reparaturen am Moped oder in der Wohnung und später beim Hausbau, er ermöglichte den einzelnen Familienmitgliedern das Ansparen von Kapital. Wer über einen funktionierenden Familienzusammenhalt verfügen konnte, war gegenüber denjenigen, die Einzelkämpfern gleich alles alleine leisten mussten, im Vorteil. Die Folge war diese engmaschige Wagenburgidylle mit ihren verbindlichen Werte- und Verhaltenskodizes, die die Familie in den 50ern kennzeichnete und sie zur regelrechten Familienbande machte: erfolgreich und zuverlässig für die einen, erdrückend, unerträglich für die anderen, vor allem für die Jungen, und fast ohne Aussicht auf ein Entkommen. Diese Art von Familie ließ letztlich nur zwei Alternativen zu: mitmachen oder fliehen – und Flucht galt schnell als Verrat.

Die Wiedervereinigung der Familie schien vielen Menschen wichtiger als die Wiederherstellung der äußeren Ordnung im Staat, wo man als Einzelner »sowieso nichts machen« konnte. Sie schien sogar wichtiger als die Wiedervereinigung Deutschlands. Und wenn die Menschen zur Wahl gingen, machten sie mehrheitlich ihr Kreuz bei den Parteien, die ihnen die Wahrung genau dieses Lebensmodells versprachen, den C-Parteien mit ihren Slogans vom »Wohlstand für alle« und dem Versprechen, »keine Experimente« zu wagen.

Vor allem die katholische Kirche machte sich für die Wiederherstellung von Ehe und Familie stark. Nach den Jahren der Negation von Gott, so befand die Kirche, sei es nun Gebot der Stunde, zu den christlichen Werten und Idealen zurückzukehren und Ehe und Familie wieder in die Lage zu versetzen, ihren Aufgaben als Stätte von Fortpflanzung und Erziehung gerecht zu werden. Allen Maßnahmen, die Gesellschaft vom rechten Glauben abzubringen, und damit auch von Ehe und Familie, müsse Einhalt geboten werden.

Die Kirche, vor allem die katholische Kirche, erschien den Menschen als eine der wenigen Institutionen, die sich im Krieg moralisch integer verhalten hatten, und als Ort, der Halt und Orientierung bieten konnte in einer Welt, die unverständlich geworden war und ständig neue Anforderungen stellte. Nach dem Krieg hatten die Kirchen mit ihren Organisationen Kriegsgefangene und Not leidende Familien unterstützt, Kinder, Jugendliche und alte Menschen in Heimen und Krankenhäusern versorgt. Sie unterhielten nicht selten die einzig verfügbaren Kindergärten vor Ort. In die Kritik geriet die katholische Kirche erst in den 60er Jahren durch Veröffentlichungen über ihre indifferente Rolle bei der Judenverfolgung und nicht zuletzt durch Rolf Hochhuths ›Stellvertreter‹.

Bis dahin nutzte die katholische Kirche ihre Autorität und machte sich stark für die Familie. Ein besonderes Anliegen dabei war ihr das Wiedererstarken der Instanz der Ehe gewesen, die sie durch die zahlreichen Ehescheidungen nach der Rückkehr der

Männer aus Krieg und Gefangenschaft in Gefahr sah. Die Kirche machte dafür aber weniger die Umstände verantwortlich, die Notlage der Menschen, etwa die langen Trennungszeiten, sondern vermutete dahinter eine wachsende unmoralische Einstellung zur Ehe, der mit Entschiedenheit entgegen zu treten sei. Folglich machten die »Kirchenväter« all ihren Einfluss geltend, um den Schutz von Ehe und Familie im Grundgesetz verankert zu sehen. Mit Hirtenbriefen und Kirchtagsresolutionen, direkten Eingaben und persönlichen Gesprächen hatten sie die Abgesandten im Parlamentarischen Rat entschieden unter Druck gesetzt – mit Erfolg, obwohl die meisten anfangs durchaus anderer Ansicht waren: Der Artikel 6 des Grundgesetzes stellte die Ehe und Familie unter den besonderen Schutz des Staates. Die Reaktion Adenauers kennen wir bereits.

Den Mann charakterisieren sein typisch männliches Verhalten (zum Unterschied von der Frau) und seine für ihn (ebenfalls zum Unterschied von einer Frau) typisch männlichen Interessen. Furchtlosigkeit bzw. Mut sind weitere Kriterien. Um jedoch ein Herr zu sein, müssen folgende Eigenschaften hinzukommen: gute Umgangsformen, gute Bildung, gute Haltung (nicht nur körperliche Haltung natürlich). Weiters noch: Befehlen zu können, weil man gehorchen gelernt hat.

Martin Heinze, ›Der gute Ton für meinen Sohn‹, 1959

Im Schwäbischen wie anderswo veranstaltete die katholische Kirche zur Unterstützung ihres Rechristianisierungsprogramms in Abständen so genannte »Missionswochen«. Mehrere Priester von außerhalb der Gemeinde besuchten gemeinsam in den Ortschaften Haushalt für Haushalt, Familie für Familie, um die Deutschen nach den langen Jahren der materialistischen Irreführung durch die Nationalsozialisten wieder auf den rechten Weg zu bringen. Da wurde dann schon mal einer Frau die Frage gestellt, warum sie denn nur zwei Kinder habe, ob sie wohl verhüte – oder am Ende gar abgetrieben hätte? Von den Kanzeln machten die Priester ganz unverhohlen Wahlkampf und predigten »Wählt christlich!«, wenn eine Wahl bevorstand.

Die Wiederherstellung der Familie meinte auch immer die Wiederbelebung der traditionellen Ordnung innerhalb der Familie, der patriarchalischen Rollen- und Machtverteilung: Der Mann und Vater sollte das Familienoberhaupt sein, über das letzte Entscheidungsrecht in Familienfragen verfügen und die Frau sollte sich auf die drei K, Kinder, Küche, Kirche beschränken, weder ein selbstständiges Leben führen, noch eigene Bedürfnisse haben – worunter auch ihre Sexualität fiel –, und sie sollte jedes Interesse an Öffentlichkeit, Beruf und Politik ihrem Mann überlassen. Im Verein mit konservativen Verbänden und Vereinen trat namentlich die evangelische Kirche für die Wiederherstellung der väterlichen Autorität in der Familie ein, denn, so eine Stellungnahme der evangelischen Kirche aus dem Jahr 1952, »die Familie ist die Geburtsstätte der Autorität und damit der Freiheit«. Innerhalb weniger Jahre setzte sich das patriarchalische Weltbild wieder durch und die Familie mit der in den Haushalt zurückgezogenen Hausfrau und Mutter wurde erneut zum Leitbild. Und in einer Person fanden die Familien- und Hausvaterbefürworter einen starken Fürsprecher. Das war der erste Familienminister der Republik, Franz-Josef Wuermeling.

Wer in den 50ern aus dem Westen in die DDR fuhr, die noch »Zone« genannt wurde oder »Ostzone«, dem fiel auf, wie ruhig es dort war. Das Leben war nicht so amerikanisiert, was vor allem laut, bunt und schnell bedeutete. Die Menschen waren zusammengerückt. Das war vielleicht der größte Unterschied zwischen Ost und West aus Sicht der Familie: In der Bundesrepublik strebte die Familie auseinander, der Mann, der Ernährer stand zunehmend im Wettbewerb mit seinen Kollegen, Freunden und Nachbarn, die Ehefrau und Mutter im Wettstreit mit Nachbarinnen und Freundinnen um Ordnung und Sauberkeit der Wohnung wie der Kinder. Im Osten dagegen war politische, aktive Mitarbeit am Aufbau der sozialistischen Gesellschaft von jedem einzelnen gefragt und gefordert, man konnte sich nicht ausschließlich auf Familienleben oder Karriere konzentrieren. Männer und Frauen hatten gleichermaßen Arbeit, offiziell auch zu gleichem Lohn – und alle kamen unter bestimmten Umständen auf der Karriereleiter weiter nach oben. Die Politik spielte ins Familienleben hinein – eine saubere Akte zu haben, in der Partei mitzuarbeiten, die Biografie der Kinder entsprechend der Doktrin zu gestalten – das waren die alle in derselben Weise betreffende Fragen. Sicher war man nur im engsten Familienkreis. Das, was man hatte, die Familie, die Wohnung, die Arbeitsstelle, das war verlässlich, die Beurteilung in der Kaderakte oblag anderen und war nicht immer beeinflussbar. Also zog man sich jenseits der politischen Einflusssphäre in den kleinen privaten Bereich zurück. Das machte dann ja auch den Gartenlaubencharakter der DDR aus.

Heute ist die »normale« Familie fast eine Ausnahme. Singles sind so selbstverständlich – und in manchen Großstädten bereits in der Mehrzahl – wie Paare, die unverheiratet zusammen leben, und normal ist längst auch die Rumpf- oder Patchwork-Familie. Allenfalls zwischen Stadt und ländlichen Regionen bestehen da noch größere Unterschiede. Aber wenn wir uns positionieren wollen, wird die gute alte Familie bemüht, das traditionelle Familienbild ausgepackt. Offenbar können wir uns nur im Spiegel der traditionellen Familie definieren: Entweder entsprechen wir dem Bild und leben nach dem alten Modell oder wir unterliegen schnell einem Rechtfertigungsdruck. Denn in unserer kollektiven Vorstellung von Beziehungskonstellationen herrscht das tradierte Familienbild noch immer vor, mitsamt seinen Rollen- und Machtzuweisungen. Wie anders ist es zu verstehen, wenn Frauen, die sich selbst als aufgeklärt und emanzipiert empfinden, quasi heimlich und nur mit Tricks an ihrem beruflichen Fortkommen basteln, da ein offenes Verfolgen eigener Interessen, die außerhalb der Familie liegen, vom Ehemann nicht verstanden würde.

Familienbewacher Wuermeling

Erheblichen Auftrieb erhielt der Familiengedanke in den 50er Jahren durch die rechtliche Verankerung des Schutzes der Familie durch den Staat im Grundgesetz und die Schaffung eines eigenen Ministeriums für Familienfragen 1952. Konrad Adenauer begründete dies mit der »Überalterung des deutschen Volkes«. Nicht anders, als dies heute wieder geschieht, sah er ein Gegenmittel darin, die Familie und »den Willen zum Kinde« zu stärken. Die allgemeine gesellschaftliche Entwicklung stünde der Gründung einer gesunden Familie entgegen, daher müsse dieser Entwicklung durch eine »zielbewusste Familienpolitik« entgegengewirkt werden.

Im ersten Bundesfamilienminister fand Adenauer genau den richtigen Streiter für dieses Projekt: den Katholiken konservativer Prägung Franz-Josef Wuermeling, selbst Vater von fünf Kindern. Er blieb der Nachwelt vor allem durch die so genannten »Wuermelings-Ausweise«, Bahnkarten für kinderreiche Familien zu ermäßigten Preisen, in Erinnerung. Mit Wuermeling kam die Familienpolitik so richtig in Fahrt. Er verfolgte stur und oft eigenwillig seine familienpolitischen und damit gesellschaftspolitischen Vorstellungen, die nicht selten dem katholisch-restaurativen Gedankengut des 19. Jahrhunderts nahe standen.

Wuermeling begriff Öffentlichkeitsarbeit als wichtigstes Instrument der Politik und propagierte folglich zusammen mit seinen Mitarbeitern die Familienideologie in Vorträgen und Diskussionen in den diversen Verbänden, Vereinen und Bevölkerungsgruppen quer durch die Republik. Der ehemalige Gründer einer »Kampfgruppe für die Familie« war ein ungemein agiler Verfechter seines Programms, stieß jedoch mit seiner Politik, mit der er sich einer unaufhaltsam fortschreitenden Gesellschafts- und Wirtschaftsentwicklung entgegenstemmen wollte, nicht nur auf Gegenliebe. Kollegen aus der SPD bezeichneten ihn als Sonntagsredner und Demagogen, die ›Zeit‹ betitelte ihn als »Abraham a Santa Wuermeling« und der ›Spiegel‹ als »Familienbewacher«.

Eine seiner Hauptaufgaben sah Wuermeling darin, durch ein staatliches Hilfsprogramm die äußere Stabilität der Familie zu sichern; für das Innenleben waren seiner Ansicht nach die katholische Kirche und die Familienverbände zuständig. Mit diesem Programm vom Dezember 1953 stellte er letztlich die Weichen für eine Entwicklung, die bis heute nachwirkt. Unter anderem propagierte er die Verwirklichung des Traums vom Häuschen im eigenen Garten als Ideal für jeden und so etwas wie die Eigenheimzulage für kinderreiche Familien. Ganz in Übereinstimmung mit seinem Kollegen machte sich Wohnungsbauminister Paul Lücke

> »Nichts führt so schnell zum Niedergang eines Volkes wie Kinderarmut und damit Schwächung der heranwachsenden Generation. Außerdem sind Millionen innerlich gesunder Familien mit rechtschaffen erzogenen Kindern als Sicherung gegen die drohende Gefahr der kinderreichen Völker des Ostens mindestens so wichtig wie alle militärische Sicherung.«
>
> Der erste Bundesfamilienminister Dr. Franz-Josef Wuermeling, 1954

wenig später dafür stark, durch Wohneigentum aus »besitzlosen Proletariern verantwortungsbewusste Staatsbürger« zu machen. Die kleine Mietwohnung tötete nach seiner Vorstellung »den Willen zum Kind« und zwang »zur Empfängnisverhütung, Ab-

Satire im ›Stern‹ auf die Geburten-Propaganda von Familienminister Wuermeling, 1954

treibung und Entsittlichung und damit zum biologischen Volkstod«. Und so begann der Aufstieg Deutschlands zum Bausparkassenland, mit staatlicher Unterstützung auf Kredit zersiedelt in Schlafstädte aus Millionen autistischer Einfamilienhäuser. Des Weiteren formulierte Wuermeling die Verschärfung des Ehe- und Familienrechts mit dem Ziel, Scheidungen zu erschweren, und er appellierte an die Wirtschaft, bevorzugt Familienväter einzustellen – was zur Folge hatte, dass unverheirateten Männern Vergünstigungen wie Lohnzusätze, extra gewährte Freizeit oder begehrte Naturalien vorenthalten wurden und Frauen nur dann einen

Arbeitsplatz fanden, wenn sie billiger waren als ein Mann oder kein Mann zur Verfügung stand.

1952 war auch das Mutterschutzgesetz verabschiedet worden und trotz der bescheidenen 25 Mark kam das Kindergeld, das es dann zwei Jahre später für das dritte und jedes weitere Kind gab, für so manche Familie einem finanziellen Segen gleich. So wurde die Familie auch von dieser Seite gestärkt und setzte in den Familien wiederum Kräfte frei für die aktive Mitarbeit am Aufbauwunder.

Auf dem Gipfel der Gemütlichkeit

Wer in den 50er Jahren zusammenleben wollte, musste heiraten. Ohne Trauschein zusammenzuleben war unmöglich, galt als anstößig und scheiterte bereits daran, dass Unverheiratete keine Wohnung fanden. Wer keinen Trauschein hatte, ging leer aus. Das Wohnungsamt war für die Zuweisung einer Wohnung zuständig, der Wohnungsmarkt war leer, zu viele Wohnungen fehlten noch. Auch wer im Krankenhaus entbinden wollte und sehr jung war oder nicht gerade dem seriösen Bild der werdenden Mutter entsprach, war gut beraten, den Trauschein in der Tasche zu haben.

Wer also zusammenbleiben wollte, wer unter den elterlichen Fittichen heraus wollte oder ein Kind erwartete, tat den Schritt vor den Traualtar oder Standesbeamten. Das war die Norm in bürgerlichen Kreisen genauso wie in Arbeiterkreisen und wurde von Männern wie von Frauen mehrheitlich für richtig gehalten. Die Motive zur Heirat und Familienplanung waren neben der Liebe die Suche nach Geborgenheit und dem eigenen Nest. Und man wollte sich gemeinsam etwas »schaffen«. Schon in den Jahren zwischen 1947 und 1950 hatte es einen regelrechten Heiratsboom gegeben, der so gut wie jeden noch lebenden Mann aus den Geburtsjahrgängen 1922 bis 1926 unter die Haube brachte. Weil die Frauen in der Mehrzahl waren, gelang dies zehn von hundert Frauen von diesen Jahrgängen nicht. Einen zweiten solchen Boom gab es im Jahr 1956, als die geburtenstarken und nun heiratsfähigen Jahrgänge um 1935 zum Zuge kamen. Spielten anfangs praktische Erwägungen eine größere Rolle, wie etwa mit Heiratsurkunde leichter eine Wohnung zu ergattern, wurde mit zunehmender Stabilisierung der Verhältnisse der moralische Aspekt wichtiger. Unverheiratet öffentlich ein Verhältnis zu haben, schickte sich nicht – egal in welchem Alter, gleich in welcher Gegend.

Mutter: ...komm, Annelies, geb doch mal dem Herrn Hoffman. Nehmen Se nur. Nur immer genommen. Und jetzt setz dich auch mal ruhig hin, Kind. Komm. Ach, mit der Annelies hab ich meine liebe Not, Herr Hoffmann, das können Se mir glauben. Daß sich die mal ruhig hinsetzt daheim, das kommt gar net vor. Nein, sobald se daheim is, wird gestrickt und genäht, wird gesäubert und geputzt und gekocht und gebacken –
Vater: No, so schlimm is es aber net mit der Annelies. Da übertreibst du aber stark, Mama.
Mutter (böse): Ach, des merkst du bloß net, Papa. Wie sich das Kind abrackert und schafft, den ganzen Tag. Und dann näht sie sich noch alles selber, und strickt und kann Stoff bedrucken und Stoffmalerei kann sie auch, und – was kannst du noch gleich?
Annelies (genervt): Ach, komm Mamma! Du machst ja direkt en Hausdrachen aus mir.
Vater: Eben, das mein ich ja auch. So schlimm wie du is die Annelies doch gar net –
Mutter: Die Annelies is eine perfekte Hausfrau. Das muß mal gesagt werden!

Wolf Schmidt, ›Die Verlobung‹ aus der TV-Serie ›Die Familie Hesselbach‹

Versprochen ist versprochen

Vor dem Schritt zum Glück lag unabdingbar die Verlobung. Die Verlobung galt, wie heute auch, als ein Heiratsversprechen. Was aber heute oft nur ein Anlass für eine weitere Feier ist, war damals unumgänglich – es gehörte sich so. Heute sind schmusende, sich küssende Paare in Parks und Cafés ein völlig normaler Anblick. In den 50ern errötete die Mutter, wenn sie ihre Tochter in enger Umklammerung mit dem Schwiegersohn erwischte. Auf der Straße war der Austausch von Zärtlichkeiten auf alle Fälle verpönt. Ein für heutige Verhältnisse braver Kuss unter Jugendlichen konnte damals schon als Provokation für Eltern oder missliebige Erwachsene eingesetzt werden. Anständige junge Menschen gingen allenfalls verliebt Hand in Hand spazieren. Aber dies auf Abstand und möglichst nicht alleine. Nicht nur in den ›Sissi‹-Filmen platzte die Tante überraschend ins Zimmer, auch im realen

Leben wurde häufig eine Freundin, die Schwester, nicht selten eine Tante als Anstandswauwau verpflichtet – »was sollen denn die Nachbarn denken!«. Erst wer verlobt war, durfte wenigstens auf Zeit allein gelassen werden.

Wer als Eltern dem Nachwuchs erlaubte, unverheirat zusammen in der Wohnung zu übernachten, machte sich der Kuppelei verdächtig und wurde nicht selten von einfühlenden Nachbarn angezeigt, was die Polizei auf den Plan rief. Das konnte, auch wenn die das gar nicht so eng sehen wollte, denn die Auslegung des Kuppeleiparagrafen war Ansichtssache, ein gerichtliches Nachspiel haben. Kuppelei konnte immerhin mit Zuchthaus von bis zu fünf Jahren bestraft werden. Erst 1972 wurde dieser so genannte »Kuppeleiparagraf« wieder abgeschafft. Anstandsbücher, Tugendratgeber und Fernsehsendungen aus jener Zeit wurden jedem Tugendwächter gerecht und warnten Eltern eindringlich vor der moralischen Beschädigung ihrer vor allem weiblichen Schützlinge. In eindringlichen Szenen wurde gemahnt, die Töchter nicht zu früh der sittlichen Verderbnis zu überlassen.

Ich bin dein und du bist mein

Liebe, Verliebtsein wurde mit wachsendem Wohlstand von allen burschikosen, gar partnerschaftlichen Elementen befreit und in die Sphären reiner Romantik erhoben. Hatte in den Notjahren die Solidarität, die Kameradschaft zwischen den Menschen das Überleben erleichtert, manchmal gesichert, so wendete sich das Liebesideal nun einem längst überholten Modell zu, das auf der Gegensätzlichkeit der Geschlechter aufbaute und vom Mann wieder Ritterlichkeit und von der Frau Anmut und Tugendhaftigkeit verlangte. Vieles, was wir heute an kitschigen Bildern über die Liebe im Kopf haben, auch viel an Ballast, stammt aus dem biedermeierlichen Gedankengut, aus Courts-Mahler-Büchern und der ›Gartenlaube‹ – neu belebt in den 50er Jahren. Der Mann, ein hehrer Prinz ohne Fehl und Tadel, kommt auf einem Schimmel angeritten, um die angebetete Braut zu sich emporzuheben und sie in eine glänzende Zukunft zu entführen. Bis dass der Tod sie scheidet. Und natürlich ist der Prinz der Handelnde und das arme, verkannte Aschenputtel die Wartende, Harrende. Am Ende wird

Auch in der DDR ging es aufwärts in den 50ern

KONSUM
Warenhaus des Friedens
LEIPZIG C1 BRÜHL
dort kauft Ihr gut
KONSUM
Warenhaus des Friedens
LEIPZIG C1 BRÜHL

aber alles gut. So sah die Werbung in den 50ern bald die Ehe für die junge Frau, so sah die Vorstellung vieler Mütter für die Liebe ihrer Töchter aus und so vermittelten sie es auch. Wenn nicht sie, so doch die Jugendbücher, die Schnulzen in den Zeitschriften und Filmen. Auf keinen Fall sollte das Töchterchen ein – vielleicht sogar sexuelles – Eigenleben ohne die Kenntnis ihrer Eltern haben. Mit beheizbaren Schlafzimmern wucherten die Moral und die Kontrolle.

Zu einem richtigen Kuß ist das Wichtigste, daß die handelnden Personen ein Mann und ein Mädchen sind. Küsse unter Männern sind unästhetisch und – was noch schlimmer ist – schmecken schlecht. Es liegt in der Idee des Kusses, daß der Mann das Mädchen küßt und nicht das Mädchen den Mann.

Fritz Tanner, ›Von Liebe, Verlobung und Ehe‹, 1959

Grotesk genug, dass sich in der Folgezeit von Krieg und Besatzungsjahren solche romantisierenden Bilder durchsetzen konnten gegen reale Erfahrungen und besseres Wissen. Natürlich vermittelten nicht alle Mütter ihren Kindern, ihren Töchtern ein solch rosa gefärbtes Liebes- und Lebensbild. Frauen, die Schreckliches erlebt hatten, den Verlust von Bräutigam oder Mann allzu früh verschmerzen mussten, die sich allein mit ihrem Kind hatten durchschlagen müssen, in deren Leben war auch mit zunehmender Normalisierung eher wenig Platz für falsche Romantik. In der Regenbogenpresse, wie die neuen bunten Illustrierten bald hießen, und in den beliebten Heide-, Berg- und Arztfilmen jedoch wurde heftig angeträumt gegen die Wirklichkeit. Populäre Filme wie ›Die Privatsekretärin‹ von 1953, mit dem Traumpaar Sonja Ziemann und Rudolf Prack in den Hauptrollen, zielten speziell auf ein weibliches Publikum und bedienten immer dasselbe Muster. Eine Sekretärin lebt ein beinahe unanständiges, weil selbstständiges Leben als berufstätige Frau. Sie gönnt sich etwas, liebt ein wenig Luxus und bald auch ihren Chef. Und natürlich sehnt sie sich nach einem bürgerlichen Leben und nach der Heirat mit ihm und gibt ihren Beruf nach erreichtem Ziel erleichtert auf.

Die Berufstätigkeit der Frau sollte eine zeitlich begrenzte Episode sein, die vor der Heirat zu liegen hatte oder dazu diente, einen berufsunfähigen Mann zu unterstützen. Dann aber musste die Frau sehr aufpassen, damit sie ihre Haushaltspflichten nicht vernachlässigte, bestimmt wohnte nebenan eine nette, brave

Frau, die gerne sauber machte und es liebte, pünktlich Essen auf den Tisch zu stellen – gern auch dem Mann der berufstätigen Ehefrau. Den einzig richtigen Lebensinhalt fanden die Frauen nach diesen Schnulzen allein in der Ehe und in einem glücklich geführten Haushalt. Die andere, die schlechtere Alternative hieß Beruf und Erfolg, denn das bedeutete Verfehlung des wahren Lebensglücks.

Die Männer in diesen Melodramen hatten Tiefe zu besitzen, das heißt eine Vergangenheit, die aber stets im Dunkeln blieb. Der Mann musste Reife wie angegraute Schläfen mit sich tragen, eine gewisse Lebenserfahrung vorweisen. Wo er die aber gewonnen hatte, an welchem Frontabschnitt, in welchem Kriegsgefangenenlager, was er vor seiner Einberufung im zivilen Leben getan und gedacht hatte – Schweigen im Walde wie in der ganzen Republik.

Wir mussten heiraten

Die nächste Hürde war die Bastion der Eltern und Schwiegereltern. Unabhängig von aller Sympathie und Liebe für das eigene Kind war das Verhältnis der Generationen untereinander in vielen Familien sehr distanziert. Die Elternwelt war Lichtjahre von der Welt der Kinder und Jugendlichen entfernt. Berührungspunkte oder gar Gemeinsamkeiten, wie es sie heute zwischen Eltern und Kindern ganz selbstverständlich gibt, existierten in vielen Familien nicht. Dementsprechend hoch schien die Hürde im Falle einer beabsichtigten Heirat.

Häufig betraten aus diesem Anlass der Bräutigam oder die Schwiegertochter in spe zum ersten Mal die Wohnung oder das Haus der künftigen Schwiegereltern. Über ein eigenes Zimmer, ein Jugendzimmer, in dem sich die Verliebten vorher schon immer mal unbeobachtet hätten treffen können – was ja sowieso unmöglich, weil unanständig war –, verfügten damals nur die wenigsten Jugendlichen. Viele teilten sich ein Zimmer mit Geschwistern oder schliefen auf einem Klappbett im Wohnzimmer oder in der Küche. Also konnten sich die Verliebten eigentlich nur außerhalb der Wohnungen sehen, an Orten, wo sie meist nicht alleine waren.

Wer als kommender Schwiegersohn die Konventionen beherrschte, der kaufte sich für seinen großen Auftritt bei seinen künftigen Schwiegereltern einen Blumenstrauß, um von vornherein einen günstigen Eindruck zu machen. Ordentlicher Anzug und Diener bei der Begrüßung waren obligatorisch, gutes Benehmen nicht nur eine Selbstverständlichkeit, sondern es wurde größter Wert darauf gelegt selbst da, wo üblicherweise ein eher rüder Umgangston herrschte. Der Schwiegersohn musste sich den inquisitorischen Fragen des Schwiegervaters in spe stellen, wurde befragt über seine Stellung, seine Aufstiegschancen, sein Einkommen; die künftige Schwiegertochter denen der baldigen Schwiegermutter über Haushaltsführung, weiße Wäsche und die besten Backrezepte.

Der Bund fürs Leben, 1951

Also fanden sich die Brautleute zu einem verdrucksten Nachmittagskaffee auf dem Sofa der Brauteltern ein, entspannte Stimmung wollte nicht aufkommen, das künftige neue Familienmitglied wurde unter die Lupe genommen. Alte wie Junge gaben sich allzu laut gönnerhaft bis kleinlaut verlegen, die Hausfrau reichte selbst gebackenen Obstkuchen, belegt mit den gerade modernen Dosenpfirsichen oder buntem Allerlei. Der Schwiegerpapa bot dem neuen Sohn eine gute Zigarre an, prüfend, ob er denn ein Mann sei. Alle dürften es schrecklich gefunden haben, aber an dem Ritual an sich war kaum vorbeizukommen.

War dieser Schritt getan, musste die Verlobung vorbereitet werden. Die Familie, Freunde und Nachbarn wurden in Kenntnis gesetzt, eine kleine bis, je nach gesellschaftlichem Ansehen, Nutzen und Frommen, größere Feier bildete den Abschluss vor den eigentlichen Hochzeitsvorbereitungen. Für die Braut spielte neben allen Feierlichkeiten das Verlobungsgeschenk eine gewisse Rolle: Je größer, je wertvoller das Geschenk, desto bindender galt es als Heiratsversprechen. Weder Braut noch Bräutigam konnten zwar auf Einlösung des Heiratsversprechens klagen, aber wenn der Bräutigam die Braut sitzen ließ, hatten sie und ihre Familie Anspruch auf Entschädigung – je nach Höhe ihrer bis dato geleisteten Aufwendungen. Hatte die Braut, bis dahin unbescholten, dem Manne in Erwartung der baldigen Hochzeit die »Beiwohnung« gestattet, war ihr Ruf im Eimer, aber rechtlich gesehen hatte sie Anspruch auf eine Entschädigung für »den entstandenen immateriellen Schaden«. Ob der immer durchsetzbar war, bleibt zweifelhaft. War ein solchermaßen gezeugtes Kind dann unterwegs, verständigten sich schon mal die Eltern der nun entzweiten Brautleute und drängten einvernehmlich auf baldige Hochzeit.

Gefahren, die einer Ehe drohen, sind tausendfältig, doch eine kluge Frau bewältigt sie. Dazu gehört nur mütterliche Güte.

Daniela Krein, ›Ratgeber für die junge Frau und Mutter‹, 1962

»Wir mussten heiraten«, heißt es noch heute ganz selbstverständlich in vielen Familien, wenn sie an damals denken. Wenn ein Kind unterwegs war, hieß das, es muss geheiratet werden. Vor der Heirat schwanger zu werden, war Anfang der 50er Jahre ziemlich normal, schließlich sagte ein Drittel aller Frauen auf dem Standesamt das Ja-Wort in anderen Umständen. Später, mit fortschreitender Normalisierung, wuchs der moralische Druck auf die Mädchen, bis zur Hochzeit unberührt zu bleiben. In Arbeiterkreisen war es auch weiterhin eher normal, dass der Bauch zuerst dick war und dann geheiratet wurde, »wie das eben so war«. Anders in »besseren Kreisen«, wo sich das nicht gehörte und die Eltern ihr gesamtes Drohpotenzial aufboten, um solche Schande zu verhindern. Nicht etwa, dass so etwas klar ausgesprochen wurde – über solche Dinge sprach man nicht.

Ließ sich das Unglück nicht durch eine schnelle Hochzeit legalisieren, wurde die Schwangerschaft schon mal durch einen Ortswechsel vertuscht. In so einem Fall wurde das Mädchen zu Verwandten geschickt und kam nach Monaten verheiratet und – Überraschung – mit einem Kind und möglichst einem Mann zurück. Richtig problematisch war es, ein Kind offen unehelich zur Welt zu bringen. Die Mütter wurden durchwegs diskriminiert, galten als »Schlampe« und hatten ihr Triebleben offensichtlich nicht im Griff. Ihre Kinder hatten ihr Kinderleben lang das Los der Bastarde zu ertragen und unterlagen allen gesellschaftlichen Ächtungen, zu denen man damals fähig war. Um ihnen und ihren Müttern, man darf vermuten, zu einem nicht kleinen Teil vor allem der Familie, diese Schande zu ersparen, wurden die Kinder häufig als die Nachkommen der verheirateten Schwester oder Schwägerin ausgegeben, die deshalb anstandshalber mit der Schwangeren eine Weile fortgeschickt worden war. Kamen die Frauen dann mit Kind zurück, war der Säugling legal, das Kind hatte »einen Namen bekommen«, wie es damals hieß. Sein Schicksal innerhalb der Familien blieb jedoch oftmals auf Dauer schwer. Das uneheliche Kind unterstand zudem nach dem Willen des Gesetzgebers der Amtsvormundschaft. Erst 1970 wurde den Müttern das alleinige Sorgerecht für ihr Kind übertragen.

Eine gut angelernte junge Frau hält ihren Haushalt tadellos in Ordnung und teilt sich ihre Arbeit genau ein. Ohne Stundenplan geht das nicht. Man darf nicht erst mittags die Betten auslegen und abends zulegen. Man darf nicht fünf vor eins mit dem Kochen beginnen und womöglich noch schnell zum Metzger laufen, weil man das Kotelett vergessen hat. Man darf nicht mit dem Reinigen der Wohnung beginnen, wenn der Mann müde von seiner Arbeit ins Haus kommt und sich erholen möchte.

Daniela Krein, ›Ratgeber für die junge Frau und Mutter‹, 1962

Schließlich traten das Brautpaar und vor allem die Brautmutter in die intensive Vorbereitung der Hochzeit ein. Die Aussteuer wurde geprüft und, wenn nötig, ergänzt. Tisch- und Bettwäsche, Handtücher, eine komplette Grundgarderobe und manchmal auch Möbel – die Aussteuer stellte in vielen Familien den Zuschuss dar, den Eltern ihrer Tochter für deren Zukunft mitgaben. In die Söhne wurde anders investiert: Sie sollten eine Ausbildung machen, eine Lehre inklusive anschließender Gesellenzeit und -prüfung oder gar eine höhere Schule, Abitur und Studium. Das schien für Mädchen nicht nötig, auch wenn in vielen Familien mittlerweile die Überzeugung vorherrschte, die Tochter müsste in der Lage sein, notfalls auf eigenen Füßen stehen zu können. Dennoch war es noch immer die Regel zu sagen, Mädchen heiraten sowieso. Für Söhne wie für Töchter bewarb ein Versicherungsunternehmen die entsprechenden Versicherungen in einem Kino-Werbespot: Ein Vater begleitet klein Hänschen auf einen Ausflug vor den Gartenzaun, später geleitet die »Allianz«-Ausbildungsversicherung den jungen Mann sicher auf seinem Weg ins Leben. Für die Tochter und all das notwendige Weißzeug mit den ordentlichen Wäschebändchen im gut bestückten Wäscheschrank hatte die »Allianz« die Aussteuerversicherung im Angebot und warb mit dem Slogan: »Aus Kindern werden Leute, aus Mädchen werden Bräute.«

Es sprach der Marabu, liebes Mädel,
mach beim Küssen beide Augen zu

Die Einstellung der Mütter zu Ausbildung und Berufswahl der Töchter war durchaus ambivalent. Einerseits hatten sie selbst im Krieg und in den Nachkriegsjahren erfahren, wie notwendig es war, für sich selbst sorgen zu können, andererseits wünschten die meisten Mütter für ihre Töchter das, was ihnen versagt geblieben war: eine harmonische Ehe auf Dauer und bestmögliche Versorgung. Auch viele Väter waren entgegen so manchem Klischee für eine ordentliche Berufsausbildung ihrer Töchter – nach dem Motto, »was du gelernt hast, hast du gelernt, was du danach machst, ist deine Sache«. Folglich hieß es immer öfter »Ausbildung statt Aussteuer«.

Hoch sollen sie leben!

Bei den Hochzeitsritualen konnten sich diejenigen austoben, denen so etwas Freude macht. In den 50ern diktierten Konventionen den Ablauf, gesellschaftliche Schranken glichen Schlagbäumen und es gab so gut wie kein Entkommen. Es musste erwogen werden, wo, wann und wie geheiratet werden sollte. Das Wo beantwortete sich meist von allein – nämlich zu Hause. In einem Lokal wurde eher selten gefeiert. Das konnten sich die wenigsten damals leisten. Wer also nicht auf ein Vereinsheim zurückgreifen konnte, feierte zu Hause. Da wurden Möbel beiseite gerückt, um eine lange Tafel aufstellen zu können, die Männer mussten Teppiche zusammenrollen und hinaustragen, schließlich sollte auch getanzt werden. In der Verwandt- und Nachbarschaft wurden Geschirr, Gläser und Besteck geliehen. Die Abfolge der Speisen wurde wieder und wieder verworfen, und schließlich kochten die Frauen, dass sich die Tischplatten bogen: Die gut gefüllten dampfenden Schalen und Schüsseln sollten schließlich auch zeigen, was man sich schon wieder alles leisten konnte. Und die Frauen halfen zusammen, bei der einen waren Kuchen und Torten, bei der anderen die Braten in der Backröhre. Mit zunehmendem Wohlstand und steigendem sozialen Status verlor sich jedoch diese Solidarität, mussten solche Festlichkeiten mehr und mehr im Alleingang gemeistert werden.

Endlich steht sie da im Myrthenkranz,
schön im Kleid aus weißer Seide.
Und der Vater strahlt in Eleganz und
die Mutter weint vor lauter Freude.
Vom nahen Turm, da hört man schon
der Hochzeitsglocke hellen Ton.
Und schreiten beide durch das Tor,
singt ein heller Kinderchor:

Eine weiße Hochzeitskutsche fährt uns
wie vor hundert Jahren, weil es so die
Sitte war, bis zum goldnen Traualtar.

›Eine weiße Hochzeitskutsche‹
Erni Bieler und Rudi Hofstetter, 1950

Auch alles mögliche andere war zu bedenken: Ließen sich die Familien überhaupt miteinander vereinbaren? So gleich alle in der Volksgemeinschaft der Nazis gewesen waren, so viel Wert legten viele Westdeutsche in den 50ern wieder auf soziale Unterschiede. Man orientierte sich nach oben, denn denen oben ging es besser und da wollte man auch hin. Ganz oben entdeckten die Leser und Leserinnen der Regenbogenpresse die Adeligen neu. Da es in Deutschland keinen nennenswerten Adel mehr gab, musste das Ausland herhalten. Die Begum und der Khan zum Beispiel, die schöne traurige Soraya und ihr Schah besuchten 1955 Deutschland und die glückliche Gracia Patrizia gab ihrem monegassischen Märchenprinzen ein Jahr später ihr Ja-Wort. In der Bewunderung dieser unvergänglichen Hierarchien, in die sogar eine Bürgerliche wie Grace Kelly aufrücken durfte, drückte sich die ganze Sehnsucht der Nachkriegsdeutschen nach einer unverrückbaren Ordnung aus, unveränderlich, naturgegeben, gottgegeben.

ULLA BERGER
Geboren 1940 in Berlin

Ich war so unweiblich

Ich habe alles immer selber machen wollen und das war die Katastrophe für meine Mutter. Meine Eltern haben mir die absolute Rollentrennung vorgelebt. Diese undemokratische Einteilung, bedingungslos für beide, was auch nicht funktioniert hat. Meine Mutter war blond und schön und klein und zart. Sie sah toll aus, eine richtig hübsche Frau. Sie hat immer sehr auf ihr Äußeres geachtet, das war wichtiger als alles andere.

Mein Vater war im Krieg. Er gehörte zu dieser armen beschissenen Generation: Er ist 1909 geboren, hat den Ersten Weltkrieg als Knirps mitbekommen und wurde während des Krieges nach Österreich geschickt zum Aufpäppeln. Dann starb seine Mutter, er wurde von der Schule genommen, weil er der Jüngste war und es nicht mehr ging. Irgendwann machte er, wie man heute sagen würde, den zweiten Bildungsweg, was für ihn sehr mühsam war. Anschließend hat er im Fernmeldegeschäft gearbeitet, war Ingenieur, war arbeitslos und dann kam er zur Marine. Dort begann überhaupt erst sein Leben. Er lernte diese tolle Frau kennen, die so schön war. Er war ein sehr kreativer und begabter Mann und bei der Kriegsmarine konnte er sich beruflich entwickeln, hatte alle möglichen Chancen und wurde auch gleich befördert. Es war für ihn das erste Mal in seinem Leben, dass er irgendwo Fuß fasste. Und als er 1945 in britische Kriegsgefangenschaft kam und alles zusammenbrach, da war er absolut orientierungslos und wusste überhaupt nicht, wie es weitergehen sollte. Er war 36 Jahre alt und alles war kaputt.

Mein Vater war nicht sehr lange in Gefangenschaft, wurde entlassen und kam durch ein Beschäftigungsprogramm der Alliierten als Leiter in einer »Versehrtenwerkstatt« unter – ein beschönigendes Wort für Kriegsverletzte. Die haben Möbel gebaut und Holz geschnitzt. Das ging aber nur eine Weile, bis zur Währungsreform, dann fiel er auf einen Gangster rein und machte Konkurs. Das war die große Katastrophe. Er war depressiv und sah überhaupt keine Perspektive. Arbeitslos mit drei Kindern. Da hatten wir keinen Pfennig, durften aber in der Schule nichts sagen. Niemand durfte wissen, dass mein Vater arbeitslos war. Wir haben Ausflüge gemacht, zu denen sollten wir Essen mitbringen, das war grauenvoll, weil wir keines hatten. Es gab damals Zuschüsse, Stellen in der Schule, wo man sich hätte melden können, das wusste ich, weil andere das gemacht haben, aber das durften wir nicht. Meine Mutter hat sich alles vom Leibe abgespart und irgendwie organisiert. Und das war das große Problem: Meine Mutter hat immer Opfer gebracht, was ich extrem belastend fand. Sie hat sich aufgeopfert. »Ich opfere mich auf und ihr seid undankbar, aufmüpfig, anmaßend.«

Meine Mutter war das ganze Gegenteil zu meiner Großmutter. Die hatte ihre eigene Buchhandlung, war unabhängig und hat diese unterordnende Rolle nie gespielt. Meine Oma hatte ihre Kompetenzen und die hat sie eingesetzt für die Buchhandlung, für die Familie und alles, was ihr wichtig war. Meine Mutter fand das ziemlich grässlich und tat genau das Gegenteil, sie suchte sich einen Mann, dem sie sich unterordnen konnte. Ich fand das als Kind schon recht unglaubwürdig, speziell in der Kriegszeit, da sie alles für uns gemanagt und organisiert hat. Ihr Mann war nicht da, sie musste alles alleine machen. Teilweise hat sie auch weibliche Power eingesetzt, aber sie hat es gemacht und sie war gut. Als mein Vater wiederkam, war er ein zerstörter, schwacher, kranker Mann. Für mich war das schwierig, denn ich hatte sehnsüchtig auf ihn gewartet und dann war er depressiv und hat geweint, wenn eine schwierige Situation auftauchte. Meine Mutter hat damals angefangen, auf fröhlich zu machen, um ihn mitzureißen. Ich fand es grauenhaft, mir wurde immer ganz kalt, dieses Lachen war so verlogen, es wirkte auf mich wie ein Hexentanz. Erst später habe ich sie verstanden. Da hatte sie diese Art jedoch längst verinnerlicht, sie hat sie beibehalten und uns als Tugend verkauft. Fröhlich zu sein in jeder Situation, immer nett zu sein.

Mein Vater war für längere Zeit in Frankreich stationiert gewesen, an der Westfront. Da war nicht alles koscher gewesen, was sie gemacht haben. Denn was bei uns zu Hause aus dem schönen Frankreich ankam – wir hatten ein sehr dekoriertes Heim. Meine Mutter hat sehr an ihrem Besitz gehangen, was sich so angesammelt hatte an Dingen. Und mein Vater hatte einiges mitgebracht, Stoffe, Bestecke, schöne Teller. Auf welche Art das erworben war, darüber wurde nicht geredet. Meine Mutter hatte ein offen sympathisierendes Verhältnis zum Reich gehabt. Ihr war es damit ganz gut gegangen. Das erste Päckchen, das sie mir nach dem Zusammenbruch zu meiner Oma geschickt hat, was war drin? Hitlers ›Mein Kampf‹. Und 1952 haben wir, ich kann es sehr genau datieren, weil ich noch weiß, wo das war, Führers Geburtstag gefeiert.

Ich war, vor allem durch meine Großmutter, recht gut informiert. All das, Judenverfolgung und -vernichtung, von den KZs hatte ich schon gehört. Niemand kann mir erzählen, dass man es nicht gewusst hat. Ich habe es damals schon gewusst und ich kann einzelne Szenen, wo ich was gehört habe, was ich nicht einordnen konnte, immer noch lokalisieren. Ich war ein Kind. Erwachsene mussten, wenn sie eins und eins zusammenzählten, sehr wohl wissen, was vor sich ging. Und deshalb bin ich unleidlich gewesen, auch für meinen Vater, weil ich immer wieder gesagt habe, »bitte, da waren doch Zeichen«. Aber da hat er auf Durchzug gestellt und gedroht, er würde mich aus der Schule nehmen, ich würde den »Unsinn« in der Schule lernen.

Als ich 11 oder 12 war, fuhr meine Mutter nach Bremen zu meiner Großmutter, ihrer Mutter, weil die krank war. Meine kleine Schwester nahm sie mit, aber mein Bruder, mein Vater und ich blieben zurück und ich sollte meinen Vater versorgen. Damals habe ich seine ganze Abhängigkeit und Labilität direkt erfahren, weil er sie auf mich abgeladen hat, dieser große Mann. Er hatte es offensichtlich an der Blase, und ich als kleines Mädchen habe meine Hausaufgaben gemacht, eingekauft, Wäsche gewaschen und musste dann den Blasentee an das Sofa meines Vaters bringen. Er hat an Radios rumgebastelt, aber um mich gekümmert hat er sich nicht. Wir hatten kein Warmwasser und keinen Geschirrspüler und ich habe gespült und geputzt und meinen Bruder und ihn versorgt und das fand ich ganz schön heftig. Das ging so ein gutes Jahr.

In der Schule haben sie gefragt, was mit mir los sei, ich sei so dünn geworden, und sie wollten mich in eine Art Landerholungsheim schicken. Aber meine Mutter hat das verboten und es wurde nichts draus. Ich wäre sehr gerne weggefahren.

Irgendwann damals hat mein Vater meinem Bruder einen Fußball organisiert. Das Leder wurde beschafft, es wurde von innen genäht und dann hatten wir diesen herrlichen Fußball. Mein Bruder guckte ihn an, schob ihn hin und her und konnte damit nichts anfangen. Er wollte diesem Bild des »Haudrauf« überhaupt nicht entsprechen. Diesem männlichen Bild entsprach eher ich. Ich hatte große Füße und Hände, um zuzupacken. In der Volksschule habe ich es gemocht, mich zu kloppen. Wir waren über 50 Kinder in der Klasse, da musste man zusehen, wo man sich einsortierte, oder jemanden finden, mit dem man konnte.

Schon als ich ganz klein war, ging ich mit organisieren, als es nichts zu essen gab. Ich war so ein kleiner Fratz, ich konnte in Küchen rein, klein wie ich war, und kam mit Essen wieder raus. Zum Schrecken meiner Mutter. Ich war so ganz unweiblich und entsprach gar nicht ihrem Bild. Natürlich wollte ich auch wie meine Schwester hübsche Sachen anziehen, ein Kleidchen mit Schleife, das meine Mutter aus aufgeribbelter Wolle neu gestrickt hatte. Bei mir hielt das nur alles nicht lange. Ich hatte garantiert als erste Löcher in den Strümpfen, wenn wir überhaupt Strümpfe und Schuhe anhatten, meistens waren wir barfuß, hatte als Erste Flecken auf dem Kleid. Ein hübsches Kind ist ein zartes Kind. Ich sei immer zu pummelig, hieß es. Zu meinem zwölften Geburtstag wünschte ich mir Flossen. Wir konnten uns nicht viel wünschen, aber Flossen, dachte ich, kann man sich wünschen. Und der zwölfte Geburtstag nahte, und ich guckte und es waren keine Flossen da. Auf meine Frage, warum nicht, sagte meine Mutter, »da kriegt man so dicke Waden, wenn man soviel mit Flossen schwimmt«. Sport und unter Wasser, das sollte alles nicht sein, das war für sie nichts. Ich sollte so was Zerbrechliches und Anlehnungsbedürftiges sein und das war ich nicht. Zierlich vor allem. Ich war nie zierlich. Meine Schwester und ich sind ein bisschen unterschiedlich gebaut, aber heute sind wir uns ziemlich ähnlich. Meine

Mutter aber sieht bis jetzt zwischen uns riesige Unterschiede. Ich bleibe einfach die Dicke. »Deine Schwester ist so schlank!« Wir begrüßen uns jetzt schon lachend gegenseitig: »Mein Gott, was bist du wieder schlank!«

Ich hatte während der Volksschule immer viel Zeit zum Rumstromern. Durch die Hecken, durch die Wälder, Kartoffeln stoppeln und Feuer machen und erst abends nach Hause kommen. Da waren Buben und Mädchen zusammen und da gab es doofe und nette Jungs. Meinen Vetter fand ich doof und meinen Bruder fand ich doof, weil die hinterhältig waren, und das konnte ich schon damals nicht leiden. Ich habe Dinge gemacht, die nicht okay waren, und die haben mich dann ganz bestimmt verpetzt. Sonst war das eine bunte Horde, die rumgetobt ist mit Feuer und viel Freiheit.

Dann aber, auf dem Gymnasium, war das aus und vorbei. Ich kriegte von meiner Großmutter Briefe, »sei bitte brav und pass auf und lerne fleißig, schau immer den Lehrer an, dreh dich nie um«. Da wurde ich regelrecht konditioniert. Und da ich von uns drei Kindern die souveränste in der Schule war, sollte das bitte jetzt auch Früchte tragen. Und da sollte ich nicht auf andere Gedanken kommen. In der Familie haben sie gesagt, »na ja, sie ist nicht so schön, aber dafür ist sie gescheit«. Und wenn man einmal diesen Stempel weg hat, dann muss man eben gescheit spielen. Als ich mich zur Schule anmelden musste, war meine Mutter wieder bei meiner Großmutter und damals hatte ich einen sehr niedrigen Sozialstatus. Wir waren richtig elend arm, weil meine Eltern ein Haus gebaut hatten und das Geld reichte hinten und vorn nicht. Das fand ich grauenvoll. Ich hatte aber irgendwie gedacht, ich bin in der Schule so gut, also kann ich mir die beste Schule aussuchen, ich brauche darauf keine Rücksicht zu nehmen. Ich besaß nur einen Pulli, doch irgendwann haben die das in der Schule bemerkt und dann sagte jemand, der wird nicht gewaschen. Ich hatte aber gute Schulnoten und für die guten Noten gab's dann auch eine Belohnung. Bestes Zeugnis, das hat mir dann schon getaugt. Das war ein tolles Erfolgserlebnis.

Der Hausbau war eine anstrengende Geschichte. Das Daraufhinsparen habe ich noch mitbekommen, da wurde die Margarine da gekauft und das Waschpulver dort, weil es da billiger war. Eingezogen sind wir 1958, da war ich nicht mehr lange zu Hause. Ich habe jeden Tag Nachhilfestunden gegeben bei einer Familie, die mich mochte. Ich ging direkt nach der Schule hin und es war schon gedeckt. Ich bekam dort jeden Tag mein Mittagessen, dann wurden Hausaufgaben gemacht und ich kriegte pro Stunde 1,25 oder 1,50. Davon habe ich dann meinen Klavierunterricht gezahlt. Die Stunde kostete mich 7,50 Mark. Eine Woche Nachhilfe, eine Stunde Klavierunterricht. Ich habe das nie als Arbeit empfunden. Es war mir wichtig, unabhängig zu sein, die paar Groschen zu haben, um das machen zu können, was ich wollte. Auch meine Kleidung hatte ich mir selber zusammengebastelt. Mit 13 habe ich angefangen, nach Schnittmustern meine Kleidung zu nähen.

Zeitweilig war ich innerlich sehr weit weg von meiner Familie. Als ich das erste Mal meine Tage bekam, kriegte ich ohne ein Wort der Erklärung eine Binde unter das Kopfkissen gelegt und wurde anschließend gerügt, ich würde zu viele Binden verbrauchen. Damals gab es ja nur diese Monster und die sind nach einer bestimmten Zeit richtig ekelhaft gewesen. Und eine neue zu nehmen, wurde als Verschwendung angesehen. Aufklärung gab es nicht, da fiel kein Wort, es gab kein Wort. Über alles Geschlechtliche wurde nicht gesprochen. Meine Mutter hatte einmal eine geheimnisvolle Krankheit. Sie kam ins Krankenhaus und wurde operiert. Ein Geschiss und geheimnisvoll, eine Frauensache, sie hatte eine Frauensache. Sie kann alles mögliche gehabt haben, eine Abtreibung, einen Tumor oder eine Zyste. Es war was »da unten« und damit tabu. Kein Wort. Alles hat man sich selbst zusammenreimen müssen. Aber es gab ein Lexikon, in dem ich nachgeguckt habe. Dennoch blieb alles höchst unerklärlich und bruchstückhaft. Ein absolutes Mysterium, die Bilder von Genitalien, ich habe meinen Vater nie nackt gesehen und mein Bruder hat sich versteckt ab der Pubertät.

EDITHA KROLL

Geboren 1949 in Nordfriesland

Und sonntagnachmittags gab's Volksmusik

Meine Mutter und meine Großmutter waren geflüchtet, sie kamen aus Pommern in ein Dorf zwischen Husum und Flensburg. Meine Großmutter hatte alles verlassen und im Westen neu angefangen. Sie hat entsetzlich viel gearbeitet, im Haus, im Garten, sie hat mitgeholfen, das Haus zu bauen. Die beiden Frauen wurden gar nicht gut aufgenommen. Die Nachbarn und alle waren Einheimische und waren sehr skeptisch und zurückhaltend den Neuen gegenüber. Und als mein Vater beschloss, meine Mutter zu heiraten, waren sein Vater und seine Geschwister total dagegen. Seine Mutter und eine Schwester waren die Einzigen, die einverstanden waren. Aber dennoch hatte es meine Mutter nicht leicht. Es wurde natürlich nicht gesagt, »wir wollen sie nicht, weil sie Flüchtling ist«, sondern es störte, dass sie so ehrgeizig war. Sie wollte, ich vermute, sie musste als Flüchtling perfekt sein. Und dieses Top-Aussehen, dieser Top-Haushalt, alles perfekt, das stieß auf Ablehnung. Und da war eine gehörige Portion Neid dabei. Darüber wurde aber nie geredet, da war Ablehnung da, aber es wurde geschwiegen.

Meine Mutter war unendlich verliebt in meinen Vater. Den wollte sie haben. Als sie schwanger war, hat sie ihm angedroht, »wenn du mich nicht nimmst, gehe ich ins Wasser!«, Und dann hatte meine Mutter lange Zeit Probleme mit ihrem Schwiegervater und ihren Schwägern, aber sie hat sich immer zur Wehr gesetzt und dank der Unterstützung einer ihrer Schwägerinnen ging es einigermaßen. Meine Eltern lebten anfangs unterm Dach des Schwiegervaters, in einem Zimmer. Das war ein kleines Bauernhaus mit Strohdach, der Stall mit den Tieren war noch nebenan. Meine Großmutter hatte von ihrer Schwester, die bei der Geburt gestorben war, noch ein Kind aufgenommen und selber hatte sie noch eigene von ihren sechs Kindern daheim. Es war überhaupt kein Platz in dem Haus. Mein Bruder war schon auf der Welt und zu guter Letzt bin ich noch bei den Schwiegereltern geboren.

Meine Mutter hatte sehr früh darauf gedrängt, dass sie was Eigenes haben müssten. Im Dorf gab es nach dem Krieg viele leere Wohnungen, für die man sich an und für sich anmelden musste. Sie wurden verwaltet von einem Gemeindeverwalter. Wenn er jemanden für gut befand oder wenn das dringlich war, dann bekam der eine Wohnung. Es war aber offensichtlich ganz normal in dem Dorf nach dem Krieg, sich eine Wohnung oder ein Haus auszusuchen und das quasi zu »besetzen«. So machten das auch meine Eltern. Sie sind in eine Wohnung eingezogen und dann zu dem Gemeindeverwalter gegangen und haben das mit der Miete geklärt. Für ein Haus hat das Geld noch nicht gereicht. Den Eltern meiner Mutter war im gleichen Dorf ein Zimmer zugewiesen worden. Später haben sie im gleichen Haus ein zweites dazubekommen. Da war dann zeitweise mein Bruder mit bei den Großeltern, weil es in dem Zimmer bei den Eltern meines Vaters zu eng für uns alle war. Als sie dann die Wohnung besetzt hatten, sind wir alle wieder zusammengekommen.

Meine Mutter war immer sehr perfekt. Sie hat sehr nach der Zeit gearbeitet. Also um sechs Uhr aufstehen, um Viertel vor acht mussten die Kinder in der Schule sein, um 12 gab es Essen und dann mussten auch alle da sein. Um zwei musste die Küche fertig sein, dann gab es Mittagsschlaf und um halb vier Kaffee. Das hing aber damit zusammen, dass meine Mutter mittags meinen Vater zum Essen erwartet hat. Mein Vater war Maurer und hatte nie viel Zeit, nur eine kurze Pause. Er musste alle Wege mit dem Rad machen. Er kam kurz nach 12 und musste um eins wieder zurück sein. Um 18 Uhr kam er wieder und dann ist er noch immer zu Freunden gegangen, Häuser bauen. Das war eine Clique, vielleicht fünf, sechs Ehepaare, die sich gegenseitig geholfen haben. Die haben Gemeinschaftsaktionen gemacht beim Bauen. Zuerst haben sie zu fünft das eine Haus hochgezogen, dann die nächsten. Die haben sich gegenseitig geholfen bis zum Einzug. Von daher war mein Vater eigentlich nicht viel da, ich habe ihn mittags und abends gesehen und dann nicht mehr. Er war immer unterwegs, auch am Wochenende. Und dann hat er am eigenen Haus viel gemacht.

Ein Vater hatte die Aufgabe, aus dem Haus zu gehen, Geld

zu verdienen und die schweren Arbeiten zu machen. Meine Mutter war nicht in der Lage, uns zu packen und zu vertrimmen, wenn wir etwas ausgefressen hatten. Also hat sie uns gedroht, »wartet, wenn der Papa heimkommt!« Das waren die Jobs, die die Männer machen mussten und das war in der ganzen Nachbarschaft so. Meine Eltern haben dann ein Reihenhaus gebaut und dort konnte man wunderbar mitbekommen, was links und rechts passierte, weil die Häuser alle gleich waren. Alle hatten den langen Garten, der Vater kam heim, stieg aus dem Auto oder vom Rad ab und hat erstmal die Kinder herzitiert, falls die irgendetwas ausgefressen hatten. Das war ein typischer Job für die Männer.

Meine Mutter war eigentlich permanent überfordert. Ihr ging es körperlich nicht gut, sie hat zwischen 1947 und 1950 drei Kinder zur Welt gebracht und dann Hausbauen und den Garten mit dem Gemüse, das war unheimlich stressig und anstrengend. Und wir haben immer top ausgesehen, immer Bub und Mädel gleich, Bub Hose, Mädchen Röckchen, alles aus dem gleichen Stoff und alles selbst genäht, gestrickt, alles selbst gemacht. Das war klar.

Weil meine Mutter manchmal einfach nicht mehr konnte, weil es darum ging, einfach mal ein Kind weniger zu versorgen, wurde ich mit zehn Jahren zur Erholung geschickt. Da habe ich sechs Wochen gelitten, weil ich so Heimweh hatte. Wir waren evangelisch, aber das war ein katholisches, streng geführtes Kinderheim. Ich musste allein mit dem Zug hinfahren. Und dort hatten Mädels ständig irgendetwas verbrochen und wurden bestraft – entweder hatten sie die Essenszeiten nicht eingehalten oder hatten sich ohne Erlaubnis Süßigkeiten gekauft. Eine Strafe bestand darin, dass sie die Nacht im Gemeinschaftsbad verbringen mussten, wo sie sich auf die Holzböden oder Holzbänke legen konnten. Ich hatte dort ständig unheimliche Träume, habe fast jede Nacht ins Bett gemacht und musste dann dafür in der Ecke stehen. Es wurde laut gesagt, was mir passiert war, und mir war das furchtbar peinlich. Für mich waren die Wochen wie ein Albtraum. So etwas darf eigentlich niemand erleben.

Das Hauptthema meiner Eltern war, die Kinder irgendwie groß zu kriegen. Das war wichtig, aber nicht, dass man ein individuelles Ziel verfolgt hätte für seine Kinder. Darunter habe ich ziemlich gelitten. Die Rollen zwischen meinen Eltern waren sehr klar verteilt, und das ging auch auf uns über: Meine Brüder mussten Holz hacken, Kohlen reintragen, Müll wegbringen und ich musste spülen, Wäsche aufhängen, Boden wischen. Es gab eine ganz klare Verteilung – und ich habe mich immer dagegen gewehrt. Ich mochte lieber draußen arbeiten und nicht im Haus. Es gab viele Sachen, die ich lieber draußen gemacht habe. Wenn ich draußen hätte spülen können, dann wäre es nicht so schlimm gewesen, aber im Haus arbeiten, das war nicht meins.

Aber zu protestieren oder auch nur nachzufragen, das gab es nicht. Das war klar festgelegt, das musste man so und so machen; es gab viele Arbeiten und viele Sachen, die konnte ich nicht hinterfragen, das war so, ich musste es so hinnehmen. Ich musste im Kleid herumlaufen und ich wollte so gerne eine Hose. Ich durfte kein Taschenmesser haben, weil ein Mädchen nicht mit Taschenmessern spielt. Und ich sollte mich mit Mädels treffen und nicht mit Buben. Am Bach mit dem Taschenmesser, das war eigentlich das, was ich geliebt habe. Ich hatte einen Freund in der Klasse, mit dem habe ich mich liebend gern getroffen und gespielt, nicht mit Mädels. Toberei und dieses Wilde, das mochte ich und nicht dieses schöne, brave Puppe und Familie spielen.

Ich hätte mir natürlich ein Taschenmesser wünschen können, aber das habe ich sein lassen. Das war aussichtslos. Ich habe mir zu Weihnachten eine Babypuppe gewünscht, eine schwarze. Ich habe keine Babypuppe bekommen und eine schwarze schon zweimal nicht. Es gab natürlich nur richtiges Mädchenspielzeug, aber auch nur das, was die Mutter für gut und richtig hielt. Es wurde angesagt, was man macht, was ein Mädel macht, was ein Bub macht, und alles andere hat eigentlich nur Probleme verursacht und wurde verdrängt. In unserer Nachbarschaft wohnte ein Ehepaar, das war neu zugezogen und hatte keine Kinder. Die spielten ab und zu mit uns Murmeln oder Völkerball. Wir Kinder fanden das toll, für die Erwachsenen galten die beiden als ein bisschen gestört, über die wurde schlecht geredet – nicht dass die Eltern Angst hatten, dass die uns was tun könnten, aber die spielten mit Kindern und das war suspekt genug. Man beschäftigte sich nicht mit Kindern. Meine Mutter hatte Kinder, aber man beschäftigte sich mit ihnen nur beim Regeln von Dingen oder beim Essen. Man sprach das Nötigste, aber man unterhielt sich mit Kindern nicht.

Meine Mutter hatte immer eine genaue Vorstellung, was gut und schön war und was man so schenkte. Das Geschenk musste zeitgemäß sein und je größer es war, desto besser – das war ein Zeichen von Wohlstand. Es waren gerade diese Schöpf-Puppen modern, die sahen stocksteif aus, gerade, groß und hatten einen Ansatz von einer Dauerwelle, fast wie ein fertiges Kind. Und ich hatte mir so etwas Kleines gewünscht zum Knuddeln. Aber ich bekam eigentlich nie meine Wünsche und Vorstellungen erfüllt – äußern konnte ich sie schon, aber sie wurden nicht erfüllt. Das war mit der Kleidung so, das war mit Freunden so, das war eigentlich mit allem so.

Ich wollte später natürlich kurze Röcke und spitze Absätze, so hoch wie möglich. Ich durfte höchstens drei Zentimeter hohe Absätze tragen, ich wollte mindestens doppelt so hohe haben. Zur Konfirmation durfte man sich das erste Mal so richtig etwas zum Anziehen aussuchen, etwas Schickes. Meine Wahl fiel auf einen engen kurzen Rock. Das war aber einfach nicht drin. Ich musste einen Faltenrock tragen, der durfte zwei Zentimeter oberhalb vom Knie enden und eine weiße, schlichte Bluse. Und ich wollte so gerne eine mit Rüschen, das war grad so modern. Bei uns war einfach alles vorgegeben, was wann und wie zu tun ist. Das war auch ein Grund, weshalb ich dann gesagt habe, ich muss hier raus!

Dieser Kleiderkampf ging schon ganz lange. Ich habe, bis ich ungefähr zehn war, braune, lange Strickstrümpfe getragen mit Strapsen und darüber lange Unterhosen aus Wolle, die ich gehasst habe, weil sie kratzten. Ich durfte dann schon immer unten drunter etwas Baumwollenes ziehen. Aber an den Beinen! Bei meinen Brüdern war das mit den Hosen genauso. Sie wollten lange Hosen tragen, nein, sie mussten kurze Hosen tragen.

Dieser Kampf war eigentlich unnötig. Es war nur eine Frage von Macht. Meine Mutter wollte einfach das Ganze beherrschen, sie musste uns führen, zügeln. Sie hatte Angst, dass ihr das alles aus den Händen glitt und – das war das Hauptthema –, was die Leute über uns reden würden.

Meine Freundinnen wurden natürlich auch unter die Lupe genommen. Wenn eine kam, die superlange Fingernägel hatte, lackiert und rot angemalte Lippen und einen Lidstrich, stellte sich sofort die Frage, ob das der richtige Umgang für mich war. Da wurde nicht drüber diskutiert, sondern schlicht angeordnet: »So wollen wir dich hier nicht sehen.« Aber die Röcke habe ich hochgeschraubt. Ich war noch keine fünf Schritte vom Haus entfernt, gerade nicht mehr in Sichtweite, und schon wurde der Rock am Bund hochgekrempelt.

Ich habe bei Freundinnen andere Familien kennen gelernt, wo ich gespürt habe, dass dort eine andere Stimmung ist. Einmal im Winter kam ich zu einer Freundin, die außerhalb vom Ort wohnte. Alles war tief verschneit, ich kam da an und bekam erstmal einen Fußsack aus Leder, in den man warme Steine legen konnte, um sich die Füße daran zu wärmen. Es gab eine heiße Schokolade und es war alles auf die Kinder abgestimmt. Die hatten eine wunderschöne Puppenstube und das Spielzeug durfte überall stehen. Bei uns durften die Kindersachen nur im Kinderzimmer sein und sonst nirgends. Bei uns war alles geregelt, wie es zu sein hatte. Da hieß es, das ist so, das hat man so, das macht man so, fertig. Natürlich braucht man mit fünf Kindern Regeln, aber ganz sicher nicht solche!

Unser Radio stand in der Küche. Aber wir durften nie hören, was wir wollten. Am Sonntagnachmittag wurde um 14 Uhr Volksmusik gehört, das war der Deutschlandfunk und da kam Blasmusik. Und wenn wir mal etwas anderes eingestellt hatten und meine Mutter kam dazu, hieß es, »das will ich nicht hören, so ein Blödsinn«, und dann wurde das ausgemacht. Aber bei Freundinnen gab es um 17 Uhr ein Hörspiel oder andere interessante Sendungen im Radio. Eine Familie hatte einen Apparat im Wohnzimmer und in den Kinderzimmern gab es Lautsprecher. Ich habe immer gedacht, das kann nicht wahr sein, so etwas Tolles, und die durften selbst auswählen und das hören. Da gab es einige Haushalte bei Freundinnen, wo ich mich einfach sauwohl gefühlt habe. Wenn ich das mit heute vergleiche, dass man mit den Kindern über Bücher, Hörspiele oder auch Filme diskutiert oder gemeinsam mit ihnen etwas unternimmt, das gab es überhaupt nicht bei uns. Insofern war das damals für mich eine ganz, ganz andere Zeit.

Bei uns war das Geld immer knapp. Deshalb sollte ich bis zur Heirat einen Beruf erlernen. Das musste, wenn es nach meinen Eltern ging, nichts Besonderes sein, sondern nur eine vorübergehende Lösung, um die Zeit zu überbrücken, bis ich verheiratet wäre. Das war unbedingt notwendig zur Entlastung. Meine Eltern waren einfach überfordert mit fünf Kindern. Wenn mehr Geld da gewesen wäre, hätte ich vielleicht auch weiter die Schule besuchen können, aber so war es ganz wichtig, dass ich sie finanziell entlastete. Aber es ging immer nur um die Zeit bis zur Heirat. Wenn ich mal jemanden mitgebracht habe, dann haben sie sofort spekuliert, ob der eine gute Partie für mich ist oder nicht. Einer hat an einer Tankstelle gearbeitet und schon haben sie mich als Tankwartsfrau gesehen. In so einem kleinen Ort kennt jeder jeden, und da haben sie immer gleich geplant, wie meine Zukunft dann sein würde. Das Ziel war absolut klar, ich sollte so schnell wie möglich heiraten und eine Familie gründen.

Ich hatte schon mit 15 die Vorstellung, dass ich eine Schneiderlehre machen möchte, und da gab es die Möglichkeit in Kiel oder in Husum. Aber meine Eltern sagten, sie hätten kein Geld, um mir eine Fahrkarte oder gar eine Wohnung zu bezahlen. Dann haben meine Eltern herumgefragt, wer jemanden gebrauchen kann, wo eine Lehrstelle frei wäre. So wurde dann beschlossen, dass ich einen Büroposten bekam. Das hätte genauso gut eine Bank sein können oder eine Arztpraxis, aber es wurde eine Versicherungsagentur und ich habe Bürokauffrau gelernt. Drei Jahre Versicherungswesen, Buchführungskram und Stenografie. Die Prüfung habe ich zweimal in den Sand gesetzt. Aber es ging ja nicht nach Neigung, nach Interessen oder so etwas. Ich habe immer nur gedacht, ich muss das hier beenden und dann beginnt alles neu für mich. Mein Entschluss stand fest, ich mache die Prüfung und dann gehe ich weg. Ich hätte gerne diese Schneiderlehre gemacht, das war immer mein Traum gewesen. Also habe ich die dann später gemacht.

ANGELA BACHMAIR
Geboren 1949 im Allgäu

Vaters und Großvaters Kind

In unmittelbarer Nähe der Kleinstadt Buchloe, wo wir zu Hause waren, lagen die KZ-Außenlager von Kaufering. Das war ein starkes Thema, speziell für meinen Vater. Er war politischer Redakteur. Er hat sich mit der NS-Vergangenheit sehr auseinandergesetzt und mit den Neonazis, als in den 60er Jahren die NPD wiederkam. Und er hat sich sein Leben lang zutiefst dafür geschämt, dass er als Junge so auf diese Naziideologie hereingefallen war und 1945 als 18-Jähriger sogar noch einen Aufnahmeantrag in die NSDAP gestellt hatte. Das hat ihn sein Leben lang beschäftigt, bis zu seinem Tod. Mein Vater war nicht beim Volkssturm gewesen, sondern beim Arbeitsdienst in Niederösterreich eingesetzt und kam dann im Winter 44/45 zur Ausbildung zu den Gebirgsjägern. Im Frühjahr 1945 bekam er durch eine Angina einen Herzfehler, lag im Lazarett und konnte dort abwarten, bis die Amerikaner kamen. Er hatte Glück gehabt, was ihm damals als junger Mensch bestimmt ganz schrecklich war, denn er wollte ja kämpfen für den Führer. Aber das Schicksal hat es gut mit ihm gemeint.

Ich habe von diesen KZ-Außenlagern in den 60er Jahren erfahren. Da mein Vater Journalist war, legte er Wert darauf, dass ich mir selbst eine Meinung bildete, dass ich meinen Kopf anstrengte und lesen musste, was ich in die Finger bekam. Aufklärung als bildungsbürgerlicher Auftrag. Und dass man sich politisch engagieren muss, das war eine durchgängige Linie. Ich habe das vor allem mitbekommen, weil ich eher die Vaterstochter war. Er hat auch sehr früh mit mir über dieses NS-Thema gesprochen und, so würde ich das heute sehen, mir den Auftrag gegeben, mir das zu Eigen zu machen und mich dafür einzusetzen, dass so etwas nicht wieder passiert. Und ich habe das mit großer Zustimmung übernommen, es ist auch ein Schwerpunkt meiner Arbeit als Journalistin.

Ich war Vaters und Großvaters Kind. Mein Vater war sehr wenig zu Hause, weil damals Redakteure geschuftet haben wie blöd. Er ging morgens um 8.30 Uhr aus dem Haus und ist nachts um 23 Uhr heimgekommen. Und wenn er Nachtdienst hatte, kam er nachts um zwei heim und war am nächsten Morgen wieder um 8.30 Uhr aus dem Haus, keine freien Tage und ständig Sonntagsdienst und so weiter. Von daher war er wenig da, es war immer etwas ganz Besonderes, wenn mein Vater zu Hause war. Mein Opa war sehr viel da und er war für mich ganz wichtig. Er war das stabile Element in dieser Familie. Er hat zwar auch noch gearbeitet bis Ende der 50er Jahre, aber bei uns im Ort. Er war bei den Lech-Elektrizitätswerken und auf seinem Altersposten sozusagen betreute er das, was man heute einen Showroom nennt. Da standen diese ganzen tollen, neuen Elektrogeräte, die es in den 50er Jahren gab, und wenn Kunden kamen, hat mein Opa ihnen erklärt, wie sie funktionieren. Und ich habe ganze Nachmittage bei ihm in diesem Raum verbracht, da meine Hausaufgaben gemacht und habe mir immer gewünscht, es wäre doch eigentlich schöner, wenn er eine Bäckerei oder einen Lebensmittelladen hätte, da könnte man verkaufen spielen.

Mein Vater gehörte zu der Generation von Männern, die nie eine richtige Bildung bekommen haben. Er hat mit 16 das so genannte Notabitur gemacht und konnte das, was ihm fehlte, nie mehr aufholen. Er hat dann zwar studiert, aber auch nicht zu Ende, weil er Geld verdienen musste. Und das sehe ich bei vielen dieser Männer, die heute zwischen 70 und 85 sind, dass die einen regelrechten Bildungshunger haben. Ein älterer Freund hat mir das eindrücklich geschildert, wie er sich immer noch als einen ungebildeten Menschen begreift, obwohl er mittlerweile so viel gelesen hat, so viele Sprachen gelernt hat, aber er hatte nie eine systematische Schulbildung abbekommen. Das Problem war, dass diese Männer nie die Zeit hatten, sich systematisch nach und nach etwas zu erarbeiten, sondern dass sie immer gleich auf das Ergebnis gucken mussten – »das brauche ich jetzt dafür und jetzt muss ich ganz schnell das und das lernen«. Den Luxus, den man als Kind und junger Mensch hat, dass man in Ruhe und mit so viel Zeit, wie nötig ist, etwas lernen kann, den hatten sie nicht.

Mein Opa war ein Elektropionier. Er hat in den 20er Jahren das ganze Allgäu elektrifiziert und brauchte selbst immer das Neueste. Was Technik anbelangte, waren wir immer ganz vorne dran. Wir hatten ganz früh eine Waschmaschine und eine Schleuder. Als alle Nachbarn noch ihre Butter in den Keller getragen haben, hatten wir schon einen Kühlschrank. Mein Opa kaufte 1955 den ersten Fernseher, vermutlich den ersten im ganzen Ort. Da hatte man regelmäßig die Nachbarn da, wenn irgendwelche besonderen Filme kamen. Die erste Sendung ›Was bin ich‹ ist mir unvergesslich. Fernsehen war ganz schön bei uns, wir durften eigentlich immer ansehen, was wir wollten. Wir wollten aber gar nicht so viel. Am Samstagabend hat sich die ganze Familie vor dem Fernseher versammelt und irgendetwas angeguckt, das war immer sehr gemütlich. Und wenn wir Kinder müde waren, hat mein Vater uns ein so genanntes Fernsehbett gebaut: eine Matratze auf den Boden und Kissen und Decken, so dass wir es ganz gemütlich hatten. Mein Opa saß dabei auf dem Ofen, weil ihm, als er alt wurde, immer kalt war. Das war sehr gemütlich.

Für Melonen gibt es Spezialgabeln, deren äußerste Zinke an der Kante messerscharf geschliffen sind. Sofern solche nicht vorhanden sind, werden Kaffeelöffel verwendet. Auf einem entsprechend kleinen Täßchen wird separat Staubzucker dazugegeben. Die Frucht wird in dünne Schnitten zerteilt mit der Schale serviert. Man befreit die Scheiben von den Kernen und verzehrt das Fleisch unter stetem nachzuckern.

Fritz Beck, ›Der gute Ton für meine Tochter. Ein Anstandsbrevier für die junge Dame‹, 1960

Telefon hatten wir natürlich auch als Erste und Einzige in der ganzen Straße. Und weil mein Opa ein Elektriker war, hat er natürlich immer unter Strom gearbeitet. Meine Mutter hat Todesängste ausgestanden, wenn er irgendetwas repariert hat und keine Sicherung rausgedreht war. Mein Bruder erzählt heute noch, wie mein Opa ihm beigebracht hat, wie man testet, ob man einen Schlag bekommt: einatmen, Luft anhalten und hinfassen. Da war er vier oder fünf Jahre alt.

Verprügelt wurden wir nicht bis auf wenige Ausnahmen, aber es gab Grundsätze. Ich kann mich erinnern, dass ich den Hintern einmal versohlt bekam, als ich in der Grundschule geklaut habe. Das war etwas ganz Schlimmes. Man hatte damals große Angst davor, aus dem Rahmen zu fallen und abzurutschen. Wenn ein kleines Kind klaute, da war das schon eine Bedrohung, dass man den anständigen, gutbürgerlichen Pfad verlässt. Und mein Bruder hat einmal richtige Watschen gekriegt, als er abgehauen ist, so wurde das genannt. Er ist einfach selbstständig spazieren gegangen und hat seine Tour gemacht in dieser Kleinstadt. Aber das war so schlimm, dass er dafür eine Ohrfeige bekam.

Ein enges Familienbewusstsein war sehr stark ausgeprägt. Das erkläre ich mir heute als eine Reaktion auf die Nazi-Zeit, wo man Angst hatte vor den anderen oder wo man sich hinterher auch geschämt hat dafür, dass man sich – wie im Falle meines Vaters und seiner Eltern – für die Nazis engagiert hatte. Da wollte man nach außen möglichst nicht mehr in Erscheinung treten. Und die Konsequenz war dann, als Familie ganz fest zusammenzuhalten. Die Generation meiner Eltern, so erlebe ich auch andere Familien, hat eine große Last mit sich rumgeschleppt, Scham und Angst, die mit dem Krieg zu tun hatten und Angst vor der Welt draußen, vor dem Fremden. Und auch als die Amerikaner kamen, wollten sie ihre Familien hermetisch abgeschlossen halten.

Bei uns war es strikt verboten, sich selbstständig zu machen von der Familie. Da wurde eben mein kleiner sechsjähriger Bruder für die Tatsache, dass er die Welt erkunden wollte, bestraft. Später, als wir Jugendliche waren, war es ein Drama erster Güte, wenn wir verreisen wollten. Es wurde einfach unterbunden mit allen Tricks. Ich bin mit 19 das erste Mal mit meinem Freund zum Skilaufen gefahren. Und das habe ich auch nur geschafft, indem ich Freunde meiner Eltern eingespannt habe. Die mussten meinen Eltern klar machen, dass ich das unbedingt will, das hätte ich alleine nicht durchgekriegt.

Natürlich hatten die Eltern damals auch Angst um die Tugend ihrer Tochter, aber das stand gar nicht so im Vordergrund. Es war eine tiefe Grundüberzeugung und speziell meines Vaters Störung, eine tiefe Angst, dass die Welt außerhalb der Familie schlecht ist und böse und dass einem das Furchtbarste passieren kann. Wir durften zum Beispiel nicht Rad fahren, wir mussten Tricks anwenden, um mit dem Rad mal hierhin oder dorthin fahren zu dürfen. Ich habe nur ein Fahrrad bekommen, weil mein Opa mir eins geschenkt hat, und mein Bruder ebenso, von meinem Vater hätten wir nie eins gekriegt. Natürlich bin ich auch in die Stadt getrampt, weil damals die Verkehrsverbindung so schlecht war, aber das war alles ganz streng verboten, und wenn meine Mutter das gewusst hat, dann musste sie uns vor meinem Vater abschirmen, dass er das bloß nicht mitkriegte, weil alle wussten, der kriegt gleich einen Herzinfarkt. Es war klar, das dürfen wir ihm nicht antun.

Unsere Familiensituation war einerseits ein warmes Nest, andererseits war das auch eine extrem beengende Konstellation. Es war alles sehr warm und fürsorglich, aber es waren auch heftige Belastungen, die man als Kind erlebte. In dem nicht großen Haus meiner Großeltern lebten, als ich klein war, meine Großeltern, meine Eltern, mein Bruder und ich, und da lebten zunächst die ersten Jahre noch meine Urgroßmutter und eine Tante, die ein bisschen ein Fremdkörper war. Zunächst wohnte sie zusammen mit ihrem Mann und dann allein, nachdem sie sich hatte scheiden lassen. In dieser Gedrängtheit entstanden sehr viele Konflikte. Zwischen der Tante und ihren Eltern, zwischen ihr und ihrem Bruder und dazu meine Mutter mit ihrer Musik und ihrem kulturellen Streben, die sich in diesem kleinbürgerlichen Häuschen in der Kleinstadt ein bisschen eingesperrt fühlte. Und die angespannten Versuche meines Vaters, erst Arbeit zu finden und dann sich zu beweisen in diesem neuen Beruf. Das war ein Herd für Spannungen. Man konnte auch nicht raus aus der Familie. Damals schickte man Kinder nicht in den Kindergarten, man war ja immer daheim. Einerseits war es schön, weil man nicht so einen Stress hatte wie die Frauen heute, aber andererseits hätte ich mir als Kind gewünscht, in den Kindergarten zu dürfen, raus aus dem Haus.

Meine Mutter wäre auch gerne ein bisschen ausgebrochen aus dieser Enge bei uns zu Hause. Ich muss ungefähr vier gewesen sein, da haben sich meine Eltern heftig gestritten. Darauf hat meine Mutter uns zwei Kinder gepackt und ist von Buchloe nach Augsburg zu ihrer Schwester gefahren, die dort Lehrerin war. Und ich wollte meiner Mutter so gern helfen, war übereifrig als »große« Tochter, so dass ich in Augsburg fast in ein Auto gerannt wäre. Dadurch war meiner Mutter schlagartig der Schneid abgekauft und sie hat sich abends widerspruchslos von meinem Vater abholen lassen.

Es blieb manches auf der Strecke, was wichtig gewesen wäre. Mein Vater muss sich als junger 17-, 18-jähriger Kerl sehr gefürchtet haben, obwohl er nur beim Arbeitsdienst und nur zur Ausbildung bei den Gebirgsjägern war. Ich habe vor einiger Zeit Briefe gefunden, die er nach dem Krieg meiner Mutter geschrieben hatte, in denen sehr deutlich wurde, dass er den Zusammenbruch seiner Weltanschauung offenbar als etwas fundamental Zerstörerisches erlebt hat. Die Bearbeitung dieser Ängste blieb auf der Strecke.

Was auch auf der Strecke blieb, war, dass es irgendwie locker sein kann oder dass man jeden so akzeptiert, wie er ist. Dass also nicht alle nach dem gleichen Muster funktionieren müssen. Zum Beispiel war die Tante, die Schwester meines Vaters, der volle Gegenentwurf zu meinen Eltern und auch zu meinen Großeltern. Die Großeltern waren ganz biedere, kleinbürgerliche Leute in einer Kleinstadt, die gern gut gegessen haben, die stolz waren auf ihr Haus und ihren schönen Garten und die eigentlich ein ganz gemütliches Leben geführt haben. Meine Mutter war Künstlerin, und obwohl sie zwei kleine Kinder hatte, hoffte sie immer, dass sie eine Musikerkarriere machen könnte, und mein Vater war dieser doch von Ängsten belastete, aber sehr stark aufstiegsorientierte Mensch.

Diese Tante war anders als meine Eltern, sie liebte Abenteuer und Amüsement. Sie arbeitete als Sekretärin, hat aber nicht so gern gearbeitet, hat immer mal wieder aufgehört und hing zu Hause herum. Aber sie fuhr gern nach München zum Tanztee im Bayerischen Hof oder um bei Beck am Rathauseck einzukaufen. Dann brachte sie irgendwelche tollen Männer mit heim, worüber alle in der Familie die Hände über dem Kopf zusammenschlugen. Ich fand die als Kind ganz toll. Oder sie ließ sich 1954/55 von irgendwelchen Männern zu den ersten Italienurlauben einladen, nach Rimini oder zum Skifahren nach Garmisch. Das fand ich als Kind sehr faszinierend. Sie trug Sachen, die alle ein Stück frivoler waren als die meiner Mutter. Sie war einfach das totale Gegenprogramm. Meine Mutter war elegant, sehr seriös, auch als sie älter wurde, mädchenhaft seriös. Sie war sehr schön, hatte wunderbare lange schwarze Locken, konnte sich sehr gut in Szene setzen und war auch kokett. Sie hat es sehr wohl genossen, wenn man das registriert hat, aber war doch seriös. Die Tante war so bissel aufgebrezelt, wie man auf bayerisch sagt.

Sibylle, das Modejournal, DDR 1956

Für mich waren die 50er Jahre eine Zeit der schönen Dinge. Weil das den Erwachsenen so wichtig war nach der Kriegszeit, wo sie sich gar nichts leisten konnten, wo es nichts mehr gab, haben sie mit großer Hingabe auf ihre Möbel, ihre Kleider, ihre Autos geachtet. Und die durch das Auto bewirkte Mobilität habe ich selber erfahren als etwas Lustvolles, weil es meine Eltern einfach toll fanden, zuerst auf dem Motorroller und dann später mit dem Auto einfach losfahren zu können. Mein Vater war nie ein großer Abenteurer, weil er immer zu ängstlich war, aber diese Tagesausflüge, die wir regelmäßig machten, haben ihm sehr gut gefallen.

Später, als mein Bruder und ich größer waren und auch mehr Musik gemacht haben, fanden bei uns ganz viele Hauskonzerte statt. Wir durften zwar nicht wegfahren, aber wir durften alle mitbringen, Schulfreunde und Freunde, und speziell solche, die Musik gemacht haben. Wir haben miteinander Musik gemacht und meine Mutter hat unglaubliche Mengen Gulaschsuppe hergerichtet und Rotwein – bei uns war die Getränkelogistik immer perfekt. Journalisten haben zu dieser Zeit noch ordentlich gebechert. Oft waren bei uns abends 20, manchmal 40 Leute, öfter einmal die Stärke von einem guten Kammerorchester, und man hat zuerst miteinander musiziert und dann wurde gegessen und getrunken bis nachts um zwei oder drei. Da waren mein Vater und meine Mutter gerne dabei. Das fand ich schön, es war eine entspannte und heitere Atmosphäre, und ich war als junges Mädchen stolz auf meine Eltern, denn das hatten andere Familien so nicht.

Die französische Linie für die elegante Frau

Die 50er Jahre aber waren, so wie ich sie in Erinnerung habe, auch eine Zeit dieser unter den Teppich gekehrten Konflikte, Probleme und Ängste. Je älter ich werde, desto mehr wird es mir bewusst, was die alle mit sich herumgeschleppt haben in der Zeit. Dieses unbewältigte Kriegsende, dieses unbewältigte Scheitern des Projekts Drittes Reich, was mein Vater und seine Eltern als sehr ambivalent erlebt haben müssen. Meine Großeltern waren auf der Gewinnerseite gewesen, die haben an der von den Nazis geschaffenen Modernität teilnehmen können. Sie haben, da mein Großvater so einen Fortschrittsberuf hatte, davon profitiert. Sie galten etwas in diesem Ort, sie haben nie Armut erlebt, keinen Schrecken erlebt, auch weil Buchloe nie bombardiert wurde.

Aber dann kam dieser abrupte Zusammenbruch, diese Zäsur und dieses in sich versinkende Schweigen, als alle nicht darüber geredet haben und man das einfach so mit sich herumgeschleppt hat. Das habe ich als kleines Kind – wie kleine Kinder solche Stimmungen außerordentlich intensiv wahrnehmen – besonders deutlich aufgesaugt. Ich habe heute noch Träume, in denen ich von der Kindheit in dieser Familie träume. Dass ich im Dschungel bin, einem vollkommen unentwirrbaren dunklen Dschungel, durch den ich mich als kleines Kind wie mit einer Machete durchschlagen muss, aber ich weiß, ich bin vollkommen chancenlos. Ich kann diesen Wirrwarr und dieses dumpfe Dunkle überhaupt nicht lichten. Aber ich habe den Auftrag.

Ich bin einer der vielen Menschen meiner Altersgruppe, die eine Psychotherapie gemacht haben. Es ist kein Zufall, dass von meiner Generation so viele auf der Couch gelandet sind, aus Not oder auch aus dem Wunsch, so nicht mehr weiterleben zu wollen mit diesen vielen unklaren Dingen. Wir haben das alles als Kinder dieser Elterngeneration einfach draufgepackt bekommen. Man muß ihnen zugute halten, sie hatten keine Hilfe, um das zu bewältigen. Sie mussten nach vorne, sie wollten auch nach vorne. Sie wollten es abgeben, da gibt man es halt den Kindern. Nicht als bewusste Entscheidung, aber als Ausweg, als unbewussten Ausweg aus dem Dilemma. Und das ist eine ganz deutliche Eigenschaft dieser 50er Jahre, etwas ganz Ambivalentes. Einerseits das Schöne, Neue, der Aufbruch, das Weiten des Horizontes und auf der anderen Seite diese Verstrickung in die zwölf Jahre Vergangenheit.

BRUNO RIEDEL
Geboren 1943 in Plauen

Raus aus diesem Land, aus dieser Enge

Meine Mutter habe ich versorgend erlebt, einerseits, und auf der anderen Seite war sie immer überfordert und dann waren wir auch sehr schnell – was man in der Theorie Paternalisierung nennt – für meine Mutter verantwortlich. Wir passten auf, dass wir nicht zu viel Stress machten, gaben Obacht und nahmen Rücksicht. Sonntags zu sagen, ich habe keine Lust, mich ordentlich anzuziehen und spazieren zu gehen, das war undenkbar.

Bei einem Vater hätte ich mir das so vorgestellt, dass der sagt, das will ich so und du machst das. Dagegen hätte man kämpfen können. Aber so eine arme Frau, vom Leben geschunden, nervlich immer überfordert, tendenziell verzweifelt, magenkrank. Wie soll man bei so jemandem nein sagen? Das kann man nicht. Es war so, dass man möglichst keinen Stress machte, dass man sich anpasste, unauffällig war, damit bloß nicht jemand wieder krank werden könnte.

Das erste Mal hatte meine Mutter eine Magenkolik in diesem Haus in der Schmiede, 1947. Mitten in der Nacht war das, als ich meinte, sie stirbt. Für ein Kind der blanke Albtraum, und das hatte sie dann öfter. Ein wesentlicher Teil ihres Lebens verlief völlig anders, als sie es erwartet hatte. Plötzlich stand sie mit 30 mit drei kleinen Kindern in einem völlig kaputten Land und kämpfte nur ums Überleben. Sie konnte nicht als junge Frau schön sein, es gab für sie keine jungen Männer – wenn es die überhaupt gegeben hätte, dann hätte sie auch nichts mit ihnen anfangen dürfen. Sie hätte gerne noch einmal eine Beziehung gehabt und hatte auch irgendwann, als ich ungefähr zehn war, einen Mann kennen gelernt, aber das funktionierte nicht. Er war einer der wenigen Männer, die den Krieg überlebt hatten und die im richtigen Alter waren. Die konnten sich die Frauen noch aussuchen. Das war eine spannende Angelegenheit, aber ich hätte natürlich Schwierigkeiten gehabt, mit zehn noch einen neuen Vater zu kriegen.

In der zweiten Hälfte der 50er Jahre tauchte dann die Idee auf, dass es nicht unbedingt katholische Jugend sein muss – ich war vorher bei den Ministranten gewesen, was eine sehr biedere Art von Jugendarbeit war. Man traf sich einmal pro Woche zu einer Gruppenstunde und machte Spiele. Das war nicht falsch, eher uninteressant. Ich wäre dann gerne zum Alpenverein gegangen, weil dort Jungen und Mädchen zusammen waren. Aber mit dem Alpenverein, das wurde nichts, was vermutlich mit meiner Mutter zu tun hatte. Sie konnte mit Bergen nichts anfangen und die Leute, die beim Alpenverein waren, empfand sie als »Prols«. Meine Mutter legte großen Wert auf einen bürgerlichen Hintergrund. Nachdem sie ganz unten auf der sozialen Leiter gelandet war, legte sie immer Wert darauf zu zeigen, dass sie eigentlich etwas Besseres war.

Bei den katholischen Pfadfindern waren dann wieder nur Jungen. Trotzdem war das eine große Veränderung, es kam etwas Neues hinzu. Man konnte selbst aktiv werden, da war Selbstorganisation gefragt. Nicht Erwachsene organisierten etwas, sondern man musste das selbst machen. Man fuhr zum Zelten ohne Erwachsene, und dann war man bei jedem Wetter draußen und probierte, ob man ein Feuer anmachen konnte. Das gab mir die Chance, etwas selbstständig zu machen. Und was ganz wichtig war, es war ein Bereich, wo das Establishment aus dem Ort nicht reinredete. Das fand ich sehr spannend. Der Pfarrer war furchtbar dagegen, weil ihm das zu modern war.

Im Gymnasium schließlich war der Stil völlig anders. Die Volksschule war eher eine Brutal-Schule gewesen. Mit einem Mal hatten wir gebildetere Lehrer. In der fünften, sechsten Klasse – also nach der heutigen Rechnung in der neunten und zehnten Klasse – tauchte dann zum ersten Mal das Thema Nazi auf. Es gab zeithistorischen Unterricht und wir merkten, dass alle bei den Nazis gewesen waren. Die Lehrer legitimierten das auch, dass alle nur Mitläufer gewesen seien und dass man nicht anders konnte und weiß Gott was. Sie haben aber einen sehr neutralen Unterricht gehalten, haben uns nicht ideologisch indoktriniert, davon sind wir verschont geblieben.

Es gab einen wirklich erstklassigen Deutsch-Lehrer für politischen Unterricht oder Sozialkunde. Der war im Krieg gewesen, hatte ihn einigermaßen überstanden und hatte eine Art konservativ-intellektuelles Dasein entwickelt, den fand ich sehr eindrucksvoll. Das war ein sehr positives Männer-Vorbild. Für mich war prägend, dass er systematisch nachgedacht hat und historisch einordnete. Er hat mit uns, als ich 15 war, zum Beispiel das Kommunistische Manifest von Marx gelesen. Nicht, dass er auch nur im Entferntesten angehaucht gewesen wäre, Kommunist zu sein, aber er hat mit uns solche Sachen gelesen und diskutiert. Wir haben so gemerkt, man muss nicht immer nur alles wiederholen, nur reproduzieren oder auswendig lernen, sondern man kann sich geistig mit etwas auseinandersetzen. Ende der 50er Jahre war die Zeit, als ich versucht habe, aus Deutschland raus zu kommen. Ich weiß nicht, ob ich es bis dahin verstanden hatte, dass Deutschland einfach ein Scheißland war und eine Scheißgeschichte hatte und dass da unendlich viel daneben gegangen sein musste. Vielleicht habe ich auch ein Stückweit durch diesen politischen oder zeithistorischen Unterricht etwas kapiert. Mit 15 bin ich mit einem Freund nach Rom getrampt. Einfach raus aus diesem Land, raus aus dieser Enge.

Ich habe mich in diesem altbayrischen Ort auf der einen Seite sehr wohl gefühlt, auf der anderen Seite war es furchtbar eng und ich kannte alle diese »Arschlöcher«, die einen nach dem Krieg hätten verhungern lassen, wenn sie die Möglichkeit dazu gehabt hätten. Diese ganzen moralisch verwahrlosten Leute, die jetzt natürlich alle wieder dabei waren, die nie über die Nazizeit redeten. Ich wollte raus. Mir war wichtig, ins Ausland zu fahren, nach Italien, Frankreich, England. Das war für mich ein Aha-Erlebnis, dass die Welt einfach wesentlich größer ist, etwas völlig anderes ist, dass Sprachen nicht das sind, was man in der Schule lernt.

Der Kontakt mit Mädchen war ja damals nicht zustande gekommen, als ich zum Alpenverein wollte, und war in diesem katholischen Bereich überhaupt nicht leicht zu bekommen, weil auch die Gymnasien nach Jungen und Mädchen getrennt waren. Die bayerische Schulpolitik hatte da eine sehr eigenwillige Art, nur ja keine Alltagserfahrung mit dem anderen Geschlecht zuzulassen. Möglichst rigorose Geschlechtertrennung, keine Erfahrungen machen, abgrenzen, soziale Kontrolle über Kirchen oder was auch immer. Auf dem Land aufgewachsen, hatte ich nicht kapiert, dass sich die Kultur damals schon geändert hatte: Ich bin in Lederhosen in die Oberstufe des Gymnasiums nach München gefahren und wusste nicht, warum ich als Depp galt. Ich habe eine Zeitlang gebraucht, bis ich kapiert habe, dass die Partykeller hatten und Jeans trugen. Ich dagegen wusste, wie man sich ein Bier in einer bayerischen Wirtschaft kauft und wie man in der Kleinstadt beim Fasching tanzt. Aber diesen anderen Stil hatte ich nicht drauf, das war etwas mühsam zu lernen.

Dazu kam, dass ich in extremer Armut aufgewachsen war. Ich fand es immer echt beglückend, genügend zu essen zu haben. Das ist etwas, was man der nächsten Generation gar nicht erklären kann, dass es einfach toll ist, Schuhe an den Füßen zu haben. Also, dass man Schuhe hat, dass man irgendetwas zum Anziehen hat und dass man etwas zum Essen hat, und das Essen fand ich die tollste Angelegenheit. Damit war ich eigentlich bis zum Ende meines ersten Studienabschnitts zufrieden. Mich hat so etwas wie Konsum eher irritiert, das musste ich erst mühsam lernen. Deswegen habe ich die Sache mit dem fehlenden Geld gar nicht so problematisch empfunden. Ich habe sehr schnell mitgekriegt, wie man Geld verdienen kann und habe dieses Geld gespart. Der einzige Luxus, den ich mir geleistet habe, war ein anständiges Fahrrad, ein schickes Sportfahrrad. Sonst habe ich mein Geld gespart und ich wusste nicht recht, wozu man es braucht.

Wenn es am Monatsende nicht reichte bei uns zu Hause und es reichte eigentlich nie, dann konnte meine Mutter auf Geld von uns Kindern zurückgreifen, das wir verdient hatten. Die Sparkassen der Kinder waren das Reservegeld in der Zeit, als meine Mutter selbstständig gearbeitet hat. Sie hat das sehr konsequent getrennt und hat es immer zurückgegeben. Vielleicht war es auch so positiv besetzt, dass ich das Geld nicht ausgegeben habe, weil das die Sicherheit war, dass es am Monatsende etwas zu essen geben konnte. Das war wirklich riskant, bis in den Anfang der 60er Jahre hinein, dass das nicht wirklich funktionierte. Man hätte irgendwann nicht mehr verhungern können, aber diese Kartoffeln mit Quark, die es dann immer und ständig gab und nichts anderes. Der Luxus war ein bisschen Butter dazu. Aber es hat mir nichts ausgemacht, und die Mehrzahl der Kinder um mich herum hatte die gleiche Erfahrung wie ich.

»Im Juni 1954 wurden Hausfrauen befragt, ob ihnen jemand bei der Hausarbeit helfe, worauf zwei Drittel mit ›Nein‹ antworteten. Nur 23 Prozent bekamen Unterstützung von einem Familienangehörigen.«

Allensbach Jahrbuch 1956

Wenn man heute in dieser Armut leben müsste, würde man rausfallen aus dem sozialen Raster. Damals war das einfach normal. Und für die Generation vor uns war es fast ein Teil ihrer Identität gewesen. Meine Mutter hatte die Nachkriegszeit des Ersten Weltkriegs in extremer Armut und im Flüchtlingslager mitgemacht und das Gleiche dann noch einmal nach dem zweiten Krieg, so dass sie es eigentlich fast nicht anders kannte – mit Ausnahme der kurzen Zeit, als die Nazis den Aufstieg für die jungen Leute möglich gemacht haben. Da war sie plötzlich jemand, aber vorher nix gewesen, nachher nix gewesen. Von daher konnten sie und ihre Generation nur eines: sparen, sparen, sparen.

Ab Ende der 60er Jahre kam meine Mutter dann ganz gut mit ihrem Geld zurecht. Mein Vater hatte nicht schlecht verdient und es gab einen Schadensausgleich zu den Renten. Da wurde hochgerechnet, was der Gefallene oder Vermisste bekommen hätte, wenn er sozusagen seinen Beruf weitergemacht hätte. So bekam meine Mutter eigentlich eine ganz gute Versorgung. Sie hatte sich irgendwann auch damit arrangiert, dass sie alleine lebte. Das war ein gängiges Lebensmodell für Frauen der Generation meiner Mutter.

Sparen, Geld nicht auszugeben, war für mich kein Problem. Dazu kam die Ideologie, dass es Kindern in Afrika viel schlechter ging als uns. Ich habe das auch geglaubt und wir haben unsere Zehnerle gespendet für diese armen Negerkinder in der Heidenmission. Dass man eigentlich unter unserem Niveau nicht leben kann, das wusste ich nicht. Man hat uns diese Ideologie beigebracht, »es gibt Kinder, denen es noch viel schlechter geht als euch und spart doch noch für diese armen Kinder und ihr habt dankbar zu sein«.

Ich musste Konsum erst lernen. Und das ging ziemlich schmerzhaft vor sich, indem ich mitkriegte, dass die anderen in München in der Oberstufe aufwändige Partys feierten, für die man bestimmte Klamotten brauchte. Dieses Klamottenthema war schwierig, ich hätte zwar meine eigenen Ersparnisse gehabt, aber Kleidung, Klamotten hatte ich gar nicht im Kopf. Wir lebten ja nach dem Sozialhilfemodell: Ich bekam eine Halbwaisenrente durch meinen Vater, eine Grundfinanzierung sozusagen. Aber die reichte von hinten bis vorne nicht. Man bekam bestimmte Zulagen, im Winter für Kohlen, und eine bestimmte Grundausstattung, Anziehsachen und Schulbücher wurden bezahlt. So hatte ich immer ausreichend Schulbücher und auch ausreichend zum Anziehen, aber auf dem allerbilligsten Niveau. Man musste mit der Quittung zum Sozialamt nach Ebersberg gehen und dort wurde das sehr genau angeschaut. Irgendwann in der Oberstufe habe ich dann kapiert, dass das, was ich anhatte, das Allerletzte war, unter aller Kanone. Aber ich wusste überhaupt nicht, wie ich zu Klamotten kommen konnte. Ich hatte einfach keine Ahnung, wie das geht. Wir haben die Sachen zwar auch im Laden gekauft, aber bei uns im Ort, und die haben immer nur Leute wie mich ausgestattet, entweder irgendwelche Bauern, die sowieso nichts ausgegeben haben, oder Frauen. Das einzig Modische, was es da gab, war für Frauen. Jeans oder so etwas, die gab es da draußen einfach nicht.

Ich habe dann Abitur gemacht und anschließend in München studiert, danach promoviert. Meine Bildung war die einzige Alternative, die ich hatte. Ich hatte keinen akademischen Hintergrund in meiner Familie. Mein Bruder und ich waren die Ersten, die in der Familie Abitur gemacht haben, die ersten mit einem Studium. Für Geld einbringende Unternehmen gab es keine Erfahrung in meiner Familie und auch kein Startgeld. Bildung war das, was blieb, und meine Chance. 1966 bis 1969 habe ich promoviert, während der »Kulturrevolution«, bei der ich dann aktiv und bewusst mitgemacht habe. In dieser Protestzeit habe ich das Muster, nur keine Aufmerksamkeit auf mich zu ziehen, abgelegt und die Auseinandersetzung in der Öffentlichkeit gesucht. Mir war klar, ich gehe nicht zur Bundeswehr, und ich habe mich auch geweigert, den Ersatzdienst zu machen. Ich habe damals ein bisschen Hirn anwenden müssen, weil es mir juristisch nicht gelungen wäre, aber mit ein paar Tricks ging das schon.

Ich stand in einer Grundsatzopposition zur Bundeswehr. Sie war für mich ein Gemenge des reaktionären Adenauerdeutschlands, der Ideologie, dass sich junge Männer für ihr Vaterland verheizen lassen müssen, Strauß als Rüstungsminister und seine Korruptionspolitik. Ich hatte hautnah das Elend des Kriegsendes und der Nachkriegszeit erlebt. Der sinnlos umgekommene und verschollene Vater. Mir konnte doch keiner erzählen, dass auf einmal alles anders war.

Das war auch meine Argumentation bei dem Kriegsdienstverweigerungsausschuss, bei der Gewissensprüfung. Da war ich 20 und ich merkte, dass die meine Argumentation nicht als Gewissensangelegenheit ansahen. Ich wusste, da musste noch ein Widerhaken her und das war der vermisste Vater. Das waren lauter ehemalige Wehrmachtsoffiziere, und sie wussten, wenn sie jetzt stur bleiben, dann stelle ich ihnen die Frage, warum sie denn zurückgekommen waren. Denn das war die eigentliche Schande dieser ehemaligen Wehrmachtsoffiziere. Nicht, dass sie im Krieg mitgemacht hatten, sondern dass sie ihn überlebt hatten, während alle anderen nicht zurückgekommen waren. Das war ihr wunder Punkt, ihr Heldendilemma. Die haben mich dann schnell durchgewunken.

Für mich war wichtig, wegfahren zu können, diese Träume, ins Ausland fahren, wirklich weg, das war für mich wichtig. Meine erste Auslandserfahrung war nach Kiefersfelden zu fahren. Auf der österreichischen Seite liegt Kufstein. Da kam man aber nicht rüber als Deutscher, man kam nicht nach Österreich. Kufstein war US-Bereich und wir hätten ein Visum gebraucht. Wir fanden das aber doch ganz spannend und hoch international als Kinder, uns an den Schlagbaum zu stellen und die Füße nach Österreich zu strecken.

Es war ausgesprochen kompliziert, überhaupt ins Ausland zu kommen. Finanzieren konnte ich es ja nicht, irgendwie musste man da verköstigt werden und übernachten. Und das ging in dem Nachkriegs-Europa über katholische Verbindungen. Ende der 50er Jahre war das, 1957/58, als ich das erste Mal nach Italien getrampt bin. Ein Jahr später habe ich vier Wochen in der Bretagne in einer Ferienkolonie gearbeitet als Hilfs-Irgendwas in einem winzigen Kaff und die waren alle reizend zu mir. Das waren ganz positive Erfahrungen.

Ich war dort bei einem Arzt, der auch Bürgermeister war, und der erzählte mir eine ganz witzige Geschichte, als er deutsche Offiziere bedienen musste. Er hatte sehr konkret die Besatzer erlebt – und er amüsierte sich über diese Offiziere, weil sie zu irgendeinem dunklen Fleisch, einem Wild, Weißwein haben wollten, wo ein Franzose nur einen Rotwein trinkt. Irgendeinem von den Jungen habe ich einen Tritt in den Hintern gegeben und der beschimpfte mich zu Recht als »boche«. Er hätte, wenn er ein Deutscher gewesen wäre, wohl Arschloch zu mir gesagt.

Die Italiener und Franzosen waren sozial integrativ, was ich heute schwer nachvollziehen kann, denn sie hatten alle die SS erlebt. Dort waren die deutschen Panzerverbände durchgezogen und hatten sich allerübelst aufgeführt und da tauchte man als 15-, 16-, 17-Jähriger auf und sie waren einfach nett zu einem. Und tolerant. Ich wusste zum Beispiel nicht, dass man in Frankreich in einer Menüfolge isst, das gab es bei uns nicht. Bei uns gab es eine Suppe und sowieso alles auf einem Teller und vielleicht noch mal Nachtisch, das war dann ein Sonntagsmenü. Dort gab es mehrere Gänge, und ich fand die Vorspeise schon toll und dachte, hungrig, wie ich war, das muss ich jetzt mindestens noch einmal kriegen, damit ich satt werde. Die haben mir so viel von der Vorspeise gegeben, dass ich auch als hungriger 16-Jähriger satt wurde und dann kam der nächste Gang und der nächste.

Ich habe das sehr positiv in Erinnerung, dass die zu diesem Halbwüchsigen, diesem Barbaren, der aus Deutschland kam und fraß wie ein Schwein und überhaupt keine Tischmanieren hatte – ich kannte zwar Messer und Gabel, aber die Reihenfolge, zu welchem Gang man welches benutzt, kannte ich nicht –, nett waren und sie waren nett zu mir. Es war damals auch in Frankreich keine reiche Zeit, Ende der 50er Jahre rechneten die auch mit allem. Aber sie waren großzügig. Das war bei den bayerischen Bauern völlig undenkbar. Diesen kleinlichen Geist, vermischt mit Hass, wie ich das bei den bayerischen Bauern wahrgenommen hatte, man frisst sich selber voll, aber gibt auch nicht ein Stückchen Käse an irgend jemand anderen weiter, das hatten die nicht.

Ich mache das heute noch, dieses Raus-aus-Deutschland, indem ich wissenschaftlich in internationalen Zusammenhängen arbeite. Das hat sich seit damals gehalten. Ich habe mir gesagt, ich muss es anders machen, das darf nicht nur deutsch sein, es darf nicht nur in der deutschen Sprache laufen. Dieses deutsche Grau muss man zivilisieren. Man darf es nicht ausgrenzen – das habe ich durch langes Nachdenken kapiert, das ist einfach ein Teil von uns, aber man muss es zivilisieren. Man muss es einbinden und das funktioniert auch gut. Das ist ein Weg, wie ich für mich so ein Stück weit Frieden mit dieser deutschen Identität schaffen kann.

samstags gehört Vati mir
1. MAI
DEUTSCHER GEWERKSCHAFTSBUND
Druck: Graphische Gesellschaft Grunewald, G.m.b.H., Berlin-Grunew

Rollenverteilung in der Ehe

1946 lag, wie ein Kolumnist titelte, »das Schicksal Deutschlands in den Händen seiner Frauen«. Gemeint hatte er die rauen Hände der Überlebenden, der Alleinversorgerinnen und Trümmerfrauen. Nur wenige Jahre später lächelten von den Plakatwänden und den Seiten der Illustrierten hübsche Frauengesichter, denen man nicht mehr zutrauen wollte, auch nur einen Hammer in die Hand zu nehmen, ohne ihn fallen zu lassen. Das Leitbild der tüchtigen Kameradin, die in Notzeiten ihren Mann stehen konnte, hatte ganz schnell ausgedient. En vogue war nun die adrette, die wohlanständige und allmählich die elegante Frau. Überraschend viele Frauen vollzogen geradezu eine Kehrtwendung – von der selbstständigen Frau als Ernährerin und Oberhaupt der Familie, die an den Herausforderungen und Schicksalsschlägen um sie herum geradezu über sich hinausgewachsen war, zurück in die Frauchen-Rolle, die den Mann als Leittier akzeptierte, die angebotene Schulter zum Anlehnen gerne annahm und in die zweite Reihe zurücktrat. Diese Frauen haben ihre Macht, ihren Einfluss wieder abgegeben, oft zugunsten des Familienfriedens, aber nicht weniger häufig aus dem Bedürfnis heraus, ihre »eigentliche Rolle«, die der Hausfrau und Mutter, wieder einzunehmen. Gerade die älteren Frauen waren mit diesem Welt- und Selbstbild aufgewachsen und hatten ihre eigenen Abweichungen von dieser Rolle immer nur als unvermeidliche Begleiterscheinungen der Katastrophen vor und nach 1945 empfunden. Das Hausfrauendasein war für sie Normalität, alles andere beunruhigende Ausnahme.

Ihr Aufgabenbereich hatte sich kaum verändert. Die Ehefrau sollte jetzt hübsch aussehen, war aber weiterhin für den gesamten Haushalt und die Kinder zuständig. Sie sollte jeden Tag in kleinen Mengen einkaufen, damit die Nahrungsmittel nicht verdarben, die Milch abkochen, die nicht behandelt war, die Margarine sorgfältig im Steinguttopf mit Glaseinsatz und Wasser kühlen, übriggebliebene Reste aufmerksam verwalten und bei der nächsten Mahlzeit wieder auftischen – ohne Kühlung verdarb

Plakat zur Kampagne des DGB, 1956

alles zu schnell. Sie sollte die Böden moppen und wischen, die Wäscheberge meistern, sich um die Hausaufgaben der Kinder kümmern und, wenn das Einkommen des männlichen Haushaltsvorstands nicht ausreichte, selbstverständlich auch dazu verdie-

Für Dich wasch' ich perfekt – Wipp-Werbung, frühe 50er

nen. Sie sollte noch abends an der Nähmaschine fröhlich Kinderkleidchen nähen, natürlich für ihren Mann da sein und immer gut gelaunt und gelassen bleiben.

Zwar wurde die Hausarbeit allmählich leichter durch die neuen elektrischen Haushaltsmaschinen – Kühlschrank, Waschmaschine, Staubsauger und all das, von dem Bosch und Bauknecht annahmen, dass es sich Frauen wünschten. Die nahmen der Hausfrau viel Arbeit ab, aber weniger zu tun hatte sie deshalb nicht unbedingt. Der Zeitgeist stellte neue Ansprüche an sie. Die Wäsche sollte weiß und noch weißer sein, ordentlich im Wäscheschrank auf Kante liegen, der natürlich jährlich, halbjährlich, monatlich einmal ausgeräumt, ausgewischt und anschließend wieder ordentlich eingeräumt wurde. Die Sofakissen bekamen einen Knick, das Silber wurde poliert. Die Stufen im Treppenhaus, die wöchentlich im Wechsel zu kehren und zu wischen waren – Kehrwoche! –, sollten so sauber sein wie die Gardinen am Fenster und die weißen Söckchen der Kinder am Sonntag. Der Speiseplan für die Familie sollte auch bei knappsten Verhältnissen abwechslungsreich sein, die Fantasie der Hausfrau war gefragt: Tomaten, halbiert und entkernt, wurden mit Fleischsalat gefüllt, anschließend liebevoll mit Mayonnaisetüpfelchen versehen und bekamen niedliche Namen wie »Marienkäferchen«. Der Gatte und die Kinder liebten vorgefertigte kleine Brote, »Reiterchen« hießen sie in manchen Gegenden: fein säuberlich in Rauten oder Quadrate geschnittene Brotscheiben, beschmiert mit der guten Butter – die Margarinezeiten sollten nun endlich vorbei sein – und belegt mit Käse oder Wurst, natürlich in Rauten oder Quadraten, und garniert mit Gürkchen, den jetzt modernen grünen Oliven oder Eierscheiben. Ein Abendessen für die Familie wurde so zum arbeitsintensiven Liebesbeweis. Das quadratische Pumpernickel und die kleinen glasierten Zwiebelchen und Minigürkchen sind die im Supermarkt noch immer sichtbaren Reste dieser Schnittchenwut.

Falle deinem Gatten nicht lästig mit der Aufzählung deiner Taten und Gebrechen. Hat er einen offenen Blick, sieht er von selbst, ob du dich unwohl fühlst und was du geschafft hast. (...) Wichtig ist jetzt, daß du in aller Stille für dein Kind vorbereitest, was es benötigt, also Windeln, Jäckchen, Hemdchen und Unterlagen.

Daniela Krein, Ratgeber für die junge Frau und Mutter, 1962

Mit wachsendem Wohlstand spielte die Mode wieder eine Rolle. Die Frau sollte natürlich auch gepflegt aussehen, sich nicht gehen lassen und sich möglichst modern kleiden: in der modernen Tulpenlinie von Dior oder im ausgestellten weiten Rock, der so viel Stoff benötigte – wer sich das wieder leisten konnte! Die Blusen wurden gestärkt und gebügelt, alles sollte immer ordentlich und adrett aussehen. Auch die Schürzen der Hausfrauen passten sich den Erforderlichkeiten und der Mode an und damit der jeweiligen Vorstellung von Erotik: Für die schweißtreibende Arbeit am Wäschetrog verbarg sich die Frau noch in der praktischen Kittelschürze. Die wurde zu Beginn des Jahrzehnts abgelöst von der großen Schürze und mit wachsendem Wohlstand wanderten die Rocklänge wie die Schürzenlänge nach oben: Für die leichte Hausarbeit mit Staubsauger und elektrischer Waschmaschine reichte bereits eine kleine Schürze oder die neckische Cocktailschürze. Die Frauen wurden mit wachsenden Anforderungen und Sauberkeitsstandards so sehr beschäftigt, bis ihnen gar keine andere Aufgabe außerhalb ihrer Familie mehr einfiel.

Durch die grüne Heide geht ein Mädchen jung und schön,
und ein junger Jägersmann sieht sie des Weges gehen.
Pflückte schnell ein Röslein rot und zieht den grünen Hut
Und er spricht das Mädchen an, wie es ein Verliebter tut.
Oh Heideröslein, nimm dich in acht,
oh Heideröslein, was der Jäger macht.
Er brach die Rose und gab sie dir,
oh Heideröslein, er will dein Herz dafür!

›Oh Heideröslein!‹
Friedel Hensch und die Cyprys, 1953

Die Paare einte mehr als vor dem Krieg die Tatsache, dass sich beide verantwortlich fühlten für den sozialen Wiederaufstieg der Familie. Zum ersten Mal wurde nicht nur zwischen Arbeiterehepaaren, sondern in gutbürgerlichen Familien der Mittelschicht gemeinsam geplant, Geldsorgen und allgemeine Probleme des täglichen Lebens wurden gemeinsam besprochen. Je niedriger das Einkommen war, desto mehr stieg die Bedeutung der Frau innerhalb der Familie – mit all ihren Fähigkeiten und Kenntnissen der sparsamen Haushaltsführung. Oft, gerade in Familien mit extrem knappem Budget, regelte die Ehefrau die gesamten Geldangelegenheiten der Familie. Im Allgemeinen in Absprache mit ihrem Mann, aber alleinverantwortlich – sie war die Finanzministerin. Natürlich gab es auch den umgekehrten Fall, wo die Lohntüte und die Zuteilung des Haushaltsgeldes zum Herrschaftsinstrument wurde und der Mann sich die Entscheidungsbefugnis für jeden Moment und jede Anschaffung reservierte – ständiger Streit inbegriffen.

Der Frau oblag ein großer Teil der Verantwortung, ob es der Familie gelang, aus dem Gröbsten herauszukommen, möglichst rasch den Umzug in eine eigene Wohnung, vielleicht eine Neubauwohnung und später bald in das eigene Häuschen zu bewerkstelligen. Wenn das einem jungen Paar, einer Familie nicht gelang, dann war mit ihnen nicht viel los. Und mehr noch, die Frau stand schnell im Verdacht, das Geld nicht beieinander halten zu können, nicht ordentlich und sauber zu sein, nicht sparsam genug zu wirtschaften.

Zum Wochen- oder Monatsende hin wurde es eng in vielen Portemonnaies. Dann mussten die Hausfrauen wieder »auf Kreide« kaufen im Lebensmittelladen. Knapp bei Kasse zu sein war damals ein völlig normaler und allgemein üblicher Zustand – aber man sprach nicht darüber. Geld war wichtig wie selten, weil die meisten erstmal zu wenig hatten, aber: »über Geld spricht man nicht.« Man ließ jedoch nicht nur im Tante-Emma-Laden mehr oder weniger verschämt anschreiben. Für außergewöhnliche Anschaffungen griffen immer mehr Menschen zu den bequemen Ratenkäufen, um in bescheidenen Schritten an der bunten Warenwelt teilnehmen zu können. Und bis 1955 war bereits ein Viertel aller Bundesbürger zu Schuldenmachern geworden.

Straßenbahnschaffnerin in Dresden

Familienväter unter Druck

Männer sind in ihrer Rolle als Väter offensichtlich schwer fassbar, weshalb sie bis heute immer wieder Anlass zu feuilletonistischen Kapriolen geben. Wir hatten den Haustyrannen und Patriarchen, den Softie-Papa, Mapi ohne Brüste, Opapi, den Samenspender, den späten Vater, den schwulen Vater, Stiefväter in allen Varianten, den Hausmann und Tagesvater, und den alleinerziehenden Vater. Und keiner scheint heute richtig zu passen. In den 50ern gab es den Vater so wenig wie heute. Es gab die fürsorglichen Väter, die glücklich waren, dass all das Chaos, Krieg und Not ein Ende hatten und neue Zeiten angebrochen waren, in die sie ihre Kinder gerne begleiten wollten. Es gab Väter wie Mütter, die so glücklich über die neuen Freiheiten waren, dass sie kindischer als ihre Kinder von Party zu Party zogen und darüber vergaßen, dass ihr Nachwuchs da nicht mithalten konnte. Es gab die Väter, die sich redlich mühten, ihren Kindern gerecht zu werden, die Männer, die ihre Ehe und Familie als Gemeinschaft in Partnerschaft begriffen. Und es gab die Ehemänner und Väter, die ihre Vergangenheit in den hierarchischen Verbänden Hitlerjugend und Militär nicht verleugnen konnten, bei denen die Prägung zu tief saß.

Der Ur-Mensch schenkt der Frau die Beute, es schenkt den Knirps der Herr von heute.

Knirps-Werbung 1956

Mit zunehmendem Einkommen wurde der Mann, der Vater wieder verstärkt zum Alleinversorger. Die Frauen nahmen den besseren Verdienst ihres Ehemannes häufig zum Anlass, sich aus dem Berufsleben zurückzuziehen, bedeutete doch das Hausfrauendasein im Allgemeinen eine höhere soziale Anerkennung. Das gängige Bild der vollständigen Familie bestand aus dem männlichen Familienvorstand, der im Hintergrund wirkenden Ehefrau und den folgsamen Kindern. Die Familienleitung wurde vorwiegend dem Mann zugesprochen, das hierarchische Gefüge war meist klar. Die Frau wurde zur psychischen Stütze und Betreuerin ihres stark geforderten Mannes. Sie sorgte für Ruhe- und Rückzugszeiten von der Familie und hielt ihm den Rücken frei. Sie war zuständig für die Frühstücksbrote wie die Jacken und Hosen der Kinder und für die Vesper ihres Mannes. Sie versorgte seine Garderobe, sah darauf, dass sie in Ordnung war, putzte die Schuhe und achtete überhaupt darauf, dass lästiger Alltagskram von ihrem Mann ferngehalten wurde. Ihre Interessen mussten zurücktreten – manchmal so weit, bis sie gänzlich vergessen waren.

Aber die permanente Belastung im Beruf, die Angst, den Anforderungen nicht genügen zu können und möglicherweise die Arbeit zu verlieren, führte die Männer oft an den Rand der Überforderung. Das Leben war wieder kein Honigschlecken, kein Spaziergang. Dieses Leben war hart, da wurde einem nichts geschenkt, und je eher man das begriff, desto besser. Dagegen half nur Leistung und Disziplin und Disziplin und Leistung, wo wäre denn Deutschland, wenn … Die Ehefrau ließ ihn reden, sie wusste ja, wo es herkam und wie er es eigentlich meinte. Die Kinder aber nahmen es krumm, hatten wenig von ihren Vätern und beantworteten solche Ergüsse mit Schweigen, Trotz und Auflehnung. Die Diskrepanz zwischen den Generationen wuchs – bis sie sich Ende der 60er Jahre auf zwei sehr weit voneinander entfernten Galaxien gegenüberstanden.

Wie ein roter Faden zieht sich durch die Erzählungen über die 50er Jahre ein Vater, der vor allem abwesend war. Eine französische Untersuchung ergab, dass berufstätige Väter in den 80er Jahren ungefähr sieben Minuten am Tag in direktem Kontakt, Spiel oder Gespräch mit ihren Kindern verbrachten. Man kann ruhig annehmen, dass viele Väter in den 50er Jahren nicht einmal diese kurze Zeit erreichten. Das begann schon bei der Geburt – heute sind 90 von 100 Vätern bei der Geburt ihrer Kinder dabei, in den 50ern war das absolut unüblich und in den Kliniken nicht erwünscht. Der Bereich der Väter war ein anderer: Beruf und Leistung, Erfolg und Sozialprestige. Das brachte Anerkennung und die holte Mann sich außerhalb der Familien. Die Männer trugen die Verantwortung und waren kompetent – und wenn sie es nicht waren, ließen sie es sich möglichst nicht anmerken. Sie fühlten sich fortwährend verpflichtet, überlegen zu sein, vielleicht gerade wegen der erlittenen Niederlage im verlorenen Krieg.

Erst ganz allmählich stellte sich ein partnerschaftlicheres Verhältnis zwischen den Geschlechtern ein, mehrheitlich lebten es die Paare dann aber erst ab den 60er Jahren. Bis die Männer sich zugestehen konnten, dass sie nicht immer überlegen, urteilssicher und tonangebend sein müssen, bis sie sich entspannt zurücklehnen und sich und anderen eingestehen konnten, dass sie etwas nicht wissen, etwas nicht beherrschen, dauerte es noch länger – bis in die 70er, 80er Jahre.

Samstags gehört Vati mir!

Mit zunehmender Normalisierung wurde der Wunsch nach mehr Freizeit wichtiger. Aus der Arbeiterschaft kam allmählich die Forderung nach einem freien Samstag. Allgemein wollten die Industriearbeiter unter der Woche lieber länger arbeiten und dafür den Samstag frei haben, wie Umfragen in den 50ern ergaben. Die Verbesserung von Arbeits- und Lebensbedingungen unter anderem durch die Verkürzung der Arbeitszeiten griffen auch die Gewerkschaften als Thema auf. Legendär wurde die Kampagne aus dem Jahr 1956 um die Fünftagewoche mit nur noch 40 Arbeitsstunden unter dem Motto »Samstags gehört Vati mir!«. Aber die Erfolge ließen noch eine Weile auf sich warten. Die Fünftagewoche kam erst im Jahr 1959 im Steinkohlebergbau und 1965 beschloss die Druckindustrie als Erste die Einführung der 40-Stunden-Woche.

Aber zunächst gab es keine Freizeit und keine Freizeitkleidung, kein Freizeitequipment, wie wir das heute kennen. Die für die Garten- und Hobbypflege notwendigen Artikel wie Rasenmäher, Werkzeugsets und automatische Sägen, die jeden Samstag Horden von Männern in die Baumärkte ziehen, kamen erst mit wachsendem Wohlstand und dem freien Wochenende auf den Markt. Damals nahm die »Do-it-yourself-Welle« ihren Anfang. Äxte erfreuten sich erhöhter Nachfrage und in der ersten Fachzeitschrift »Selbst ist der Mann!« konnte sich der Hobby-Zimmermann Ratschläge von Experten holen. Und dann konnte man auch endlich Spritztouren machen, wenn die Brieftasche es zuließ, Tagesausflüge am Wochenende, anfangs mit dem Moped oder Motorrad, später endlich mit dem eigenen Wagen.

Haben Sie gedient?

Die Männer waren während der Nazizeit militarisiert worden wie keine Generation vor ihnen. Der NS-Staat hatte ihnen die Helden- und die Beschützerrolle zugeschrieben. Aber als der Krieg ins eigene Land schwappte, die schmucken Fachwerkhäuser und arisierten Innenstädte verwüstete, waren die Männer machtlos. Auch als Hunderttausende Frauen im eigenen Land Opfer von Massenvergewaltigungen wurden, waren die Männer, denen die NS-Geschlechterordnung doch die Rolle des starken Arms zugewiesen hatte, nicht in der Lage, sie zu schützen. Viele Männer hatten sich zuvor schuldig gemacht gegen Kriegsgefangene wie gegen Zivilisten, gegen feindliche Soldaten wie gegen die vom Regime Unerwünschten, die Homosexuellen, Zigeuner, Andersdenkenden und Juden. Auch Frauen hatten sich schuldig gemacht, aber die Zahl der Mördermänner überwog. Als dann endlich das Schießen ein Ende hatte, verordneten die Sieger den teilentmündigten Deutschen die Entmilitarisierung und nach einer Phase der verordneten Entnazifizierung zumindest in drei von vier Sektoren ein demokratisches Staatssystem. Die Deutschen waren versunken in Schutt und Scham und sollten zusehen, wie sie da wieder herauskamen. In weiten Kreisen der Bevölkerung herrschte nach dem verlorenen Krieg und dem Chaos der Nachkriegsjahre der Wunsch vor: »Nie wieder Krieg!« Auch Konrad Adenauer erklärte sich anfänglich für den pazifistischen Weg: »Wir sind einverstanden, daß wir völlig abgerüstet werden, daß unsere reine Kriegsindustrie zerstört wird (...) ich glaube, daß die Mehrheit des deutschen Volkes einverstanden wäre, wenn wir wie die Schweiz völkerrechtlich neutralisiert würden.«

Die Idee zu dem Plakat soll von Adenauer stammen – Plakat vom Deutschland-Union-Dienst der CDU, 1953

Die junge Bundesrepublik gab sich eine Verfassung, die nicht so heißen sollte, um die Spaltung Deutschlands nicht zu befördern. Sie hieß dann »Grundgesetz« und sah keinerlei Streitkräfte vor. Und Franz Josef Strauß tönte nach 1945: »Wer noch einmal ein Gewehr in die Hand nehmen will, dem soll die Hand abfallen!« Aber die Entzweiung der Sieger im Kalten Krieg sorgte rasch dafür, dass Deutschland sich wieder in neue Bündnisse einreihte. Franz Josef Strauß wurde 1955 zum Minister für Atomfragen und 1956, nach Theodor Blank, zum zweiten Verteidigungsminister der BRD mit einer neuen »Bundeswehr«. In seine Amtszeit fiel der

Kauf der unglückseligen Starfighter, die dann reihenweise vom Himmel stürzten. Seine Laufbahn als Verteidigungsminister endete abrupt, als er 1962 über seine Rolle in der »Spiegel-Affäre« fiel.

Im Osten war Widerstand nicht möglich, im Westen ging die Bevölkerung zwar ab 1951 empört auf die Straßen und sammelte sich quer durch Parteien und ideologische Lager in der »Ohne-mich«-Bewegung, um eine Wiederbewaffnung zu verhindern, aber ohne Erfolg. Im November 1955 nahmen die ersten 101 Soldaten in der Bonner Ermekeil-Kaserne ihre Ernennungsurkunden entgegen und ein Jahr später führte der Bundestag die allgemeine Wehrpflicht wieder ein – für Männer. Frauen wurde im gleichen Atemzug der Dienst an der Waffe verboten, mit der Begründung, die Begegnung deutscher Soldaten im Krieg mit russischen »Flintenweibern« sei zu traumatisch gewesen und darüber hinaus entspräche ein Waffendienst von Frauen nicht »unserer« Auffassung »von der Natur und Bestimmung der Frau«. In der SBZ, der Sowjetischen Besatzungszone sah man das etwas anders. Im Jahr vor der Gründung der DDR wurde mit dem Aufbau einer militärisch ausgebildeten und bewaffneten Polizeitruppe begonnen, aus der zuerst die Kasernierte Volkspolizei und später die Nationale Volksarmee hervorging. Die blieb bis 1962 eine reine Freiwilligenarmee, mit Zugang auch für Frauen.

Für Männer im Westen dagegen wurde das in Schuld und Scham anfangs selbst auferlegte Tabu all dessen, was mit Militär und Krieg verbunden war, im Zuge der Westanbindung und Verpflichtung gegenüber den neuen Verbündeten ganz pragmatisch politischer Weitsicht unterworfen. Im Frühjahr 45 hatten sie eilig die Gewehre, die Parteiabzeichen, die Uniformen in Seen, Gärten und Feuern verschwinden lassen. Das militärische Deutschland war in Rauch aufgegangen. Aber mit diesem Feuer war die Vergangenheit nicht verschwunden. Ehemaligen-Treffen, Gedenktage für gefallene Kameraden gab es nach wie vor. Und in der Kneipe am Stammtisch war hier und da immer schon ganz anders geredet worden. Öffentliches Wundenlecken war nicht angesagt, aber »unter uns« interessierte natürlich schon, wie das Bein in Stalingrad geblieben war oder wie der Granatsplitter in den Leib gekommen war, der bei Ostwind noch immer schmerzte – und

In der NVA waren Frauen willkommen

ganz selbstverständlich hatte der Wirt keine »Apothekerpreise«, sondern war ein »Jude«.

Im Osten hingen Karrieren von vornherein davon ab, ob und vor allem wie lange der Dienst bei der NVA gedauert hatte, aber auch

Verbindungsfeier 1952

im Westen hielten die Seilschaften und Netzwerke, die sich während der gemeinsamen Dienstzeit bei der Wehrmacht gebildet hatten, oft über Jahre, und die Antwort auf die zackige Frage »Haben Sie gedient?«, die die Kabarettisten von Stachelschweine & Co. in den Folgejahren hackenknallend veralberten, beförderte oder behinderte auch im Westen lange noch berufliche Karrieren. Das öffentliche Leben in Deutschland West war entmilitarisiert – im Osten marschierten sie wieder, diesmal im »Friedensauftrag« –, aber in vielen Wohnzimmern hing das – oft einzige gerettete – Foto vom gefallenen Sohn oder Vater in Wehrmachts- oder SS-Uniform.

In unseren Köpfen sind die kollektiven Diskussionen noch immer nicht zu Ende geführt – die auf- und abschwellenden Auseinandersetzungen um den Führungsstil in der Bundeswehr, um die allgemeine Anerkennung von Deserteuren während des Krieges, die erst seit wenigen Jahren eindeutig positive Haltung gegenüber den widerständigen Offizieren vom 20. Juli 1944 oder die Anfeindungen gegen die »Wehrmachtsausstellung« sind Zeichen bis heute. In den 50er Jahren war Nazi-Gedankengut noch in vielen Köpfen und so mancher hatte sich lediglich eine neue Jacke übergezogen. Aus Jungen »Männer«, ganze Kerle machen zu wollen, galt nicht als verschroben oder gar anrüchig und den Wehrdienst zu verweigern galt in vielen Familien trotz der belasteten Vergangenheit noch lange als Sakrileg.

Werbeplakat für die in die Nato integrierte Bundeswehr, 1956

Konsumismus und Dünkel

Der Ton veränderte sich, man spürt es beim Lesen zeitgenössischer Texte, beim Hören von Werbung aus den 50er Jahren. Das Tempo wurde schneller, der Gestus fordernder, wer nicht mitkonnte, gehörte zu den Verlierern. Es wurde getrennt und ausgegrenzt, was nicht zusammengehörte, man achtete nicht nur darauf, was sich schickte und was wohl die Nachbarn dachten, sondern auch darauf, dass die sozialen Schranken stets geschlossen blieben. »Was macht der Vater« war eine fast wichtigere Frage als die nach dem Charakter des zukünftigen Schwiegersohnes. Man wollte für sich und vor allem für die eigenen Kinder, dass sie mal was Besseres würden. Dahinter steckte nicht nur die Hoffnung auf ein leichteres Leben mit besserer ökonomischer Absicherung, sondern auch das unbedingte Gebot sozialen Aufstiegs.

Worüber wir heute lächeln, wenn in einem Geschäft in Österreich jeder Gustav gleich »Herr Ingenieur« genannt wird, bloß weil ein Kugelschreiber in seiner Hemdtasche steckt, das war in den 50ern in Deutschland gang und gäbe. Unterwürfig nach oben in Richtung des Gymnasiasten oder des Herrn Akademikers zu schielen, auch wenn Sozialneid die Faust in der Tasche hat ballen lassen, war weit verbreitet. Und umgekehrt: der herablassende und auf Distanz bedachte Ton des Herrn Doktor – sowie selbstverständlich der »Frau Doktor« – bei der Begegnung mit dem sozialen Underdog. Man blieb selbstverständlich, soweit es ging, unter sich. Die Barrieren waren schier unüberwindlich, der Dünkel manifestierte sich überall im Alltag.

In den frühen 50er Jahren hatte es Formen von Liberalität gegeben, wohl der Anarchie der Nachkriegsjahre geschuldet, die aber rasch wieder verschwanden. Mit wachsendem Besitztum und schwellendem Bauch wurden die Gesten wieder größer und die sozialen Schranken höher. Die Elite rekrutierte den Nachwuchs und die Kollegenschaft nicht nach Fähigkeiten, sondern fein säuberlich nach sozialen Standards. Spielraum gab es so gut wie keinen. Ein Angestellter oder Akademiker suchte oder hatte nicht eine Arbeit, sondern eine Position. Man hoffte auf die Lebensstellung und die Zukunft versprach unablässig Besserung und Fortschritt.

Das Ziel war Wohlstand für alle. Den Alltag jedoch überschattete der Kalte Krieg. Im Osten herrschte Kommunismus, im Westen Konsumismus und die Angst vor den Russen. Nach einer Wahlwerbung der CDU aus dem tiefsten Kalten Krieg trennte den unbeschwert pfeifenden Bundesbürger im Look des HB-Männchens nur ein winzig kleiner Schritt vom grauen Militarismus drüben in der Zone. Bedrohung und Abschreckung auf beiden Seiten, wir kennen das noch, ein Ende fand dieses Kräftemessen erst 1989.

Mutterglück ist das schönste Glück

Die Mütter – wenige Figuren werden dermaßen geliebt und gehasst. Etiketten haben sie auch schon etliche abbekommen: die lieben Mütter, die Übermütter, die Schwiegermütter, die Rabenmütter, die »Glucken-Mütter« und die »Emanzen«. Mütter, die sich vierteilen zwischen Kindern, Haushalt und Beruf, Mütter, die einen eigenen Weg zwischen dem traditionellen Mutterbild und einem selbst bestimmten Leben innerhalb ihrer Familie finden, und Mütter, die ihre Kinder grausam misshandeln. Etiketten waren immer schnell gefunden und genauso schnell nicht mehr gültig. Unser gutes deutsches Mutterbild aber scheint unbesiegbar.

Familienausflug 1958

Eine neue Blüte erlebte das Mutterideal im Einklang mit der Sehnsucht nach der heilen Familie in den 50er und beginnenden 60er Jahren. Alle Frauen sollten Mütter werden, dies sei die »Essenz« ihrer Weiblichkeit und Kinder die allein selig machende Lebenserfüllung. Natürlich war die ideale Mutter die »Vollzeitmutter«. Was nach Vollmilch klingt, meinte die Mutter, die keinen Beruf ausübt, sondern als Hausfrau sich hingebungsvoll um das Wohlergehen ihrer Kinder und der Familie kümmert. Sie sollte ihre eigenen Interessen zurückstellen, am besten gar keine haben und auf keinen Fall eigennützig denken oder handeln. Von den Müttern wurde Selbstverzicht und Selbstverleugnung gefordert. Von Selbstverwirklichung sprach damals ohnehin noch niemand. Die gute Mutter weckte Obst und Gemüse ein, buk ihren Kuchen selber und brachte sonntagmittags einen Braten auf den Tisch. Sie hielt ihre Fenster sauber wie ihre Küche, ihre Töpfe glänzten wie die roten Backen ihrer zufriedenen Kinder. Sie allein kannte sich in den Schränken aus, sie hängte am heiligen Sonntag keine Wäsche raus und hielt das Geld zusammen.

Mama
Du sollst doch nicht um deinen Jungen weinen
Mama
Einst wird das Schicksal wieder uns vereinen
Ich wird es nie vergessen
Was ich an dir hab' besessen
Daß es auf Erden nur Eine gibt
Die mich so heiß hat geliebt
Mama
Und bringt das Leben mir auch Kummer und Schmerz
Dann denk ich nur an dich
Es betet ja für mich oh Mama dein Herz

Mama
Heintje

Mutter und Mutterschaft waren durch die Nazis glorifiziert worden. Ab dem vierten Kind bekam eine Mutter das Mutterkreuz in Bronze, ab sechs das in Silber und ab acht Kindern das goldene. Ganz im Sinne der zynischen Rohstoffbereitstellung wurde sie, die kinderreiche, reichsdeutsche Mutter, für ihren Einsatz von »Leib und Leben« bei der Geburt und Kinderaufzucht ausgezeichnet und die Mutterschaft wurde von Hitler, in dessen Namen das Kreuz verliehen wurde, zum »Schlachtfeld der Frau« erklärt.

Unmittelbar nach Kriegsende war Mutter sein etwas sehr Pragmatisches. Die Kinder brauchten etwas zu essen und frieren sollte auch niemand. Die Beschaffung der dafür notwendigen Mittel beanspruchte einen Großteil des Tages. Mit zunehmender Normalisierung der Verhältnisse und Rückkehr der Väter wurden die Mütter zwar in der Versorgerrolle wieder entlastet, das Frauenbild traditioneller und der Katalog der Erwartungen, die an die Frauen und Mütter gestellt wurden, umfangreicher: Mütter sollten verheiratet sein, eine eventuelle Berufstätigkeit aufgeben und neben dem Haushalt für die Erziehung und Betreuung der Kinder zuständig sein. Ihrer Natur entspräche dies am ehesten.

Da sie liebevoll und selbstlos, fürsorglich, treusorgend und zärtlich, emotional, aufopferungsbereit und familienorientiert sind, seien sie dafür bestens geeignet. Es gelang, das den Müttern so umfassend anzutragen, dass ihnen kaum anderes übrig blieb, als beglückt zu sein, 24 Stunden täglich mit ihren Lieblingen und ihrem Haushalt zu verbringen – und wenn sie es nicht waren, sich mit schlechtem Gewissen herumzuquälen. Von ihnen wurde gefordert, in ihrer Rolle glücklich zu sein, sie hatten schließlich alles, was die Gesellschaft für sie vorsah: einen Mann als Versorger und ein regelmäßiges Einkommen in Friedensjahren und süße Kinder. Sie sollten nun – so wie heute noch von erzkonservativer Seite gefordert – die Familie stärken und zusammenhalten und nicht zuletzt zum Wohl des Staates als erste Vermittlerinnen christlichen, westlichen Kulturguts fungieren. Wem da aktuell etwas in den Ohren klingelt, der dürfte nicht so ganz falsch liegen.

Ernten Sie fröhlich die Früchte Ihrer Mühen, lassen Sie sich bewundern, verehren, lieben. Aber gewähren Sie keinem Mann Einblick in Ihre Berufsgeheimnisse, stöhnen Sie nie! Sie sind eine moderne Frau, Sie machen das gewissermaßen aus dem Handgelenk und lächeln. Denn: Selbst ist die Frau!

›Brigitte‹, 1954

Zu Hause ist es doch am schönsten

Meine Freundin, nennen wir sie Bella, ist Bildhauerin und lebt mit Freund und Tochter seit Jahren in einer Genossenschaftswohnung. Sie haben zu ihren Nachbarn ein gutes Verhältnis, die Miete ist billig und den Grundriss der Wohnung haben sie nach ihren Bedürfnissen in Wohnräume und Werkstatt verändert. Irgendwann aus heiterem Himmel bot Bellas Mutter an, für sie eine Wohnung in Neu-Perlach zu kaufen, dem Albtraum in Beton im Münchner Osten. Die Wohnungen hätten drei Zimmer, einen Balkon und so schlimm sei es dort gar nicht. Bella widersprach und betonte, sie sähe gar keinen Grund umzuziehen. Egal ob sie ein Ei, eine Kuchenform oder einen Satz Spielkarten brauche, sie könne das alles bei ihren netten Nachbarn leihen. Wenn sie überraschend weg müsse und in fünf Minuten jemanden brauche, der auf die Tochter aufpasse, wisse sie, dann sei jemand da. Besser könne sie es sich gar nicht vorstellen und auch nicht organisieren. Die Mutter saß wie auf dem Sprung auf ihrem Stuhl in Bellas Wohnküche, so wie sie immer saß, wenn sie zu Besuch kam, sah sich um und sagte dann flehend: »Aber so kann man doch nicht leben, ihr habt hier doch noch nicht einmal Nachtschränkchen!«

Während die allgemeine Normalisierung fortschritt, erster Wohlstand sich wieder einstellte und die Frauen aus dem öffentlichen

Leben verschwanden, wuchs ihre Zuständigkeit für die Belange im Inneren der Wohnung. Die eigene Wohnung galt als Rückzugsgebiet vor allem für den von langen Arbeitszeiten geplagten Ehemann. Die Hausfrau war dafür zuständig, eine gewisse Wohnkul-

Vor dem neuen Eigenheim 1960

tur zu schaffen, die es dem Mann ermöglichen sollte, sich nach Feierabend zu entspannen. Die zuvor ungenutzte »gute Stube« wurde vom Wohnzimmer, sofern genug Platz vorhanden war, mit Essgruppe, abgelöst. Hier sollte die Hausfrau dem Gatten seinen Kognac reichen, jedoch nicht mittrinken, sondern ihn in Ruhe lassen, ihn nicht stören bei seinem einzigen Genuss des Tages. So zumindest stellte sich ein Weinbrandhersteller zusammen mit seiner Werbefirma das feierabendliche Eheleben vor.

Die Hausfrau hielt im Küchenschrank selbstverständlich kleine Appetithäppchen und Cracker oder Salzletten in extra dafür vorgesehenen Schälchen für die Bewirtung von überraschendem Besuch bereit, ganz nach amerikanischem Vorbild. Und natürlich hielt sie ihre Wohnung in Ordnung für alle Fälle, auch wenn die meisten Deutschen ihre Abende allein zu Hause verbrachten. Auszugehen war zu teuer und unangemeldet Freunde »zu überfallen« galt als unschicklich. Ein Telefon, mit dem man sich mal eben schnell angekündigt hätte, besaßen die wenigsten. Noch immer war es normal, Freunden ein Telegramm zu schicken, wenn es eilte.

Marianne Koch in der Rolle der Gastgeberein

Die Designer entwarfen für das neue Friedensleben schlanke Möbel, Tütenlampen, Nierentische und Cocktailsessel. Doch die meisten Deutschen bevorzugten den behaglichen Stil des Gelsenkirchner Barocks, bieder-rustikale Buffets schmückten ihre Küchen und mächtige Schränke die Wohnstuben, ausladende Verkehrshindernisse mit erstaunlichem Stauraum. Die Hausfrau sollte in der modernen kleinen Küche arbeiten, aber selbst die Tatsache, das in dieser neuen Küche über 700 Stunden pro Jahr Lauferei wegfielen – das hatten die Fachstatistiker ausgerechnet –, überzeugte die wenigsten. Das Familienleben spielte sich, da man meist noch mit Kohle heizte und nicht jedes Zimmer im Winter warm war, hauptsächlich in der beheizten Küche ab. Und da hatte der Esstisch in der Mitte zu stehen. Die Küche war soziales Zentrum und stach die genormte Einbauküche aus, die sich aber dennoch, weil sie erheblich billiger war, in den neuen Wohnungen und modernen Siedlungen durchsetzte

»Frauengold schafft Wohlbehagen, wohlgemerkt an allen Tagen«

In der Zeitschriften- und Kinowerbung wurde das Bild der heilen Familie mit allzeit gut gelaunter Hausfrau, ordentlich gekleideten Kindern und beruflich erfolgreichem Hausherrn im behaglichen Heim hundertfach gezeichnet. Allen gemeinsam waren der heimkehrende, müde, abgespannte Mann und die fröhliche, von der Kinderbetreuung und der Hausarbeit des Tages überhaupt nicht angegriffene Ehefrau. Sie zauberte ein schönes Heim, brachte die Familie auf den Gipfel der Gemütlichkeit, mal durch neue Tapeten, mal durch eine perfekt aufgeräumte Wohnung, war aber auf keinen Fall abgespannt oder müde.

Die Wiederherstellung und Aufrechterhaltung der Familienidylle ging in erster Linie zu Lasten der Frauen. Die Arbeit im Haushalt veränderte sich, elektrische Maschinen machten die Hausarbeit allmählich leichter, aber die Arbeit wurde einsamer. Trafen sich früher die Frauen am Waschtag im Keller oder Waschhaus, um die Berge gemeinsam zu bewältigen, oder traf man beim Teppichklopfen im Hof ab und an eine Nachbarin, so erledigte dies nun jede allein in ihren eigenen vier Wänden. Gemeinschaftliches Einkochen und Entsaften, Marmelade machen, Einlegen von Bohnen und Eiern mit Freundinnen oder Schwestern wurden unnötig – der Kühlschrank konservierte Lebensmittel und im Supermarkt lockten die Konservendosen. Die neuen Wohnungen in den Siedlungsneubauten am Stadtrand waren modern, aber klein, die Haushaltsgeräte zwar praktisch, aber sie beschränkten den Aktionsradius der Hausfrauen mehr und mehr auf ihre eigenen vier Wände. Zudem wuchs der Druck durch die Werbung massiv, die Hausarbeit als Bagatelle zu sehen. Die Hausfrau sollte sie im Vorbeigehen erledigen, lächelnd die Wäsche in den blitzenden Constructa-Waschvollautomaten einladen und mit dem nagelneuen Bosch-Staubsauger mal eben im Cocktailkleid über den Wohnzimmerboden schweben. Das bisschen Haushalt! Eine Umfrage Anfang der 50er Jahre ergab, dass für Mütter in einem Vier-Personen-Haushalt eine 80-Stunden-Woche normal war. Wenn die Frau auch noch außerhalb arbeiten ging, addierte sich diese Zeit noch dazu.

Waren die Frauen jung, frisch verheiratet, mit einem Säugling, saßen sie oft richtig in der Falle. Heute sind Mütter mit Kindern mobil, man packt das Kind in den Kinderwagen oder ins Auto, trifft sich mit anderen Frauen am Spielplatz oder in der Kleinkindgruppe, mehrere Mütter fluten mit ihren Kinderwagenbrigaden ein Café – das gab es damals alles nicht. Die wenigsten hatten ein Auto – also fiel ein Teil Mobilität weg. Ein Kind war entweder zu Hause oder es lag im Kinderwagen. Babytragetücher, Tragegurte, Rucksäcke für die Kids – Fehlanzeige. Und den Kinderwagen in eine Straßenbahn oder einen Bus zu hieven war damals Schwerstarbeit, das weiß jeder, der sich an die alten Straßenbahnen mit ihren hohen Stufen erinnert. Hilfe wurde vermutlich genauso gern offeriert wie heute. Es gab nicht nur keinen Wickeltisch im Café – es gab schlicht viel weniger Cafés und für die meisten war es ohnehin unerschwinglich, sich öfter einmal da hineinzusetzen. Aber es war nicht nur die Gelegenheit, die fehlte. Es war die Atmosphäre, die die Frauen im Haus, in der Wohnung hielt. Die Frau trug tagsüber eine Schürze und gehörte nach Hause, schon gar, wenn ein kleines Kind da war. Das störte draußen in der Erwachsenenwelt, dort war kein Platz für ein Kind. Und es sollte ja auch die Frau vor allem zu Hause bleiben, den Haushalt in Ordnung halten und auf den Mann warten, der ihr dann von draußen, von der Welt berichten würde. Die Frauen fühlten sich, wenn sie nicht das Glück einer großen Familie oder einer guten Nachbarschaft hatten, isoliert. Die Folge waren die aus tristen Vorstädten bekannten Phänomene: Frustration, Depression, Tabletten- und Alkoholmissbrauch. Damals nannte man das allerdings nicht so – mit »12 lebensnotwendigen Vitaminen« oder einem guten Gläschen würde das Leben schon leichter werden.

Halten Sie ein kaltes oder warmes Getränk für ihn bereit. – Schieben Sie ihm sein Kissen zurecht und bieten Sie ihm an, seine Schuhe auszuziehen. Sprechen Sie mit leiser, sanfter und freundlicher Stimme. – Fragen Sie ihn nicht darüber aus, was er tagsüber gemacht hat. Zweifeln Sie nicht an seinem Urteilsvermögen oder seiner Rechtschaffenheit. Denken Sie daran: Er ist der Hausherr und als dieser wird er seinen Willen stets mit Fairness und Aufrichtigkeit durchsetzen. Sie haben kein Recht, ihn in Frage zu stellen. – Eine gute Ehefrau weiß stets, wo ihr Platz ist.

›Housekeeping Monthly‹, 1955

»Mutterschaft ist wahre Sklaverei«, befand Simone de Beauvoir, »wenn sie allein der Mutter überlassen bleibt«. Kinderkrippen oder -gärten gab es in den 50ern so gut wie nicht, Kinderbetreuung war Muttersache. Die Förderung kommunaler Kinderpflege wurde von konservativer Seite abgelehnt, hätte sie doch den Frauen erlaubt, das Haus zu verlassen, eventuell sogar arbeiten zu gehen. Krippen und Kindergärten gab es vereinzelt. Sie wurden aber mit der Abschiebung ins Heim gleichgesetzt und standen in dem Ruf, nur für sozial zerrüttete Familien da zu sein. Die Frauen, die nicht selbst für die Betreuung ihrer Kinder sorgten, galten als Rabenmütter, die, so die Meinung, »Schlüsselkinder« großzogen. Kinder, die mit dem Hausschlüssel um den Hals tagsüber sich selbst überlassen waren, bis die Mutter oder die Eltern nach der Arbeit heimkehrten, fielen zahlenmäßig kaum ins Gewicht. Dafür wurden sie um so stärker im öffentlichen Bewusstsein gehalten. Die Folgeschäden für derart vernachlässigte Zöglinge seien unabsehbar, warnten wohlmeinende Experten, Verwahrlosung bis hin zur Bedrohung, die sie für die Allgemeinheit später darstellen könnten. Mütter, die berufstätig waren, blieben entweder auf die Mithilfe ihrer weiblichen Verwandten, Mutter, Schwestern, Tanten angewiesen oder waren verratzt. Von dem zunehmend schlechten Ruf abgesehen, in dem erwerbsmäßig arbeitende Mütter standen, obwohl die tatsächliche Zahl der arbeitenden Frauen und Mütter weiter zunahm. Die Solidarität, die Frauen in den Notjahren untereinander und miteinander entwickelt hatten, geriet mit zunehmender Normalisierung der Verhältnisse und Rückkehr in die vollständige Familie wieder in Vergessenheit. Jede war und dachte für sich allein.

Das ist Frauenglück!
Nicht auf Reichtum, nicht auf materiellem Besitz beruht das Glück. Jegliches Frauenglück kommt von innen her. Aber wo Frauen ständig darüber klagen, müde, energielos, unlustig, ja apathisch zu sein, ist es kein Wunder, dass seelische Konflikte, Depressionen und mangelnde Anziehungskraft ihr Leben vergällen. Erschöpfte Frauen strahlen keine Vitalität aus. Ihnen fehlt jenes Fluidum, das Frauen so reizvoll macht. Männer lieben lebendige, frohe Frauen, die von Lebenslust sprühen. Beginnen Sie deshalb ein neues Leben mit FRAUENGOLD, denn durch dieses unübertroffene Konstitutions-Tonikum erhält das Frauenleben einen neuen Klang. FRAUENGOLD schenkt ihnen eine Zukunft mit vielen sonnigen Tagen, ein erfülltes Frauenleben voll Glück und Harmonie.

Frauengold-Reklame, 50er Jahre

»Möbliertes Fräulein sucht ...«

Am 30. Mai 2005 verstarb Fräulein Augustine Zehetmeier. So stand es in der ›Süddeutschen Zeitung‹ in einer Todesanzeige. Ihre Angehörigen trauerten um die alte Dame, sie war 86 Jahre alt geworden und hatte es bis zur Urgroßtante gebracht. Aber da sie nicht verheiratet gewesen war, blieb sie bis an ihr Lebensende »das Fräulein Zehetmeier«.

Werbeplakat des Feriendienstes des Freien Deutschen Gewerkschaftsbundes (FDGB), 1954

Für viele Frauen war es unmöglich, die Norm von Ehe und Familie zu erfüllen: Sieben Millionen Frauen hatten durch den Krieg ihre Ehemänner verloren oder aus Mangel keinen Ehepartner gefunden. Es herrschte »Frauenüberschuss«, wie es damals so uncharmant hieß. In den 50er Jahren galten Frauen ohne Mann an ihrer Seite nicht mehr als Normalfall wie noch bis 1947/48, als die meisten Männer nicht zu Hause waren. Damals galt es als selbstverständlich und normal, dass Frauen ohne Männer lebten, es war eine kollektive Erfahrung gewesen und in Zeitungen und Illustrierten war es ein gewöhnlicher Vorgang, über die Probleme alleinstehender Frauen zu berichten. Wie beispielsweise 1948, als die ›Constanze‹ noch angriffslustig formulierte: »Für die Frau wird die Erfüllung ihrer biologischen Aufgaben mit ›Glück‹ gleichgesetzt und als Auszeichnung vor ihren unverheirateten Mitschwestern empfunden. Wenn man das ewige Gerede von Erfüllung und natürlicher Bestimmung ernst nähme, dann wären also Millionen von Frauen dazu verurteilt, neben dem eigentlichen Leben zu existieren als eine Art Mißverständnis der Natur.«

Aber je normaler die Verhältnisse wurden, desto deutlicher konnte man Unnormales definieren und als solche galten bald Frauen ohne Ehegatten. Sie standen nun außerhalb der Norm. Auf amtsdeutsch lebten sie in einer »unvollständigen Familie«, ihnen haftete ein Makel an, denn ihnen fehlte nun etwas. Alleinstehende Frauen ohne Kinder hießen »alte Jungfern«, lebten wegen der ständigen Benachteiligungen am Arbeitsmarkt in großer Zahl am Rand des Existenzminimums und wurden in Rundfunksendungen mit Titeln wie ›Frauen ohne Hafen‹ mitleidig als Übriggebliebene behandelt.

Ach Egon, ich werde nur aus
Liebe zu dir,
ja nur aus Liebe zu dir noch mal
zu Grunde geh'n.

Früher trank ich höchstens mal
'nen Pfefferminzlikör,
und ein Helles 'zu, das war
doch kein Malheur.
Heute geb ich unter'm dutzend
Kognacs keine Ruh'.
Und schuld daran und schuld
daran bist du!

›Egon‹
Heino Gaze, 1952

Die Frauen waren allein gelassen in mehrfacher Hinsicht. Viele beklagten sich in Leserbriefen und »Kummerecken« im Rundfunk über alltägliche Verletzungen, die kleinen Nadelstiche, die ihnen von ihrer Umgebung ständig zugefügt wurden. Sie verloren häufig ihren Freundeskreis unter den verheirateten Paaren und wurden zu Festen nicht mehr eingeladen. Wer hätte sie auch begleiten sollen, lautete die Frage, auf die es nur eine Antwort gab: Die Betreffende sollte am besten zu Hause bleiben. Achtbare Ehepaare taten sich schwer, sie zu sich nach Hause einzuladen. Die Ehefrauen vor allem hatten das Bedürfnis, ihre Männer vor diesen frei vagabundierenden Damen schützen zu müssen, sie galten als zu modern.

»Kummerkästen« in Frauenzeitschriften widmeten sich diesen armen Wesen, die »keinen Mann abbekommen« hatten, und unterstellten mitfühlend, da müssten doch unbewusste Defekte vorliegen, deren sich die Frauen selbst nicht bewusst seien. Nach und nach verschwanden die Frauen ohne Männer dann ganz aus der Berichterstattung und mehr und mehr aus dem öffentlichen Bewusstsein. Deutschland hatte einen neuen Outcast. Waren es erst die Flüchtlinge und Vertriebenen gewesen, die scheel angesehen und ausgegrenzt wurden, weil sie einer anderen Konfession angehörten, weil sie unbekannte Gewohnheiten pflegten oder fremde Vornamen trugen, waren es nun auch die drei Millionen alleinstehenden Frauen, die sich nicht wieder hatten verheiraten können oder wollen und die nun nicht mehr ins Bild der zurück in die Normalität strebenden Republik passten.

Im Rückblick erlebten viele der Frauen gerade die 50er und beginnenden 60er Jahre als hart, da die gesellschaftliche Ausgrenzung ihnen das Leben erschwerte. Indem man sich der Frauen zu entledigen suchte, durch Meiden im Alltag, durch Aussparen der Thematik in der Berichterstattung, sodass bald der Eindruck entstehen konnte, es gäbe nur noch verheiratete Frauen und Familien, konnte man sich auch der Erinnerung an die eigene Vergangenheit entledigen.

Ein weiteres Problem, unter dem die alleinstehenden Frauen und ihre Familien besonders zu leiden hatten, war die während der gesamten 50er Jahre noch andauernde Wohnungsnot. Allmählich entstanden zwar neue Wohnungen, aber konzipiert waren sie ausschließlich für Familien. Wer also nicht mit einer Freundin oder Angehörigen eine Wohnung teilen konnte, hatte seitens der Wohnungsämter Anspruch lediglich auf eine Kleinstwohnung, ein Zimmer mit Kochnische – und die wurden zuerst einmal nicht gebaut. Wohnungen für Familien hatten Vorrang. Alleinstehende fanden, je nach Region, Stadt oder Land und je nach Angebotslage nur unter erschwerten Bedingungen eine eigene kleine Wohnung.

Nicht selten wurde ihnen der Mietvertrag verweigert mit der Unterstellung, eine Frau alleine müsse ja wohl dem leichten Gewerbe nachgehen oder mit ihrem Lebenswandel könne sonst etwas nicht stimmen. Für viele blieb nur die Alternative, bis weit in die 50er hinein, in notdürftig hergerichteten Zimmern, ganz selbstverständlich mit WC auf dem Hof oder auf der halben Treppe, zu wohnen – und oftmals war das die bessere Alternative, denn man war sein eigener Herr. Für zahllose allein lebende Frauen war es über Jahre hin noch üblich, ein Zimmer zur Untermiete zu bewohnen, als »möbliertes Fräulein« – ein Leben nach fremden Regeln in fremden Möbeln.

Sockenstopferinnen gehören nach Hause

Die Frauen sollten zu Hause bleiben und sich ihre Streicheleinheiten und ihre Anerkennung durch die Qualität ihrer Hausarbeit holen. Viele Frauen hatten sich längst resigniert aus politischen Aktivitäten zurückgezogen. Je mehr sich die politische Arbeit professionalisiert hatte und von den lokal arbeitenden Ausschüssen und Verbänden in weltanschaulich gebundene Parteien hinein verlagert hatte, desto stärker hatten sie sich fehl am Platz gefühlt und aufgegeben. Die Frauen durften wählen gehen, aber Politik war ihnen überwiegend suspekt. Ob Geschlechtsgenossinnen sie in den politischen Parteien vertreten konnten, war vielen Frauen bei ihrer Stimmabgabe gleichgültig. Die Mehrheit der Frauen wählte CDU und verhalf schließlich Adenauer 1957 zur absoluten Mehrheit, als er ihnen »Nur keine Experimente!« versprach.

Die Parteien fanden eine Einbindung der Frauen nicht unbedingt notwendig. Das lässt sich recht eindeutig an den Zahlen festmachen: Nur ungefähr ein Prozent der weiblichen Wahlberechtigten war in den 50er Jahren Mitglied in einer politischen Partei und in den ersten Bundestags- und Landtagsparlamenten nahmen die Frauen nur sieben bis acht Prozent der Sitze ein. In den ersten Jahren stieg zwar noch die Zahl der weiblichen Parteimitglieder, in der SPD beispielsweise bis 1955 auf 20 Prozent, in der CDU gar auf 25 Prozent und selbst in der ländlich dominierten CSU waren 1947 immerhin 16,8 Prozent Frauen. Von 1949, dem ersten Bonner Bundestag, bis 1957 wuchs in jeder Legislaturperiode der Anteil der weiblichen Abgeordneten. Aber der Verdrängungsprozess der Frauen aus dem öffentlichen Leben machte sich in der politischen Landschaft bemerkbar – der Anteil der Frauen ging in den Landesparlamenten quer durch die Parteien zurück, bereits gewählte Frauen gaben ihr Mandat wieder zurück, andere kandidierten gar nicht erst, um ihre Ehe nicht zu gefährden. So wenig schicklich war es für eine Frau, sich außerhalb ihrer familiären Sphäre zu betätigen – oder gar abends allein Termine wahrzunehmen. Die Frau gehörte nach Hause, sie sollte Windeln waschen, Socken stopfen, für Behaglichkeit sorgen – und bitte alles Weitere den Männern überlassen. Die hatten es bald wieder erreicht, dass Politik Männersache war, in alter Verbundenheit von Männern gemacht für Männer.

Auch die Gewerkschaften taten sich anfänglich schwer, Frauen als gleichberechtigte Kolleginnen am Arbeitsplatz oder gar in Führungsgremien zu akzeptieren. Und die Frauen untereinander waren sich ebenso wenig einig: Für viele stand die Rolle der Frau als Hausfrau und Mutter, die den Mann begleitet, immer hinter ihm steht und sich allenfalls nebenher politisch oder gemeinnützig engagiert, außer Frage. Sie hatten ihre Prägung zu anderen Zeiten erfahren. Nicht selten waren ihre Werte und Normen seitens des Elternhauses mit denen des 19. Jahrhunderts unterfüttert. Diejenigen, die sich eine berufliche oder politische Betätigung der Frau auf einer Augenhöhe mit den Männern vorstellen konnten, galten bald als gesellschaftlich nicht opportun, hießen »Blaustrümpfe« und wurden ausgegrenzt.

Unbefangen und natürlich sein heißt in unserer Zeit sehr oft, die zwischen den beiden Geschlechtern bestehenden, natürlichen Grenzen möglichst verwischen, heißt so tun, als sei der Sinn des Geschlechtergeheimnisses ein Unsinn, als käme es darauf an, alle Normen der Moral, des Anstands und der Scham leichtfertig über den Haufen zu werfen und verächtlich zu machen. Unbefangen und natürlich sein heißt heute für viele, öffentlich ungezügelt und geil sein.

Fritz Tanner, ›Von Liebe, Verlobung und Ehe‹, 1959

Ob die Frauen sich freiwillig zurückzogen, einem mehr oder weniger starken Druck nachgaben oder in Einzelfällen auch mit Nachdruck zurück in die Familien zitiert wurden – der Soziologe Klaus-Jörg Ruhl fand für das, was den Frauen zwischen 1945 und 1965 widerfuhr, das treffende Wort der »verordneten Unterordnung«.

ROBERT CLAUSEN
Geboren 1950 in Hamburg

Old Shatterhand, Jerry Cotton und Angelique

Meine Eltern betonten Regeln nicht, trugen sie nicht vor sich her, sie lebten das, was sie für richtig hielten. Was sich nicht gehörte, das war, die Fassung zu verlieren, das gehörte sich nicht, man wurde einfach nicht ausfallend. Andere Leute mit privaten Problemen zu belästigen, das wurde nicht gerne gesehen.

Aus der Familie der älteren Schwester meiner Mutter kam die Schreckensnachricht, dass die eine ältere Tochter heiraten musste. Das war damals die ganz große Nummer, dass man heiraten musste. Und das seltsame war nun, es konnte sich keiner vorstellen, wie das eigentlich passiert war, alles schien sehr nah an einer Jungfrauengeburt. Und dann kam als nächstes die Tochter von guten Freunden meiner Eltern. Die hatte ausgerechnet meine Mutter auch noch mit dem Schwängerer zusammengebracht und dann wurde die schwanger und das, obwohl die beiden noch nicht einmal miteinander geschlafen hatten. Schließlich erwischte es meinen älteren Bruder. Und da haben sich die Mütter dann gegenseitig erzählt, dass keiner so genau weiß, wie das alles nun passiert sei. Es wurde aber auch nicht totgeschwiegen, und wir Kinder haben mittlerweile darüber gelacht und sagten, »also jetzt doch mal bitte ernsthaft«. Für meine Mutter war das vermutlich gar nicht so schlecht, dass der Tochter ihrer älteren Schwester das Gleiche passiert war. Das war dann rückwirkend so etwas wie ein Seelenlinderer, als es auch bei uns passierte. Das hatte wirklich stark tröstende Wirkung.

Wir haben unheimlich viele Bücher im Schrank gehabt, mein Vater war ein großer Leser, aber ich kann mich nicht erinnern, dass ein Aufklärungsbuch darunter war. Aber ich hatte zwei Brüder und Zeitschriften gab es auch. In Bezug auf Aufklärung war ich nicht ganz unbeleckt – hatte aber letztlich eigentlich keine Ahnung, wie das damals so üblich war. Fundiertes Nichtwissen. Das einzige Mal, wo eine Vermutung aufkommen konnte, dass sich meine Eltern über meinen Reifezustand Gedanken machten, war mit meiner Mutter in der Küche. Da sagte sie zu mir, ich wüsste schon, dass ich sie jederzeit etwas fragen könnte, wenn ich etwas fragen wollte. Ich sagte ja, und das war's dann auch.

Wir wollen keinen Irrtum aufkommen lassen: Wenn Cupido allein auszieht, sich die Menschen zu erobern, gleicht er einem angeschwollenen Bach. Wasser ist den Menschen lebenswichtig. Aber wenn das harmlose Bächlein durch anhaltende Regengüsse gespeist und genährt mit einem Mal zum ungestüm tosenden Wildbach wird, wenn es, die ihm gesetzten Grenzen und Schranken verachtend, verbotenes Land betritt, dann drohen Verheerung und Not.

Fritz Tanner, ›Von Liebe, Verlobung und Ehe‹, 1959

Ich habe mal eine grandiose Szene hingelegt, nachts mit meinem Vater. Ich kaufte mir auch damals schon sehr viele Bücher und dann kam – da war ich 14 oder 15 – der Film nach dem Roman von Denis Diderot ›Die Nonne‹ heraus und der sollte sehr anrüchig sein. Und dann fand ich, zu meinem eigenen Erstaunen, ein Buch zum Film. Dieses Taschenbuch habe ich mir gekauft, fand es aber ehrlich gesagt nicht besonders scharf. Da stand eigentlich gar nichts drin. Ich lag jedenfalls abends mit dem Buch im Bett und las, als mein Vater hereinkam. Er fragte mich, was ich da lese, und hat mir das Buch weggenommen. Er kannte es, für ihn war sofort klar, was ich da las. Die Frage, was liest du denn da, war eigentlich nur rhetorisch und altersgemäß gemeint und er nahm einfach das Buch weg. Und dann habe ich ihm, glaube ich, gesagt, das habe ich von meinem Geld gekauft. Woraufhin er antwortete, »dann musst du dir eben überlegen, was du dir von deinem Geld kaufst«, und meine Zimmertür zumachte. Ich sprang aus dem Bett und lief ihm hinterher: »Ich weiß, wie das Leben läuft!« Ich weiß gar nicht, wieso ich diesen bescheuerten Satz gesagt habe. Da machte er die Tür noch einmal auf und sagte, »Dann ist ja gut!«. Damit war ich das Buch los.

Es gab Gespräche, die man aber nicht als solche erkannt hat, dass es Gespräche sein sollten. Da wurde allgemein über das Leben philosophiert und dann hätte man vielleicht nachfragen können. Es war wirklich eine dumpfe, verquaste Zeit. Speziell sexuell verquast. Und es war nicht richtig gut, dass man nicht darüber sprechen konnte. Ich habe mir immer wieder Informationen besorgt, ob man tatsächlich Rückenmarkschäden bekommen kann, wenn man onaniert. Da hätte ich mir sehr gewünscht, dass mein Vater mit mir darüber gesprochen hätte. Ich hatte das nicht vergessen und habe mit unseren Kindern darüber sprechen wollen – und dann saß mein Sohn in der Küche und sagte: »Jetzt will der mit mir über Masturbation reden!« Da hat's auch nicht geholfen, zu sagen, das ist mir wichtig, weil es früher für mich wichtig war.

Unbewusst wurden bei uns Rollen verteilt. Mein ältester Bruder galt als das Genie, der ist durch die Schule gegangen wie Butter, war aber schwer aufsässig. Ich bin auf die gleiche Schule gekommen wie er, sechseinhalb Jahre später, und beim ersten Kunstunterricht schaute der Lehrer ins Klassenbuch, und sagte, »Ach Clausen, hast du einen Bruder in der 13a?« Habe ich gesagt, »ja«. Da hat der mich angeschrien: »Dann kannst du ihm ja deinen Tuschkasten mal leihen, der pflegt nichts mitzubringen zum Unterricht.« Auf der Schule war ich gleich unten durch. Mein Bruder hat als bester Abitur gemacht, hat aber den Preis für das beste Abitur der Schule nicht bekommen, »wegen sittlicher Unreife«.

Dahinter verbarg sich eine Geschichte: Der Religionsunterricht wurde gegeben von einem Herrn, der aus der DDR geflohen war und seine Familie dort gelassen hatte. Er war dann Pastor in Westdeutschland und arbeitete als Religionslehrer. Nun fing dieser unglückselige Mensch irgendwann an mit der Klasse meines Bruders über sittliche Reife, Treue und Ehe zu sprechen. Woraufhin mein Bruder aufstand und es ablehnte, mit ihm und grade mit ihm dieses Thema zu diskutieren. Er verließ mit zwei anderen den Klassenraum. Man macht in dem Alter ja gerne auf knallhart. Dann gab es natürlich einen Riesenaufstand, sie mussten zum Direktor und die ganze Nummer und dann wurde überlegt, ob die drei von der Schule fliegen sollten. Am Ende war man froh, ihn los zu sein, ließ ihm das Abitur, verweigerte ihm aber jegliche Anerkennung.

Ich hatte mit sechs Jahren auf die Frage, was ich mal werden will, »Millionär«, geantwortet. Von da an wurde davon ausgegangen, dass ich Kaufmann werde. Damit war dann tatsächlich die Rollenaufteilung besiegelt. Für meinen Vater war klar, dass ich Wirtschaftswissenschaften studieren würde, ohne dass er gesagt hätte, dass ich das tun soll. Ich bin dann von dieser Schule geflogen, habe eine Ehrenschleife gedreht und zwischendurch eine Lehre gemacht. Anschließend bin ich wieder zur Schule gegangen, habe Abitur gemacht und kurioserweise tatsächlich Nationalökonomie studiert. Ich wollte Wirtschaftsjournalist werden, bis ich dann auf eine ganz andere Schiene kam. Bei schlechten Noten kam von meinem Vater immer ein »Das wird nächstes Jahr aber besser«, das nervte auch. Es wurde eher über die Kopfnoten gestritten, weil ich permanent den Unterricht störte. Meine Mutter war ein bisschen traurig, wenn ich in Latein und Mathe doch eine Fünf hatte.

Meine Eltern waren nach einer gewissen Zeit mit drei Jungs – und mein ältester Bruder war sehr rebellisch – richtig erschöpft. Vermutlich kam das tatsächlich von den Kriegszeiten her. Sie hatten nach dem Krieg fast alles verloren und alles wieder aufgebaut, ihre eigene Familie und die Wohnung, das Mietshaus wieder auf das ausgebombte Grundstück gestellt; dann hatten sie drei Kinder großzuziehen und die Schwiegermutter noch an der Backe. Es gab Diskussionen um politische Meinungen und Ähnliches. Und natürlich kamen auch so Aussprüche »Solange du deine Beine unter unseren Tisch streckst, hast du das am Abendbrottisch nicht zu sagen«.

Ich war gerne in Traumwelten und fand Abenteuerfilme toll, Karl-May-Filme, Winnetou, Schatz im Silbersee. Ich habe tatsächlich 35 Bände Karl May gelesen. Einmal ging ich ins Kino und habe ›Giganten‹ gesehen. Der kam damals auf Breitleinwand mit Rock Hudson, Liz Taylor und James Dean. Ich war 12 und er hat mich vom Stuhl gerissen. Als ich aus dem Kino raus kam, musste ich mich auf die Stufen setzen, um den Film erstmal zu verdauen. Irgendwann, Jahrzehnte später, kam der Film im Fernsehen und ich verpflichtete das erste Mal meine Tochter und meinen Sohn, mit mir einen Film anzusehen. Also setzten sie sich mit mir hin und nach einer Weile sagten sie, »Was für ein Kitsch!«.

Mein Vater kaufte den ›Stern‹, wir hatten ›Die Zeit‹ und natürlich das ›Hamburger Abendblatt‹ und die ›Hörzu‹. Als ich anfing, ›Bravo‹ zu lesen, durfte ich das zwar, aber anfangs war es nicht gern gesehen. Ich habe mir die ›Bravo‹ von Nachbarkindern geliehen und zurückgegeben, bevor mein Vater heimkam. Was auch überhaupt nicht erlaubt war, das war, Heftchen zu lesen. Sowohl Comics, Donald Duck oder so etwas, das war ja »keine Literatur«, und schon gar nicht Jerry Cotton. Natürlich hat man die sich mal gekauft, aber sie haben mich eigentlich nie so richtig vom Hocker gerissen. Ich hatte da schon andere Sachen gelesen und merkte den Unterschied. Jerry Cotton war so artig, da kam ja nicht mal Sex drin vor. Als ich 14 war, hatte mein mittlerer Bruder eine Freundin, die lernte bei der Landeszentralbank und las die ›Angelique‹-Romane. Die habe ich dann gelesen, alle sieben, da war ja mehr drin. Das hätte mein Vater mir mal verbieten sollen, das hat er aber nicht so richtig mitbekommen.

Ich hatte eigentlich nicht viele Freunde, mit zwei, vielleicht vieren war ich wirklich zusammen. Wir haben Musik gehört oder sind durch die Gegend geradelt. Es gab dann als wir in die Pubertät kamen, diese kleinen Gangs, Leute, die sich die Haare auf Elvis frisierten und ihre Metallkämme hinten aus den Hosentaschen herausschauen ließen. Als die Halbstarken aufkamen, gab es in Hamburg für junge Leute den Namen »Brit«, für Brite. »Also du benimmst dich wie ein Brit«, meinte nicht nur »Das ist aber ungehörig, das gehört sich nicht«, sondern ging in die Richtung »So etwas tut man nicht, das ist asozial«. Das waren die Jungs mit den Schmalztollen, die in Gangs auftraten, schon mal andere Jungs zusammenschlugen und Bier auf der Straße tranken, was damals überhaupt noch nicht gang und gäbe war, Bier öffentlich zu trinken.

Als die Ersten dann anfingen sich für Mädchen zu interessieren, saßen sie auf Parkbänken herum, aber das war unser Ding über längere Zeit nicht. Wir haben uns entweder bei Freunden oder bei uns in der Wohnung getroffen, haben über Gott und die Welt gesprochen, sind dann ins Kino gegangen. Andere fingen an, sich richtig für Musik zu interessieren.

Ich habe mit Freunden eine Band gegründet. Der eine konnte sehr gut Gitarre spielen, ich habe ein bisschen Schlagzeug gespielt. Und es gab dann welche, die nichts taten – damals nannte man das »Rumhängen«. Das war unseres so auch nicht. Wir haben irgendwann mit 16 angefangen, abends in Studentenkneipen oder die Jugendfreizeitheime zu gehen, wo sonnabendabends bis zehn Uhr Tanzmusik gemacht wurde, mit Anfassen. Das war uns aber noch suspekt, wir redeten lieber. Es gab diese alten, konventionellen Kneipen, wo nicht mein Vater, aber andere Väter hingingen und dann gab es auf einmal Kneipen, die hießen »Maulwurf« oder »Alter Ofen« und da standen ewig volle Schalen mit Erdnüssen auf den Tischen und man trank Bier oder, da ich noch keinen Alkohol trank, eine Cola.

Als 1966 die »Gammler« aufkamen, hieß es dann »Willste etwa ein Gammler werden, nichts tun, lange Haare und Haschisch rauchen?« Natürlich schmissen auch einige die Schule mit dem Argument: »Ich lass mich hier nicht mehr in diesen bürgerlichen Kreislauf einspeisen«. Man hat diskutiert und war in gewisser Weise politisch aktiv; da machten linke Buchläden auf und man ging Sonnabendmorgens hin und traf sich und da standen wichtige Leute herum und neue Zeitschriften lagen aus, aber trotzdem machte man auf der anderen Seite ernsthaft sein Leben weiter, relativ zügig sein Studium durch. Man hat funktioniert. Und zum Studienabschluss war ich dann auch schon Vater.

Ich bin sozusagen ungemischt durchs Leben gegangen. Bis zu meiner zweiten Schleife zum Abitur war mein Gymnasium eine Jungenschule. Es gab natürlich Interesse an der Weiblichkeit. Aber man guckte allenfalls heimlich. Der ›Stern‹ war auch schon mal wagemutig mit einem Titelbild, dass man eine Erektion bekam. Aber der erste richtige Kontakt mit dem anderen Geschlecht kam durch die Tanzschule. Aber meine Freunde und ich blieben da eher reserviert. Mir wurde das häufig lästig, zu eng. Als Zwischenstufe gab es diesen bescheuerten Zwischenball in den Räumen der Tanzschule. Die Herren sollten für die Getränke sorgen und die Damen für die Verpflegung. Die Getränke musste man natürlich in der Tanzschule kaufen und die Damen sollten Schokolade oder

Erdnüsse und Chips mitbringen. Ich hatte, weil ich relativ wenig Süßigkeiten aß, dummerweise geäußert, mir wäre ein Schinkenbrot lieber. Daraufhin brachte meine Zwischenball-Partnerin tatsächlich ein Schinkenbrot mit. Das war mir dann zu viel. Wir waren schon mal zusammen im Kino gewesen und ich hatte ihr auch ans Knie gefasst, und es war natürlich unheimlich lieb gemeint, aber das war die erste Liebe, und ich habe nur gedacht, ach nee! Und: Wie kann man nur für so einen blöden Kerl wie mich ein Schinkenbrot mitbringen?

Man machte ja sowieso nicht viel außer ein bisschen Knutschen im Freibad. Andererseits war es dann aber auch so, wir hatten so viel vor, dass wir nicht ewig mit den Mädchen rumhängen konnten. Es gab natürlich welche, die sich mit 14, 15, 16 gleich befreundeten und dann als traute Pärchen Hand in Hand gingen und nur noch zusammen Radio im Freibad hörten. Manche fingen gleich ganz enge Freundschaften an und trafen sich jeden Tag und saßen auf dem Zimmer und hörten Musik. Das fanden wir eher ein bisschen langweilig. Wir haben mehr mit den Mädels gescherzt, das war unverbindlich und so blieb es auch in der Zeit, als man bis abends um zehn Uhr in die Kneipe ging, wo dann möglichst auch Mädchen waren. Wir haben rumgeblödelt und Quatsch gemacht und die Leute veralbert. Aber es gab immer die zwei Gruppen: Die, die mit ihrer Tanzstundenliebe durch die Gegend zogen und die anderen, die eigentlich ein bisschen frei bleiben wollten.

Und dann kamen diese furchtbaren Trennungsszenen, wenn man sich nicht mehr liebte, mit Abschiedsbrief und so, das alles war ein bisschen lästig. Manche Mädchen, bestimmt auch manche Jungs, waren sehr kindisch. Und andere waren wie »kleine Muttis«, die waren so, dass man wusste, die meinen das ernst. Es gab auch Jungs, die ein Abklatsch ihrer Väter waren. Immer wie der Papa, oder wie die Mutti. Die waren darauf aus, möglichst bald ordentlich zu heiraten. Weil es in der Zeit auch sehr ungewöhnlich war, dass zwei Unverheiratete eine Wohnung bekamen. Vielen war ja bei einer relativ frühen Heirat auch wichtig, aus ihren Familien herauszukommen. Als ich die Lehre machte und den Führerschein

Werbeplakat für Italienurlauber, 1951

VIAREGGIO
LIDO di CAMAIORE
MARINA di PIETRASANTA
FORTE dei MARMI
Toscana - Italia
ENIT
ESENTE DA BOLLO

mit 18, da hatten die meisten in meinem Alter schon eine feste Freundin und waren natürlich auch schon verlobt! Darauf legten es manche richtiggehend an, die konnten nicht früh genug in ihre Wohnungen kommen.

Schwarzer Tino, deine Nina
War beim Rocco schon im Wort.
Weil den Rocco sie nun fanden,
Schwarzer Tino, musst du fort.

Heißer Sand und ein verlorenes Land
und ein Leben in Gefahr.
Heißer Sand und die Erinnerung daran,
dass es einmal schöner war.

Schwarzer Tino, deine Nina
tanzt im Hafen mit den Boys.
Nur die Wellen singen leise,
was von Tino jeder weiß.

Heißer Sand
Mina, 1962

Es war gar nicht so leicht, sich mit Mädchen zu treffen, abgesehen davon, dass die Eltern jederzeit ins Zimmer platzen konnten. Sich auf eine Lichtung zu legen, das wollten die Mädchen auch nicht gleich. Dann gab es ja die Angst – nicht, dass man mit 16 schon an Geschlechtsverkehr gedacht hätte, man hat natürlich daran gedacht, aber so akut war das ja nicht wirklich –, da könnte etwas passieren. 1968 bin ich mit einem Freund nach Mallorca geflogen, wir haben das erste Mal ganz alleine Urlaub gemacht und auch Mädchen kennen gelernt. Aber da saß unten einer im Hotel, der darauf achtete, dass man keine Mädchen mit aufs Zimmer nahm. Natürlich wurde da geknutscht und mehr, aber das war alles noch einen Tick kontrollierter, auch weil die Pille noch nicht so allgemein in den Köpfen war. Da war eher Petting angesagt.

Letztlich habe ich auch relativ schnell geheiratet. Als ich meine Frau kennen lernte, da habe ich mich gleich verliebt und da war mir mit einem Mal alles egal. Meine Frau und ich haben uns verlobt, aber ohne unseren Eltern Bescheid zu sagen. Wir haben Ringe gekauft und dann haben wir meine Eltern angerufen und haben es ihnen erzählt. Woraufhin meine Mutter sagte, »Ja, das machen wir alles noch mal«, und meine Schwiegermutter war entsetzt.

Ich kannte meine Schwiegereltern gar nicht. Irgendwann hatte ich im Auftrag meiner Frau ihrer Mutter zum Geburtstag einen Blumenstrauß vorbeigebracht. Auf mein Klingeln machte mein Schwiegervater die Tür auf. Ich sagte »Herzlichen Glückwunsch von Ihrer Tochter«. Mein Schwiegervater dachte, ich komme von Fleurop, nahm den Strauß, bedankte sich und machte die Tür gleich wieder zu. Ich bin in mein Auto gestiegen und weggefahren. Meiner Schwiegermutter kam dann die Erleuchtung, dass das der Freund ihrer Tochter gewesen sein könnte. Sie war zu Tode geknickt, dass man mich einfach so wieder hatte gehen lassen.

Die neue Frau in der ›twen‹, 1967

Dann kam der Heiratsantrag bei den Schwiegereltern: Wir haben dort in den Sesseln gesessen und, bevor es richtig ernst wurde, musste ich auf die Toilette gehen. Nun nicht etwa, weil ich aufgeregt war, sondern weil ich tatsächlich zur Toilette musste. Als ich wiederkam, weinten alle. Meine Schwiegermutter, mein Schwiegervater und die Oma. Meine Frau hatte zwischendurch erzählt, dass wir heiraten wollten. Das war für meine Schwiegermutter und die Oma Grund genug, loszuheulen. Ich stand im Raum und sagte, »Ach, Sie haben wohl was gegen mich?«. Das aber kam gar nicht gut, das ist mir noch drei Jahre lang vorgehalten worden. Und dann ging es an die Vorbereitungen der Hochzeit. Meine Schwiegermutter hatte im Krieg geheiratet und eigentlich keine richtige Hochzeit gehabt. Nun wollte sie gerne ihre eigene Hochzeit noch mal richtig nachholen. Sie ist Schneiderin gewesen und hat in einer großen Damenbekleidungsfirma das Atelier geleitet. Und dann haben eine Menge Klöpplerinnen für den Schleier vor sich hin geklöppelt. Das Kleid hat sie selber genäht, auf Wunsch meiner Frau aus gelber Seide. Aber meine Schwiegermutter hat damit eigentlich ihre eigene Hochzeit nachgeholt und das wurde dann auch ein bombastisches Fest.

Die Zeit vor 1968 war wirklich dumpf. Letztlich machte sie dumpf, was alle Zeiten dumpf macht, dass die Menschen in ihrem Zusammenleben fassadenhaft miteinander umgehen, als ob sie sich gleichsam verfestigten. Ein Teil war natürlich auch verlogen. Die Liebesfilme, die damals gedreht wurden, mit diesem Bild der blütenweißen Frau, die mit dem netten, aufrichtigen Holzfäller-Sepp oder Arzt glücklich wird. Die Bilder, die einem da in den Kopf gesetzt wurden, auch den Jungs, waren fatal. Meistens mussten die Männer zum bitteren Ende doch gehen, obwohl sie am liebsten geblieben wären. »Heißer Sand und ein verlorenes Land«, der Frau musste man beweisen, dass man sie richtig liebte, also wirklich richtig liebte und es ganz gut meinte und nicht nur wegen Sex. Die haben ein Frauenbild gegeben, durch das man als junger Mann eher das Gefühl hatte, o je, da kann man nichts machen, es sei denn, es ist alles besiegelt. Ganz nebenbei war auch gar nicht so richtig klar, was man machen wollte. Man wurde eigentlich erzogen in die Richtung weißer Ritter und man schwor, dass man sich immer anständig benimmt.

Neuer Wind kam erst auf mit dem Beginn der so genannten 68er-Jahre, dem Beginn der politischen Diskussionen. Meine Freunde und ich waren so ab dem Alter von 15, 16 ›Spiegel‹-Leser. Auch wenn wir nicht 68er waren und noch nicht studiert haben, sind wir trotzdem häufig zur Uni gefahren und haben uns Sitzungen vom SDS oder anderen angehört. Das war schon eine aufregende Zeit, da hat sich mit einem Mal überall etwas geändert. Um die Ecke von meiner Lehrfirma machte einer ein Geschäft für Sexualhygiene auf. Oder so ein veralbernder Film wie ›Zur Sache Schätzchen‹, in dem mal richtiger Unsinn und nicht Heinz-Erhart-Blödsinn vorkam, lief in den Kinos. Plötzlich schienen sich überall Diskussionen breit zu machen, selbst bei den Ärzten wurde über die Halbgötter in Weiß diskutiert und an der Uni machte sich der Widerstand gegen den »Muff unter den Talaren« breit – das nahm zu auf allen Gebieten. Es war eine aufregende Zeit. Mit einem Mal hatte sich überall etwas geändert.

ULLA BERGER
Geboren 1940 in Berlin

Spaß war etwas Frivoles

Wir wurden kontrolliert. Was Freunde anbetraf, hat meine Mutter sehr stark lenkend eingegriffen. Der erste Freund, Julius, das war ein knuffiger Jugendfreund, mit dem man nicht geknutscht, geschweige denn geschlafen hat. Ein Küsschen, ein Tänzchen, unzertrennlich, und feuchte Händchen. Der gefiel meiner Mutter nicht, weil die Familie ihr nicht gut genug war und die Perspektive ihr nicht gut genug war und er ein bisschen kleiner war als ich. Das hat meine Mutter ziemlich massiv unterdrückt, der durfte weder bei mir anrufen noch mich zu Hause besuchen.

Als nächste wichtige Geschichte lernte ich einen Künstler kennen, Martin, einen Bildhauer. Ich fand das alles unglaublich aufregend und neu und völlig ungewohnt, in jeder Beziehung anders als das, was ich von zu Hause kannte. Der war ernst, hat mich intellektuell bereichert und seine Gedankenwelt war für mich vollkommen neu. Er brachte mir Bücher, ich las und ich fand das spannend. Der bekam sofort Hausverbot. Aber ich habe ihn in seinem Atelier besucht. Das war für mich eine sehr heiße Geschichte. Er war der Erste, bei dem ich dachte, hoppla, da ist ja noch was anderes, wusste jedoch nicht genau, was es ist. Der hat mir Skulpturen und Bilder geschenkt und gewidmet. Die Bilder durfte ich zu Hause aufhängen, sogar mein Bruder hat sich einige geklaut, es waren wirklich gute Arbeiten. Aber: »Willst du denn dein Leben in einer Dachkammer fristen?« Das war der Kommentar meiner Mutter.

Und dann kam mein zukünftiger Mann. Der durfte mich Tag und Nacht besuchen, der wurde von meiner Mutter beschenkt. Der kriegte goldene Manschettenknöpfe mit Edelsteinen. Der kam pausenlos und meine Mutter hat immerzu Kuchen gebacken. Der war es, der sollte es sein, den hatte sie ausgesucht. Das war ein intelligenter zukünftiger Akademiker, Chemiker und an der Uni Assistent und die Familie war okay. Die Richtung sollte ich verfolgen.

Mir wurde das aber irgendwie zu eng und ich bewarb mich für ein Stipendium im Ausland. Ich war 20 und wollte noch nicht heiraten, aber darauf lief alles hinaus. Ich bewarb mich um ein Stipendium in Spanien. Dann wäre ich erstmal weit weg und man könnte weitersehen. Den Briefverkehr über dieses Stipendium hielten meine Eltern zurück. Ich hatte alles eingereicht, hatte vorher bereits einmal in Spanien gearbeitet und konnte die Sprache einigermaßen. Aber das mit dem Stipendium wurde nichts, das haben meine Eltern erfolgreich boykottiert, ich konnte nicht weg.

Dann bin ich mit meinem zukünftigen Mann in die Schweiz gereist, mit Zelt, das wurde erlaubt. Das war ein Fiasko! Wir haben keinen Spaß gehabt, wir hatten sehr unterschiedliche Wünsche, ungleiche Vorstellungen von Reisen. Daraufhin sagte aber meine Mutter, wenn man schon zusammen verreist, dann muss man sich verloben, das sei in unserer Familie so. Ich hatte nicht mehr die Kontrolle über das, was passierte. Der äußere Druck war unglaublich. Und dem habe ich mich nicht energisch und selbstbewusst genug entgegengestellt. Da war natürlich auch der Mann, mein erster Mann, mit dem ich geschlafen hatte, der mich entjungfert hat – und ich war dumm und doof und dann war ich auch noch schwanger. Dass er genauso wenig Ahnung hatte wie ich, darauf wäre ich damals nicht im Traum gekommen. Aber damit war's gelaufen. Zack, Falle zu.

Wir haben geheiratet, das musste dann auch noch schnell gehen. Und danach kamen die Erwartungen von meiner Mutter knüppeldicke: »Du hast jetzt ein Kind, du musst jetzt glücklich sein.« Und ich sagte, ich bin nicht glücklich und sie war fassungslos, »Ja, was willst du eigentlich?«.

Ich saß in einer grauenhaften Wohnung in einer miefigen Gegend und dachte, »So, jetzt bist du alt. Was soll jetzt noch kommen?« Ich wurde magersüchtig und habe keinen Ausweg gesehen. Meine Ausbildung habe ich abgebrochen, habe meine Musik aufgegeben, mein Klavier, weil das nicht mehr zu koordinieren war. Ich war total alleine. Mein Mann war Wissenschaftler, hatte seine Studien und hat teilweise vergessen, dass ich zu Hause wartete.

Ich bin dann an die Uni gegangen abends als Gasthörer.

Ich habe mein Kind viel alleine gelassen. Eine Nachbarin unter mir hatte einen Schlüssel und hat die Kleine gehört, wenn sie aufgewacht ist, was gottseidank so gut wie nie vorkam. Das war zu verantworten. Aber sonst, gegenseitige Hilfe, Solidarität unter Frauen – das gab es damals nicht. Ich weiß noch, als die ersten Frauen begannen, sich mit Küsschen zu begrüßen, da dachte ich, wie, Frauen machen so etwas? Solche Nähe und Vertrautheit kannte ich nicht unter Frauen. Meine Schulfreundinnen waren in alle Richtungen zerstreut, meine beste Freundin war gestorben – ich fühlte mich fürchterlich alleine. Und dazu dieser Druck seitens meiner Mutter, auch seitens seiner Familie, glücklich sein zu müssen, weil frisch verheiratet und kleines Kind zu Hause – was willste mehr?

Arbeitsteilung, das Wort hatte mein Mann nie gehört. Er hat das Kind nicht angefasst, wenn es beschmutzt war, das war ein reines Deko-Objekt für seine Männlichkeit. Nicht, dass er das Kind nicht geliebt hätte und auch Gefühle entdeckt hätte, die er selber eventuell nicht abbekommen hatte, aber von Arbeitsteilung konnte keine Rede sein. Im Gegenteil, er hat in der Zeit promoviert und ich habe mir seine Vorträge angehört. Wir haben die geprobt und das hat ihm geholfen. Ich habe ihn begleitet zu Kongressen. Die typische Rolle, ich war vom Fach, ich konnte die Vorträge verstehen, konnte mitreden, das war sehr dekorativ. Schließlich hatte ich Chemie studiert. Was 1959/60 ein sehr ungewöhnliches Fach für eine Frau war. Zur ersten Vorlesung kam der Professor in den Hörsaal: »Ich sehe hier auch Damen, Sie werden wir hier nicht lange sehen.« Und als ich dann wirklich ausschied, dachte ich: »Scheiße!«

Ich sollte unser Heim gestalten und pflegen, alles, was man so macht. In manchem hatte ich ziemliche Routine, wie Kochen und Putzen, weil ich oft den Haushalt für meinen Vater versorgt hatte, aber ich habe das nie als Erfüllung erlebt. Erst in Amerika, Anfang der 60er Jahre, habe ich das unter einen Hut gekriegt. Mein Mann hatte ein Stipendium bekommen und wir lebten ein Jahr an der Westküste. Das war in mehrfacher Hinsicht toll für mich. Ich kam raus aus dem Mief in Berlin, lernte neue Menschen kennen und bekam plötzlich wieder Luft. Dort merkte ich, dass das zu vereinbaren war, Mutter und selbstständige Frau zu sein. Dort habe ich emanzipierte Frauen kennen gelernt und Frauensolidarität. Ich habe ganz andere Möglichkeiten im Umfeld gesehen, wie man das organisieren kann, dass alles zusammen möglich ist. Die Kinder gingen in eine Ganztagsschule, morgens holte sie der Bus ab und mit einem Mal war ich frei. Es gab Solidarität unter Frauen, wir haben Kindersachen ausgetauscht und die Kinder haben einen Tag bei der gegessen, am anderen Tag bei der.

Das alles wurde wieder zum Problem in Deutschland. In einer kleinen Etagenwohnung, wo du bereits mit dem Kinderwagen überall aneckst. Meine Eltern schenkten mir einen Kinderwagen. Ich wollte das nicht, ich sah den Wagen als Behinderung. Ich kam damit nirgends durch. Das Auto hatte mein Mann, also fuhr ich Bus. Die Einstiege waren so hoch und so eng, dass es fast unmöglich war, mit Kinderwagen hineinzukommen. Ohne Hilfe ging es sowieso nicht. Und Hilfe zu bekommen – man sagt ja, in den 50er, 60er Jahren wären die Leute so höflich gewesen, ganz anders als heute – Irrtum. Ich habe es anders erlebt. Jeder hastete für sich, gegenseitige Hilfe gab es nur im privaten Rahmen, draußen auf der Straße herrschte Haifischmentalität. Die Leute waren unfreundlich, ruppig und oft unheimlich bissig. Ich fand das derartig deprimierend, es war ein Kampf jeder gegen jeden.

Zu Hause wurde es immer schwieriger. Spaß und Witz kamen bei uns ohnehin selten vor. Witzig war mein Mann nicht. Der hatte von zu Hause auch sein Päckchen mitbekommen: »Du musst, du sollst – wir haben im Krieg alles verloren und du musst jetzt zusehen, dass du was wirst. Du bist unsere Hoffnung.« Er war der schlaue Bursche in der Familie, der Überflieger, hoch begabt und das war eine Last. Und er hat sein Leben sehr ernst genommen. Ich sollte in eine Rolle, die ich nicht wollte. Es war so durchsichtig und ist es bis heute geblieben: Die Frau soll das Heimchen am Herd bleiben, sie soll nicht am Leben teilnehmen. Und da war in meinen Augen keinerlei Unterstützung für ein Potenzial, das immerhin die Hälfte der Menschheit ausmacht, das ja durchaus Wünsche und Vorstellungen hat mit den Kindern und für deren Zukunft. Aber da gab es keinerlei Hilfestellung von außen.

Dann gingen wir ein zweites Mal nach Amerika. Ich bewarb mich für ein Stipendium an einer Kunsthochschule und es war wie verzaubert, es klappte alles. Ich bekam das Stipendium in Seattle, dort, wo mein Mann an der Uni war. Da gab es dann das erste Mal Geld und ich hatte ein eigenes Auto. Mit dem konnte ich Einkäufe machen, konnte die Kinder chauffieren, konnte mich frei bewegen und meine eigenen Reisen planen und war nicht so belastet. Hier ein Kind, da ein Kind, mittlerweile war mein Sohn dazu gekommen – die Schlepperei hatte ein Ende. Da fing es an, mir wirklich gut zu gehen.

Als wir wieder zurück waren in Berlin, habe ich meine Tochter im Gymnasium angemeldet. Und die erste Frage war: »Sind Sie berufstätig?« Und ich antwortete, »Steht diese Frage im Zusammenhang mit der Einschulung meiner Tochter?«. Ich bin sicher, da gab es bereits einen Negativ-Strich für meine Tochter. Die haben gesagt, wir erwarten von den Müttern, dass sie am Nachmittag so und so viele Stunden mit den Kindern arbeiten, was zu meiner Zeit in der Schule nicht so war. Was ich in der Schule nicht verstanden hatte, wurde mir in der Schule erklärt und dann ging der Stoff weiter. Diese Schulzeiten in Deutschland damals, da kriegte man einen Zettel mit »Morgen ist Ihr Kind um halb elf zu Hause«. Was soll ein Kind um halb elf zu Hause? Nicht dass ich es nicht gerne zu Hause hatte, aber ich musste meinen Tag irgendwie planen und strukturieren und die Kinder hatten den Eindruck, das beste Spiel sei, die Schule zu umgehen. All das fand ich derartig verachtend gegenüber den Frauen, derartig kränkend, dass man mich in eine Aufgabe mit einbezog, die nicht meine Aufgabe war. Ich war im Elternbeirat und habe gesagt, wieso kann man das nicht anders organisieren. Da hieß es nur, »jetzt kommen Sie mit Ihren amerikanischen Ideen. Leider hat es auch meinen Kindern zum Nachteil gereicht, dass ich mich da engagierte.

Dann bekam ich Krebs. Ich habe einen Knoten in der Brust getastet, bin zu einem Arzt gegangen und habe gesagt, da ist etwas, was mir nicht gefällt. Die haben dies und jenes untersucht und haben dann gesagt, »Wir müssen jetzt erst mal dies und das machen«, und beim nächsten Besuch, »Ja, es verändert sich«, und nach vier Wochen war es genauso. Es zog sich in die Länge und ich war beunruhigt. Dann kam ich zu der Koryphäe, einem Gynäkologen in Berlin. Er machte eine Mammografie, und beschied mich, alles okay, kommen Sie in einem Jahr wieder. Ich hatte aber solche Schmerzen in den folgenden Tagen und Wochen, was untypisch ist für Krebs in dem Stadium. Eigentlich sollten die erst viel später kommen. Also bin ich wieder zu ihm hin und habe ihm das mit den Schmerzen erzählt. Er aber versuchte nur, mich zu beruhigen. Ich musste mit ihm richtig streiten, weil er versuchte, mich mit immer den gleichen Sätzen wie »Beruhigen Sie sich, Sie regen sich ja so auf. Sie sind so ein Mensch, der sich so aufregt« ruhig zu stellen. Ich wollte mich aber nicht beruhigen lassen, sondern etwas unternehmen, ich spürte, da stimmte was nicht. Er wollte aber nichts unternehmen.

Zu guter Letzt habe ich die Mammografien bei ihm zu Hause abgeholt und bin damit zu einem anderen Arzt in eine Klinik gefahren. Der guckte sich das an und fragte, »Warum kommen Sie erst heute?«, und entschied, mich sofort zu operieren. Viel später habe ich diesen ersten Arzt darauf angesprochen, und er sagte, wenn ich seine Frau gewesen wäre, hätte er nicht operiert, denn der Verlust einer Brust bedeute den Verlust des weiblichen Selbstwertgefühls, das könne man einer Frau nicht zumuten.

Also sitzt das Selbstwertgefühl einer Frau im Busen. So muss man es konsequenterweise weiterformulieren. Anschließend haben sie alle von einer »Rekonstruktion« gesprochen. Da stellte sich mir die Frage, ja wie, was soll man jetzt rekonstruieren? Mein Selbstwertgefühl oder meinen Körper? Es war nicht abzusehen, wie der Verlauf sein würde, ob ich überhaupt überleben würde. Und dann kam ich zu einer Frau, einer plastischen Chirurgin. Die hat mich gesehen, hat mich als Ganzes wahrgenommen und hat die Schwester gebeten, doch mal so ein Implantat zu holen. Die fand das merkwürdig, »das sei doch steril«. »Das können wir doch später wieder sterilisieren.« Dann sagte sie zu mir: »Nehmen Sie es mal in die Hand, was haben Sie für ein Gefühl?« Anfassen, befühlen, begreifen und dann wies sie auf die Risiken hin, die Operationstechnik sähe einen Eingriff vor, doch es sei nicht gesagt, dass es hinterher ästhetisch befriedigen würde, es bedeute ein halbes Jahr Operationen, einen Termin nach dem anderen. Und abschließend: »So wie ich Sie einschätze, ist das schwierig für Sie.« Da sagte ich »Vielen herzlichen Dank« und ging. Ich musste nie wieder fragen, ob man wie wo was reinschieben könnte, ein Pölsterchen, ein Kissen, das war für mich absolut gegessen.

Ich bin froh, dass ich das als Thema für mich nicht weiter bearbeiten musste. Ich fand das eher im Gegenteil ganz gut, das ist ein sehr einschneidendes Ereignis gewesen in meinem Leben und ist nach wie vor sichtbar. Auch für die Enkelkinder, wenn ich dusche. »Du, Oma, du hast nur einen Busen«, »Ja, ich habe nur einen Busen«, »Warum hast Du nur einen Busen«, »Der andere war ganz furchtbar krank, und den mussten wir leider wegschmeißen«. Dann ist das für die auch erledigt. Ich finde es eher ganz gut zu erleben, dass man auch mit einem Busen ein ganz normaler Mensch sein kann.

Meine Ehe war schon vorher in die Brüche gegangen, das war absehbar gewesen. Als ich dann aber Krebs hatte, reagierten alle in der Familie total abwehrend. In unserer Familie gibt es keine Behinderten und keine Schwulen und keinen Krebs und dieses Bild war jetzt ins Wanken geraten. Als ich Krebs hatte, hat mein geschätzter Schwiegervater ein Jahr lang nicht mit mir geredet, als ob das ansteckend wäre. Der hatte später selber Krebs und ist daran gestorben, aber es durfte niemand sagen, dass es Krebs war. Ich habe dann viele Männer und ganz tolle Männer kennen gelernt und hatte sehr viel Spaß dabei und es war nicht einer darunter, der mit meinem Busen ein Problem hatte. Da war ich in meiner Auswahl ein bisschen mehr bei mir und die haben mich als Ganzes begriffen und hatten damit keine Schwierigkeiten.

Das war ein sehr schmerzhafter Abschluss von einem Lebensabschnitt. Aber eigentlich ganz logisch und konsequent, weil ich anders nicht aufgewacht wäre. Ich konnte diesen herrlichen Mann – für die Außenwelt war er ja ein wunderbarer Mann und er war auch wunderbar, aber nicht für mich – nicht verlassen. Was ich denn immer nur rummäkele? Wie hätte ich denn das begründen können, dass ich mich trenne? Später irgendwann rief mich meine Schwiegermutter an, »Sag mal, was du da gemacht hast, ist das Selbstverwirklichung?«. Das war so ziemlich das Böseste, was man sich vorstellen konnte.

Ich habe das überlebt. Bin nach Indien gefahren, war lange weg, habe mich intensiver mit mir selbst beschäftigt, mich um mich selber gekümmert. Als ich sagte, ich fahre, hieß es, ich dürfe nicht nach Indien fahren, weil ich sterben würde. Aber man kann überall sterben. Und in Indien hatte ich Begegnungen mit dem Tod, man erlebt den Tod einfach auf der Straße und insofern war es für mich ganz gut, weil ich eigentlich damit gerechnet habe, dass ich sterbe. Ich kenne den Tod nicht, wie soll man sterben, wie geht man damit um, schreit man? Und in Indien lag er auf der Straße, da habe ich mich so langsam daran gewöhnt. Ich bin ihm näher gekommen, habe ihn angefasst, habe ihn gesehen, aha, ein toter Mensch. Ich war im Kloster und habe tolle Menschen kennen gelernt, habe Englisch-Unterricht gegeben für die kleinen Mönche und die haben gelacht. Ich habe nie in meinem Leben so gelacht. Ich habe gemerkt, man kann auch in diesen Phasen des Lebens unheimlich lustig sein und Spaß und Freude haben. Freude und Spaß, das war bis dahin immer etwas Frivoles gewesen.

HART...REALISTISCH...AKTUELL
Die Halbstarken
HORST BUCHHO
KARIN BAAL
CHRISTIAN DOERM
JO HERBST
Viktoria von Ballasko
Stanislaw Ledinek
u. v. a.
Regie:
GEORG TRESSLE
Kamera: Heinz Pehlke
Musik: Martin Boetcher
EINE WENZEL LÜDECKE-PRODUKTION DER INTER WEST FILM IM VERLEIH: RING-FILM

Frühreife Früchtchen

»Euch steht die Welt doch offen!« Was wie eine Verheißung einer glücklichen, vielversprechenden Zukunft klang, war Mahnung an die Jüngeren, nicht zu ungeduldig zu sein. Sie sollten die Ratschläge der Älteren befolgen und die Reihenfolge beachten: erst die Pflicht und dann das Vergnügen. Doch das Versprechen auf das Glück in der kommenden Zeit beinhaltete ein gut Stück Neid der älteren Generation, dass die Jugend nun einfach jung sein durfte, dass sie es jetzt besser hatte, als es den Eltern einst vergönnt gewesen war. Den Jungen sollte die Welt offen stehen, aber den Weg dorthin wollten die Erwachsenen bestimmen.

Und die Jugend sollte sich vor allem anstrengen. Von den Kindern wurden Initiative, Verantwortungsbewusstsein und Tatendrang im gleichen Maß erwartet, wie sie die Eltern antrieben. Die Kinder sollten es mal besser haben und dafür sollten sie aber auch ordentlich was tun. Nicht herumlungern zum Beispiel und immer ordentlich aussehen. Und auch die Töchter sollten einen Beruf erlernen – selbst wenn sie nur bis zur hoffentlich baldigen Heirat arbeiten gingen. Sie sollten eine Hotel- oder Hauswirtschaftsschule besuchen, wo sie Geld verdienten und einen Beruf erlernten, der sie gleichzeitig aber auch dazu befähigte, später perfekt ihren Haushalt zu führen. Bei den Mädchen und jungen Frauen waren jedoch andere Berufe beliebter: Verkäuferin und Friseuse waren begehrt wegen des Kundenkontakts und Sekretärin stand als »saubere« Arbeit hoch im Kurs.

Aber die Jugend sollte zur Familie erzogen werden mit dem Ziel, Mutter- und Vaterideale zu wecken, sowie Opfergesinnung, um nicht später den Alltagsanforderungen des Haushalts und der Familie leichtfertig zu entfliehen. Junge Männer sollten auf die häusliche Mitarbeit vorbereitet werden und lernen, Teppichklopfen und einkaufen nicht als »Weiberarbeit« abzuqualifizieren, um später ihrer Ehefrau das Interesse und die Freude an der Hausarbeit zu erhalten und sie letztlich auch über die Aktivierung des Sparwillens vor der Flucht in die Arbeit außer Haus zu bewahren.

Plakat zum Film von Georg Tressler mit Karin Baal und Horst Buchholz, 1956

In die Söhne, zumal die ältesten, wurde allgemein mehr investiert – innerhalb der Familie bekam der Junge oft von allem am meisten ab, bei der Wissensvermittlung genauso wie bei der besonderer Kenntnisse und Fertigkeiten seitens des Vaters oder Großvaters. Da konnte es auch schon mal vorkommen, dass der Stammhalter zu Weihnachten vom stolzen Großvater ein üppiges Geldgeschenk erhielt und die Schwester daneben gänzlich leer ausging.

In der DDR hatten Jugendliche und Kinder einen klar vorgegeben Rahmen, in dem sie sich bewegen sollten. In der Schule und in der Ausbildung wurde kein Unterschied gemacht zwischen männlich und weiblich, und fiel den Mädchen irgendwann auf, dass ihre Betriebsleiter immer Männer waren, dann war das eben so. Zu Hause war die Rollenverteilung jedoch genauso klar geregelt wie im Westen – die Mutter und damit auch die Tochter waren für die Hausarbeit zuständig. Vater und Sohn hatten eher außerhalb der Familie ihren Bereich, sie sollten das, was es nicht zu kaufen gab und was dennoch benötigt wurde, durch Geschick und Beziehungen organisieren.

Die Mütter im Westen vermittelten ihren Töchtern jedoch ein ambivalentes Frauenbild. Einerseits sollten die Küken möglichst selbstständig sein, einen richtigen Beruf erlernen und wissen, dass sie einmal nicht auf eine Versorgungsehe angewiesen sein müssen, andererseits erlebten sie ihre Mütter häufig als genau die abhängigen, unselbstständigen Frauen, die sie nicht werden sollten. Und ganz selbstverständlich sollten sie in der Familie typisch weibliche Verhaltensweisen lernen: Anpassung, Einfühlung in andere Menschen, Aufopferung und Unterordnung. Die Töchter zogen häufig den Schluss, es könne nur besser sein, später einmal alles anders zu machen. Vor allem, als zum Ende der 50er Jahre hin die Mädchen im Schnitt immer länger zur Schule gingen und ihr Ausbildungsstand sich zunehmend dem der Jungen annäherte, vergrößerte sich die Distanz zu den eigenen Müttern. Und die Schlussfolgerung, dass in den Mädchenzimmern der späten 50er Jahre die rebellischen Frauenzimmer der 70er heranwuchsen, ist zwar nicht von mir, aber dennoch ziemlich überzeugend. Und was taten die Söhne? Die registrierten doch vermutlich ebenso das zwiespältige Rollenverhalten ihrer Mütter.

War ihnen das wurscht oder zogen sie daraus nicht eher den Schluss, Frauen wissen einfach nicht, was sie wollen?

Die Eltern wollten die Jüngeren beschützen – sie sollten aufwachsen wie in einem Kokon. Mit dem in den 50er Jahren omnipräsenten Begriff der »Frühreife« wurde alles belegt, was den Älteren unheimlich war. Die Kleidung und das Aussehen genauso wie die Musik, der Rock'n'Roll und später der Beat. Jugendliche, die sich dem Raster von Leistung, Arbeit und Konsum, wenn auch nur zum Teil, entzogen, standen aufs Heftigste im Widerspruch zu ihren Eltern und Lehrern aus der »Tu was!«-Generation. Die hatte, geführt wie verführt von ihren HJ- und BdM-Führern, militärischen Ausbildern und nationalsozialistischen Lehrern, Originalität, Entwicklung der eigenen Persönlichkeit und Individualität stets als etwas Negatives vorgeführt bekommen. Jetzt erlebten die Eltern das bei ihren Kindern und waren entsetzt.

In Nietenhosen, der Elvis-Tolle, die manche sich mangels Geld für Haarspray mit Margarine ins Haupthaar gelten, den spitzen schwarzen Schuhen bei den Söhnen, den Petticoats unter weiten Röcken, selbstgestrickten engen Ringelpullovern oder gar Hosen, die die Figur betonten, Lippenstift und schwarzem Lidstrich bei den Töchtern vermuteten Eltern, Lehrer und Ausbilder oft zu Recht Widerstand gegen das allgemein propagierte Ziel »Uns soll es immer besser gehen«.

Die Väter trugen im Allgemeinen Hut, lupften ihn leicht und duckten sich darunter hervor, wenn sie auf der Straße Bekannte begrüßten. Die Haare waren ordentlich gescheitelt oder streng nach hinten gekämmt, scharfe Rasuren im Nacken wie am Kinn, rasiermesserscharf auch die Bügelfalte an der Hose. Es galt, die Fasson zu wahren, innen und außen.

Und sie hatten die Befürchtung, dass die moralisch noch nicht gefestigten Jugendlichen Opfer ihrer triebhaften Natur werden könnten, was langfristig zur sittlichen Verwahrlosung der gesamten Gesellschaft führen müsste – kurzerhand erhob man den erlittenen Verzicht auf eigene Jugend, Mode, Überschwang und romantische Verliebtheit zum Ideal, das die Jugendlichen doch nur vor den Versuchungen der Erwachsenenwelt bewahren sollte. Das ging am besten durch Anleitung zu Sittlichkeit und Selbstzucht, denn zu frühe Selbstständigkeit und Unabhängigkeit wurden als

Ursache möglicher Fehlentwicklungen gedeutet. Also wurden Freiräume beschnitten, aufkeimende Individualität im Keim erstickt – und notfalls als letztes Argument zugeschlagen. Die Eltern waren um den guten Ruf ihrer Töchter besorgt. Aufklärung der

Lipsi, Letkiss und Twist – die neuen Modetänze

Nachkommen fand nicht statt in Zeiten, als Sex als »schmutziges Geheimnis« galt. Erotik war etwas für lüsterne Gemüter und durfte nur in aller Heimlichkeit ausgelebt werden. Wenn Mädchen ihre Tage bekamen, wurden sie mit unförmigen Camelia-Binden, einem noch monströseren Gürtel und mehr als kryptischen Erklärungen alleine gelassen – die Bienentheorie war so absurd wie die Vorstellung, dass die Gebärmutter Tränen weint ob der ungeborenen Kindlein. In der Schule hatten es die Mädels aber schnell raus, wie sie den Unterricht boykottieren konnten – »Frau Lehrer, ich kann heute nicht mitturnen, ich hab meine Tage«. Immer mehr Mädchen saßen auf der Bank und die Jungs wunderten sich und waren neidisch, hatten sie doch von »der Regel« zumeist keine Ahnung und verfügten selbst nicht über solch eine geheimnisvolle Krankheit, die offensichtlich nicht schlimm war und dennoch dazu taugte, dem Unterricht fern bleiben zu dürfen.

Ein fester Wille in der Ablenkung der Gedanken von geschlechtlichen Reizen und Freude an der Arbeit sind Mittel, die gegen eine unmoralische Reizbefriedigung schützen. Müßiggang ist aller Laster Anfang. Auch Sport, der von einer fanatischen Sportbegeisterung geleitet wird, ist ein Mittel der Ablenkung von unnötigen Geschlechtsbedürfnissen. Darin gipfelt auch der Wert der großzügigen, sportlichen Weltprobleme unserer Zeit.

Dr. med. Veit Brabetz,
›Unser Liebesleben‹, 1950

Sport galt zwar auch in den 50ern als gesund – »mens sana in corpore sano«, gesunder Körper, gesunder Geist, wurde auch von Nicht-Humanisten gern bemüht –, aber von Mädchen in der Öffentlichkeit vorgeführt, galt er nicht überall als schicklich. Vor einem Sportfest in Bamberg kam es 1954 zu einem Skandal, der seinen Weg bis in die Sportseiten des ›Spiegel‹ fand: Die Schulleiter sämtlicher Bamberger Schulen hielten die Teilnahme von Mädchen an einem Stadtlauf für so abwegig, dass sie dem Oberbürgermeister in einem Schreiben ein Verbot solchen Tuns empfahlen, denn es sei »keineswegs schön und ansprechend, eher würdelos, wenn unsere jungen Mädchen an Tausenden von Zuschauern vorbei in saloppem Anzug durch die sonntäglichen Straßen hetzen. (...) Die Veranstaltung würde bestimmt stilvoller wirken, wenn nur die männliche Jugend die federnde Kraft ihrer Muskeln und Sehnen messen würde, während die Beteiligung der Mädchen nach unserer Auffassung das Niveau der Veranstaltung herabsetzen würde.«

Vor allem der zu frühen erotisch-sexuellen Entwicklung galt es Einhalt zu gebieten. In Zeiten, in denen Ehe und Familie als Ideal galten, war der Verzicht auf Sex vor der Ehe oberstes Gebot. Ab einem gewissen Alter wäre das Problem einer zu frühen Schwangerschaft durch Heirat legalisierbar gewesen, aber als Jugendliche bereits schwanger zu werden galt als Schande – nicht nur für das Mädchen – »so eine ist das« –, hieß es dann, und die Distanz zur Hure war ziemlich gering –, sondern auch die Eltern standen schnell im Verdacht, in ihrer Erziehung versagt zu haben. Die Jugendlichen sollten entsexualisiert aufwachsen, möglichst mit dem körperlichen Entwicklungsstand eines Kindes – bis zurHeirat. Die dementsprechend romantisch überhöht werden konnte.

In der zunehmenden Amerikanisierung der Jugendlichen vermeinten besonders eifrige Bildungsbürger einen unmittelbar bevorstehenden Kulturverlust zu erblicken und wehrten sich im Verbund mit der Bundesregierung 1953 mit einer Kampagne gegen »Schmutz und Schund«. In der Welt der Erwachsenen drohte von allen Seiten Gefahr für die moralisch noch nicht trittsicheren Jugendlichen – Alkohol, Nachtlokale, schmuddelige Filme, erotische Fotografien in Hochglanzmagazinen, oder die leicht bekleideten jungen Mädchen auf den Titelblättern der Illustrierten. Und je achtbarer die Bürger, desto stärker sahen sie es als ihre oberste Bürgerpflicht an, sich von der verheerenden Wirkung besonders verwerflicher Orte und Medien selbst zu überzeugen, um sich anschließend öffentlich umso lauter über die schwindende Moral der Gesellschaft zu erregen. Diese Doppelmoral der Elterngeneration blieb den Jugendlichen nicht verborgen.

Denkt man heute über den Wert vorehelicher Jungfräulichkeit anders? Man fühlt genau wie früher, nämlich daß ein unberührtes Mädchen mehr besitzt und in der Ehe etwas zu schenken hat, was eine andere nicht mehr hat. In die Sprache der Zeit übersetzt: Wenn ein Autofahrer die Wahl hat zwischen einem Gebrauchtwagen und einem neuen Modell, wird er den neuen Wagen bevorzugen.

Ottilie Moßhammer,
›Leben und Liebe mit 17‹, 1965

»Das ist nichts für kleine Mädchen«

So hieß ein Film, der 1953 in die Kinos kam. Der Titel verbot den Film mit Eddie Constantine alias Geheimagent Lemmy Caution für anständige Mädchen und sollte doch alles, was Beine hatte, in die Kinos locken. Männer hatten ihre sexuellen Eskapaden im Krieg zwanglos mit der Rolle des Soldaten verbinden können. Die Vermutung ähnlicher Erfahrungen auf Seiten der Frauen erfüllte sie jedoch mit Misstrauen und Ablehnung. Und mancher ehemaligen Wehrmachts- oder Luftwaffenhelferin wurde pauschal unterstellt, leichtfertig gewesen zu sein, den Dienst nur angetreten zu haben, unter starkem Schielen nach Lametta und Orden und einem unbedingten Aufstiegswillen, der auch vor dem Weg durch die Betten der Vorgesetzten nicht Halt gemacht hätte. Helferinnen in Wehrmacht, Luftwaffe, Flak, Marine oder SS wurde nach dem Krieg mehr oder weniger offen gezeigt, dass man sie weniger für Helferinnen als für Amazonen hielt.

Sex sollte, wenn es nach dem Willen der konservativen Sittenwächter gegangen wäre, ausschließlich der Fortpflanzung dienen – bei der Frau. Für sie galt eine rigide, sie unterwerfende Sexualmoral. Dagegen galt männliche Sexualität als natürlich, der Mann sollte sich in jungen Jahren ruhig mal »die Hörner abstoßen«. Junge Männer wussten dennoch wie junge Frauen oft bis zur Heirat nur ganz ungefähr, wann, warum und wieso Frauen ihre Periode bekamen. Busen, Penis und Vagina waren Unwörter, bei denen Frauen und Mädchen erröten mußten und Männer dreckige Witze rissen. Sex hatte oft wenig mit Spaß zu tun und trieb im Dunkeln trübe Blüten. Und je besser die Schlafzimmer beheizt wurden, desto moderner wurde es, sich zur Nacht komplett einzukleiden, endlich hatte man ja auch wieder Geld für Pyjamas, Nachthemden und die verspielten Baby-dolls, modische Zweiteiler zwischen naiv und verrucht und für ein Negligé am Morgen.

Neckische Baby-dolls fürs Schlafzimmer

Die Adenauer-Ära war eine Zeit engmaschiger Prüderie. Es fehlten sogar die Wörter, um sich über Fragen der Sexualität zu verständigen. Diese Sprachlosigkeit machte es fast unmöglich, die allgemeine Verdruckstheit und falsche Scham zu durchbrechen. Alles hatte seine kleine Ordnung. Anstandsregeln legten fest, wo und wie weit sich Frauen und Männer näher kommen durften. Jeder Schritt war geregelt, die Kontrolle beinahe lückenlos. Es galt das 100 Jahre alte Sexualstrafrecht, nach dem jede Art von Sexualität außerhalb der Ehe als »Unzucht« unter Strafe gestellt war; auch ein homosexuelles Privatleben war mit Zuchthaus von bis zu 10 Jahren bedroht und nur im Verborgenen möglich – selbst die Werbung für Verhütungsmittel war nicht straffrei.

Metall gewordene Technikbegeisterung, das Atomium in Brüssel 1958

Wer ungewollt schwanger wurde, hatte ein echtes Problem. Schwangerschaftsabbrüche standen unter Strafe. 1951 wurden Frauen wegen Abtreibungsverdachts zu Massenverhören geladen, im Falle eines Nachweises drohten Geld- und hohe Gefängnisstrafen. Engelmacherinnen hießen die nicht selten stümperhaften Helferinnen der Frauen in dieser Notlage. Der § 218 wich erst 1974 unter den massenhaften Selbstanzeigen von Frauen, »Wir haben abgetrieben«, im ›Stern‹, schließlich der Fristenlösung – und auch das nur vorübergehend.

In den 50ern stritten die Moralapostel mit ihrer abgestandenen Sittlichkeit für eine Gesellschaft von konformistischen Genussverweigerern zwischen Kirchgang und strikter Geschlechtertrennung. Sie bejahten die frühe Sperrstunde in Nachtlokalen, erregten sich über ein paar Sekunden Nacktheit von Hildegard Knef in dem Film ›Die Sünderin‹, versuchten heimlich die Röcke der ›Verschleierten Maja‹ zu lüpfen und beruhigten ihre Gemüter erst wieder in der übersichtlichen Welt von ›Grün ist die Heide‹ oder mit der ›Försterliesel‹.

Mitte der 50er Jahre wurden die Sittenwächter in den Städten von überdimensionalen Verlockungen umstellt – auf Plakatwänden, Kinoplakaten, in Illustrierten und in der Werbung prangte der deutlich betonte, wohlproportionierte Busen über der Wespentaille. In den Kinos und am Kiosk tauchten zunehmend sexuelle

Motive auf, wie sie noch wenige Jahre zuvor nur heimlich unterm Ladentisch anrüchiger Buchhändler zu haben waren – »nur für Wissenschaftler«. Die Illustrierten wie ›Revue‹ und ›Stern‹ meldeten auf den Titelseiten die endgültige Aufhebung der Sexualtabus und Partnertausch unter Ehepaaren. Nach dem Brecht'schen Motto »Geld macht sinnlich« sexualisierte sich die Republik und brach sich mit der Aufklärungswelle schwungvoll, manchmal lederhosenderb, manchmal befreiend frech, Bahn durch die abgeschmackte Spießigkeit.

Die neuen Stoffe betonen die Figur

Die Hälfte des Himmels für die Frauen!

Ein exaktes Ende der Nachkriegszeit zu bestimmen ist nicht leicht, es wurde individuell unterschiedlich erlebt und selbst kollektiv lassen sich verschiedene Daten ausmachen, die das Ende dieses Abschnitts nach dem Krieg markieren. Aber es scheint, als ob das Ende der Nachkriegszeit und der engstirnigen 50er Jahre erreicht war, als es endlich möglich war, bereits in der Sprache Grenzen zu überschreiten, als Gespräche und Diskussionen die Verkrustungen, die für die 50er Jahre kennzeichnend waren, allmählich aufbrachen.

Aber es gab auch handfeste Indizien: Wirtschaftlich wurde das Ende der Nachkriegszeit im Westen eingeläutet, als sich abzeichnete, dass es mit dem Aufschwung nicht ewig so weitergehen würde. Die 50er Jahre, das Jahrzehnt verstärkter Industrialisierung, hatten eine richtige Revolution an Neuerungen hervorgebracht und den Glauben an unbegrenzten Fortschritt geschürt. Ein Zauberwort hieß Kunststoff und der fehlte bald in keinem Haushalt mehr – die leichten Eimer waren nicht mehr aus emailliertem Metall, sondern aus Hostalen, die bunten Schüsseln aus Polyethylen, die Hemden aus bügelfreiem Nyltest, Pullis aus Dralon und Schallplatten aus PVC. Die Technikbegeisterung der Deutschen wurde von ständigen Neuentwicklungen, die permanent zum Kaufen animierten, in immer neue Höhen getragen – und die Deutschen kauften: Radioapparate mit und ohne Musiktruhe, tragbare Plattenspieler, elektrische Kühlschränke mit Eisfächern, in denen die hitzegeplagte Familie im Sommer Eiswürfel für die gekühlte Coca Cola vorfand, Waschmaschinen, die vollautomatisch wuschen und schleuderten, Küchenmaschinen, die von jeder Hausfrau leicht zu Staubsaugern umgebaut werden konnten – so versprach es zumindest die Werbung, Heißwasserboiler für ständig verfügbares heißes Wasser, elektrische Nähmaschinen, Telefone und Fernsehgeräte. Die Industrie ließ die Deutschen erst zu Zweiradfans auf NSU-Prima- und Heinkel-Motorrollern werden, doch bald zog die Automobilbranche nach und motorisierte mit Isetta, Gogomobil, dem »Leukoplast-Bomber« von Lloyd und dem VW-Käfer – zumindest die West-Republik. Und bewarb mit Begriffen wie »Leistung« und »Fortschritt der Kraftfahrt« vor allem die männliche Kundschaft, denn Autofahren war Männersache.

Sie (die Frau) sollte nicht versuchen, von sich aus den Erregungsverlauf zu beeinflussen. Am günstigsten ist es, wenn sie sich ihren Gefühlen voll und ganz hingibt, ohne auch nur im Geringsten dabei aktiv tätig zu sein.

Dr. Rolf Verthen, ›Enthüllte Geheimnisse der Liebe und Erotik‹, 1955

1957 hatte die Sowjetunion mit »Sputnik« den ersten Satelliten in eine Erdumlaufbahn geschossen, was in der westlichen Welt einen Schock auslöste und die Gefährlichkeit des Kalten Krieges wieder einmal in Erinnerung brachte. Das terrestrische Wettrüsten beunruhigte die Menschen und das im All beflügelte ihre Fantasien. Stadtplaner und Architekten hatten Konjunktur, bauten autogerechte Städte und entwarfen Siedlungen im Wasser und im All.

Ein erster Dämpfer kam, als offenbar wurde, dass Fortschritt ungewollte Nebenwirkungen haben kann: Der Contergan-Skandal mit Bildern von behinderten Kindern erschütterte 1957 die Republik. Gelb-schwarze Rauchschwaden über Industriestandorten machten deutlich, in welchem Ausmaß sich die Luftqualität verschlechterte und führten beim Bundestagswahlkampf 1961 schließlich zu dem SPD-Motto: »Blauer Himmel über der Ruhr«.

Ende der 50er Jahre hatte die Stilllegung von Zechen im Ruhrgebiet begonnen. 1966 spitzte sich die Situation zu, es kam zu einem sprunghaften Anstieg der Arbeitslosen- und Kurzarbeiterzahlen und im Herbst 1966 schließlich in Bonn zu Großdemonstra-

›Sputnik‹-Aufführung in der Choreographie von Ruth Berghaus, Dresden 1959

tionen mit 60.000 Bergarbeitern. Zusammen mit einem Haushaltsloch von vier Milliarden DM und dem Niederlegen der Ämter durch die FDP-Minister führte das noch im November 1966 zum Rücktritt Ludwig Erhards, der drei Jahre zuvor Konrad Adenauer im Amt abgelöst hatte. Am 1. Dezember 1966 folgte die Bildung der großen Koalition unter Kurt-Georg Kiesinger.

Gesellschaftlich war ein anderes Ereignis mindestens so einschneidend wie die Angst vor einer nun fragwürdigeren Zukunft: Ein paar Jahre zuvor war in Deutschland die Pille auf den Markt gekommen und ab da brachen zuvor unüberwindbar scheinende

Barrieren und längst überholte Konventionen auf. Die Pille erlöste die Frauen aus ihrer ständigen Unsicherheit, schwanger werden zu können und damit aus der Abhängigkeit vom guten Willen der Männer »aufzupassen«. Die Pille war 1961 in den USA entwickelt worden und kam 1962 auch in Deutschland auf den Markt. Aber die Ärzte gebärdeten sich anfangs als Sittenwächter. Sie wurde nur unter dem Ladentisch gehandelt und war besonders für unverheiratete Frauen nur schwer zu bekommen.

Aus Beate Uhses Wäschekollektion

Der Siegeszug der Pille war jedoch nicht aufzuhalten und führte zur allgemeinen Liberalisierung nicht nur des deutschen Sexlebens. In den Schulen wurde ab den 60er Jahren zaghafte Sexualaufklärung gewagt – trotz heftiger Gegenwehr der konservativen Tugendwächter. Die ehemalige Pilotin Beate Uhse eröffnete zur Weihnachtszeit 1962 in Flensburg ihr erstes »Fachgeschäft für Ehehygiene«, den ersten Sexshop der Welt.

Die bisher möglichst im Dunkel des Schlafzimmers gehaltene bundesrepublikanische Nachthemdenerotik wurde in den 60er Jahren vom Konsum vereinnahmt. Sex wurde zur Ware und zum guten Geschäft: Illustrierte, Bücher und Filme überschwemmten den Markt, die Werbung setzte eindeutige Motive ein, um Verkaufszahlen in die Höhe zu treiben. Auch jenseits des eisernen Vorhangs hatten sich die Sitten gelockert und eine erste Nackte durfte 1955 in der Zeitschrift ›Gesundheit‹ abgebildet werden. Und selbst die Bundesregierung sah überraschend Handlungsbedarf und beteiligte sich mit einem Pilotfilm an den nackten Tatsachen: der von ihr finanzierte Aufklärungsstreifen ›Helga‹ zog 1967 sechs Millionen Zuschauer in die Kinos und der »Aufklärer der Nation« Oswalt Kolle zeigte bieder-anstößige Aufklärungsfilme für Erwachsene.

Auf das asexuelle Hausfrauen- und Mütterideal der 50er Jahre folgten die jungen Frauen der 60er Jahre, die ihre Attraktivität selbstbewusst zur Schau stellten und nun stärker unter das Diktat der modischen Reize gerieten. Nach welchen Regeln und in welchen Kleidern dies geschehen sollte, darüber klärten die Frauenzeitschriften in neuen Rubriken auf: Gefragt waren Schönheit, Jugend und Sexappeal. Mary Quants Minirock verstörte die Sittenwächter und kaum konnten sie überall jungen Mädchen unter die Röcke gucken, rutschten die Rocksäume schon wieder nach unten, verwischten wallende Kleider und lange Haare die Geschlechtergrenzen. Statt Erotik und Sexualität galten nun lange Pullover und Solidarität. Während sich die Älteren in ihrem Wohlstand eingerichtet hatten, packte die Jugend das »Unbehagen an der Behaglichkeit«. Ihr Protest richtete sich gegen die Restauration, in der sie ihr Leben erstarren sahen und gegen die Aufrüstung, die ausgerechnet jene Väter vorantrieben, die noch immer unter generellem Faschismusverdacht standen.

»There's no time to lose«,
I heard her say
cash your dreams before
they slip away
dying all the time
lose your dreams and you
will lose your mind
ain't life unkind

Goodbye Ruby Tuesday

›Ruby Tuesday‹
Rolling Stones

Ende der 60er Jahre geriet alles in Bewegung. Die Generationen hatten sich auseinandergelebt, die Jungen forderten im Verein mit politischer Solidarität »make peace, not war« und eine Zukunft in love, peace and happiness. Auf dem gesellschaftlichen Resonanzboden, den die Große Koalition bot, entstanden APO, Studenten- und Ostermarschbewegung. Und die Älteren belferten irritiert und in ihren Grundüberzeugungen in Frage gestellt, den Satz, der später zum Klischee wurde: »Geht doch rüber, wenn es euch hier nicht passt!« Damit war die DDR gemeint, denn für die Ängstlichen im Lande gab es nur bedingungslose Treue zum bundesrepublikanischen Antikommunismus oder den Kommunismus »drüben«. 1969 schließlich scheiterte die Regierung Kiesinger, und Willy Brandt trat als Kanzler an mit dem Versprechen »Mehr Demokratie wagen« zu wollen, und mit Reformen die Erstarrung und Steifheit im Innern der Bundesrepublik und die des Kalten Krieges Richtung Osten aufzuweichen.

Im Zuge der Studentenbewegung entwickelte sich ein neues Selbstverständnis der Frauen. Sie hatten die Nase voll davon, einen Platz hinter den Männern einzunehmen, sie wollten nach vorne, auf Augenhöhe mit ihnen zusammenarbeiten. Sie hatten sich längst entfernt von ihren Müttern, deren Weltbild ein gänzlich anderes gewesen war als das ihre. Die meisten waren erst Ende des Krieges oder bereits im Frieden geboren und mit dem Vertrauen in eine immer besser werdende Zukunft herangewachsen. Sie hatten die Zerrissenheit ihrer Mütter erlebt zwischen Selbstständigkeit und traditioneller Frauenrolle. Und sie hatten ihnen als Vorbilder misstraut, standen doch die Generationen der Eltern und Großeltern latent unter dem Verdacht der Mittäterschaft während der Nazijahre. Sie hatten zugleich gespürt, wie die Autorität ihrer Väter unter dem Leistungsdruck des Wirtschaftswunderlandes zerbröselte. Und sie hatten sich für ihren eigenen Weg entschieden. Sie waren laut, diese Frauen, und selbstbewusst, wehrten sich gegen die Bevormundung und den § 218.

Sometimes I feel like a
motherless child
Long way from my home
Sometimes I wish I could fly
Like a bird up in the sky
Oh, sometimes I wish
I could fly
Fly like a bird up in the sky

Richie Havens,
Woodstock 1969

Diese Frauenbewegung setzte sich ab von ihren Müttern und Großmüttern. Deren Rolle der stillen Hausfrau, Gattin und Mutter sollte ihre nicht mehr sein. Sie distanzierten sich von der bürgerlichen Emanzipationsbewegung sowohl der 20er Jahre als auch der Nachkriegsjahre. Elisabeth Selbert, die energische Verfechterin der Gleichberechtigung im Parlamentarischen Ausschuss und Initiatorin des ersten großen Massenprotests der Frauen nach dem Krieg, hatte in den 50er Jahren angesichts der langjährigen Verschleppung und unzureichenden Umsetzung des Gleichberechtigungsgrundsatzes gewarnt, man lebe in einem »permanenten Verfassungsbruch«. Der war auch in den 60er Jahren noch nicht restlos beseitigt – übrigens genauso wenig wie heute. Aber die Frauen der Emanzipationsbewegung Ende der 60er, Anfang der 70er Jahre wollten nicht geduldig sein, nicht diplomatisch abwarten, sie pochten lautstark auf ihre Rechte und forderten für die Hälfte der Weltbevölkerung, für die Frauen, ganz einfach die »Hälfte des Himmels«.

Danksagung

Dieses Buch ist nur entstanden, weil ich unschätzbaren Beistand hatte. Dafür möchte ich herzlich danken. Zu allererst meinen beiden Männern für ihre großartige Unterstützung und Geduld, wenn ich mal wieder »für nichts Zeit hatte«. Familie Schlang für ihre Fotografien aus ihrem Privatarchiv, Anastasia Kantzeloglou, die unermüdlich stundenlange Interviews abtippte, Franka Schmidt für ihre wertvollen Recherchen und die erinnerungsträchtigen Gespräche über die kleinen Wesen, von denen gerade eines in ihrem Bauch wuchs. Renate Winkler-Schlang für die langen Gespräche und ihre kritischen Anmerkungen.

Und schließlich meinen Gesprächspartnern und -parterinnen, die mir die Erinnerungen an ihr Leben anvertrauten. Nicht alle Gespräche fanden den Weg ins Buch, doch auch den Interviewpartnern, die nun nicht vertreten sind, gilt mein herzlicher Dank. Es wollten auch nicht alle unter ihrem eigenen Namen in Erscheinung treten, die Furcht, Freunde, Bekannte oder Verwandte zu verletzen, war zu groß. Sie erscheinen hier unter Pseudonym, aber die Geschichte aus ihrem Leben war einmal sehr real.

Literaturhinweise

Arne Andersen, *Der Traum vom guten Leben. Alltags- und Konsumgeschichte vom Wirtschaftswunder bis heute*, Frankfurt, New York 1997

Die Chronik der Frauen, hg. v. Anette Kuhn, Dortmund 1992

Angela Delille, Andrea Grohn, *Blick zurück aufs Glück. Frauenleben und Familienpolitik in den 50er Jahren*, Berlin 1985

Dynamische Zeiten. Die 60er Jahre in den beiden deutschen Gesellschaften, hg. v. Axel Schildt, Forschungsstelle für Zeitgeschichte, Hamburg 2000

Ute Frevert, *Frauen-Geschichte. Zwischen bürgerlicher Verbesserung und neuer Weiblichkeit*, Frankfurt a. M. 1986

Fuffziger Jahre, hg. v. Götz Eisenberg und Hans-Jürgen Linke, Gießen 1980

Renate Meyer-Braun, *Alltag im Wirtschaftswunder*, Bremen 2001

Modernisierung im Wiederaufbau. Die westdeutsche Gesellschaft der 50er Jahre, hg. v. Axel Schildt und Arnold Sywottek, Bonn 1998

Klaus Jörg Ruhl, *Verordnete Unterordnung. Berufstätige Frauen zwischen Wirtschaftswachstum und konservativer Ideologie in der Nachkriegszeit (1945–1963)*, München 1994

Von Stalingrad zur Währungsreform, hg. v. Martin Broszat u. a., München 1988

Renate Wiggershaus, *Geschichte der Frauen und der Frauenbewegung. In der Bundesrepublik Deutschland und in der Deutschen Demokratischen Republik nach 1945*, Wuppertal 1979

Zäsuren nach 1945. Essays zur Periodisierung der deutschen Nachkriegsgeschichte, hg. v. Martin Broszat u. a., München 1990

Zitate

S. 11 Heino Gaze, *Ich hab mich so an dich gewöhnt*, Text und Musik Fritz Rotter und Heino Gaze, 1951, © Musik-Edition Europaton/Peter Schaeffers Musikverlag.

S. 18 Gertrud Bäumer, Der neue Weg der deutschen Frau, Stuttgart 1946.

S. 27 Kristian Ekkehard *Du kleines Schwalbenpaar*, Musik Bob Trill, Text Bob Trill, Kristian Ekkehard, 1951 © Musikverlage Hans Gerig KG.

S. 27, 108 Else Reventlow, Demokratie?, in: Der Regenbogen, Heft 2/1946.

S. 39 Wolfgang Neuss und Wolfgang Müller *Jetzt kommt das Wirtschaftswunder*, Musik Franz Grothe, Text Günter Neumann, 1958 © Rolf Budde Musikverlag.

S. 80 Gabriele Strecker, Überleben ist nicht genug, Freiburg 1981.

S. 112 Gus Backus *Sauerkraut-Polka*, Text Erwin Halletz, Musik Kufner und Wehle © Montana Musikverlag.

S. 123 Martin Heinze, Der gute Ton für meinen Sohn, Wien/München/Zürich 1959.

S. 132, 197, 199 Fritz Tanner, Von Liebe, Verlobung und Ehe, München/Basel 1959.

S. 135, 136, 173 Daniele Krein, Ratgeber für die junge Frau und Mutter, München/Frankfurt 1962.

S. 138 Erni Bieler und Rudi Hofstetter *Eine weiße Hochzeitskutsche*, Musik Marc Fontenoy, dt. Text Ralph Maria Siegel/Rolf Marbot, 1950 © by Editions Paul Beuscher, Paris, für Deutschland Edition Marbot GmbH.

S. 154 Fritz Beck, Der gute Ton für meine Tochter. Ein Anstandsbrevier für die junge Dame, München/Wien/Zürich 1960.

S. 174 Friedel Hensch und die Cyprys *Oh Heideröslein!* Musik Gerhard Winkler, Text Walter Rothenburg 1954 © August Seith Musikverlag.

S. 186 Heintje *Mama*, Musik Cesare Bixio, Text Bruno di Cherubini, dt. Bruno Balz © BEBOTON-VERLAG.

S. 194 Heino Gaze, *Ach, Egon, ich hab ja nur aus Liebe zu dir*, Text und Musik Fritz Rotter und Heino Gaze © Musik-Edition Europaton/Peter Schaeffers Musikverlag.

S. 206 Mina *Heißer Sand*, Text Kurt Feltz, Musik Werner Scharfenberger, 1962, © Gemeinschaftsproduktion Hermann Schneider Bühnen- und Musikverlag KG, Edition Rialto Hans Gerig KG.

S. 223 Veit Brabetz, Unser Liebesleben, Hannover 1950.

S. 224 Ottilie Moßhammer, Leben und Liebe mit 17, 1965.

Bildnachweis

S. 8 Aus: Tony Vaccaro ›Entering Germany. Photographs 1944–1949‹. 2001 TASCHEN GmbH, Köln, © akg-images GmbH, Berlin.
S. 13 © Deutsches Historisches Museum, Berlin.
S. 17 Foto: Carl Andreas Abel, 1950, © Haus der Geschichte der Bundesrepublik Deutschland, Bonn.
S. 22 Foto: Renate Rössing, 1949, © Haus der Geschichte der Bundesrepublik Deutschland, Bonn.
S. 24 Aus: Uwe Schieferdecker ›Dresden. Bewegte Zeiten. Die 50er und 60er Jahre‹, Wartberg Verlag, Gudensberg-Gleichen, © Sächsische Landesbibliothek SLUB Dresden, Abt. Deutsche Fotothek.
S. 26 Foto: Renate Rössing, 1950 © Haus der Geschichte der Bundesrepublik Deutschland, Bonn.
S. 28 Foto: Bert Müller-Schwaneke, 1950 © Medienzentrum Rheinland, Düsseldorf.
S. 26 Foto: Bert Müller-Schwaneke, 1950 © Medienzentrum Rheinland, Düsseldorf.
S. 40 Plakat Bundesrepublik Deutschland um 1962 © Haus der Geschichte der Bundesrepublik Deutschland, Bonn.
S. 62 Aus: Dieter Frank (Hrsg.), Die fünfziger Jahre. Als das Leben wieder anfing, Piper 1981 © Poehlmann/SV Bilderdienst.
S. 65 Aus: Norbert Schmidt, Unsere Kindheit und Jugend in den 50er Jahren, Wartberg Verlag, Gudensberg-Gleichen, © Presse-Bild-Poss, Oscar Poss, Siegsdorf.
S. 78 © Haus der Geschichte der Bundesrepublik Deutschland, Bonn.
S. 83 © MDR Mitteldeutscher Rundfunk, Pressestelle, Leipzig.
S. 88 © Deutsches Historisches Museum, Berlin.
S. 90 Privatarchiv Familie Schlang.
S. 102 Werbeplakat © Haus der Geschichte der Bundesrepublik Deutschland, Bonn.
S. 106 Wahlplakat der SPD, 1947, © Haus der Geschichte der Bundesrepublik Deutschland, Bonn.
S. 113 © Presse- und Informationsamt der Bundesregierung, Bundesbildstelle, Berlin.
S. 121 Privatarchiv Familie Schlang.
S. 127 Aus: Perlonzeit. Wie die Frauen ihr Wirtschaftswunder erlebten, Elefanten Press 1985.
S. 131 © Haus der Geschichte der Bundesrepublik Deutschland, Bonn.
S. 134 Privatarchiv Familie Schlang.
S. 158 © Haus der Geschichte der Bundesrepublik Deutschland, Bonn.
S. 159 Walde Huth, © Galerie van der Grinten, Köln.

S. 170 © Archiv der sozialen Demokratie der Friedrich-Ebert-Stiftung, Bonn.

S. 172 Aus: Perlonzeit. Wie die Frauen ihr Wirtschaftswunder erlebten, Elefanten Press 1985.

S. 175 Aus: Uwe Schieferdecker ›Dresden. Bewegte Zeiten. Die 50er und 60er Jahre‹, Wartberg Verlag, Gudensberg-Gleichen, © Sächsische Landesbibliothek SLUB Dresden, Abt. Deutsche Fotothek.

S. 179 © Haus der Geschichte der Bundesrepublik Deutschland, Bonn.

S. 180 © Informations- und Medienzentrale der Bundeswehr, St. Augustin.

S. 182 Privatarchiv Familie Schlang.

S. 183 © Deutsches Historisches Museum, Berlin.

S. 185 Privatarchiv der Autorin.

S. 188 Privatarchiv Familie Schlang.

S. 189 Aus: Journal Film und Frau, Hamburg 1955.

S. 193 © Deutsches Historisches Museum, Berlin.

S. 204 © Haus der Geschichte der Bundesrepublik Deutschland, Bonn.

S. 207 Zeitschrift twen, 1967.

S. 218 Filmplakat 1956, © Haus der Geschichte der Bundesrepublik Deutschland, Bonn.

S. 222 Aus: Günther Klugermann, Unsere Kindheit und Jugend in den 60er Jahren, Wartberg Verlag, Gudensberg-Gleichen, © Foto: Irene Dechert.

S. 225 Aus: Günther Klugermann, Unsere Kindheit und Jugend in den 60er Jahren, Wartberg Verlag, Gudensberg-Gleichen, © Foto: Johanna Scheid.

S. 226 Privatarchiv Familie Schlang.

S. 227 Werbeanzeige Porolastic-Werke, Reutlingen.

S. 229 Aus: Uwe Schieferdecker ›Dresden. Bewegte Zeiten. Die 50er und 60er Jahre‹, Wartberg Verlag, Gudensberg-Gleichen, © Sächsische Landesbibliothek SLUB Dresden, Abt. Deutsche Fotothek.

S. 230 © Haus der Geschichte der Bundesrepublik Deutschland, Bonn.

S. 233 Aus: Unbekannte Wesen. Frauen in den 60er Jahren, Elefanten Press 1987.